KB105427

'좋아요' 살인시대

집단이라는 괴물에 맞서는 당신에게

'좋아요' 살인시대

초판 찍은 날 ㅣ 2021년 6월 18일
초판 펴낸 날 ㅣ 2021년 6월 25일
초판 2쇄 찍은 날 ㅣ 2021년 7월 5일

지은이 ㅣ 우원재
펴낸이 ㅣ 김현중

디자인 ㅣ 임영경 ©macygraph
책임편집 ㅣ 황인희
관리 ㅣ 위영희

펴낸곳 ㅣ ㈜양문
주소 ㅣ 01405 서울시 도봉구 노해로 341, 902호(창동 신원리베르텔)
전화 ㅣ 02.742.2563~4
팩스 ㅣ 02.742.2566
이메일 ㅣ ymbook@nate.com
출판등록 ㅣ 1996년 8월 7일(제1-1975호)

ISBN 978-89-94025-83-4 03300

'좋아요' 살인시대

집단이라는 괴물에 맞서는 당신에게

우원재 지음

글을 쓰는 행위에서 즐거움을 얻어왔다. 이는 자기 발굴의 재미다. 일상 속에서 주워 담은 통찰의 편린들. 이를 치열한 고민으로 다듬고 정리해서 문장으로 켜켜이 쌓아올리는 거다. 그렇게 사고의 안개 속에 갇혀 있던 희미한 의미들이 구체화한다. 때로는 깨달음으로, 때로는 의제나 문제 의식으로, 때로는 담론으로. 감히 보석에 비유하기에는 하잘 것 없지만, 이렇게 생각의 원석들을 다듬는 것은 곧 자기 내면의 발굴이자, 계발이다. 그래서 항상 글을 끄적이며 성장해왔다.

그동안 이런 식으로 써온 글들을 한데 엮어 이 책을 만들었다. 단독으로 내는 첫 책이다. 언론에 기고했던 칼럼들부터 메모장에 써

둔 신변잡기들까지. 일상을 살아오며 써온 다양한 종류의 글들을 출판사의 도움으로 모아 출판하게 되었다. 시대, 세대, 정치, 사회 등을 다루는 거대 담론부터 일상 속 작은 깨달음에 이르기까지, 사색가를 꿈꾸는 철없는 몽상가의 성장 기록인 셈이다. 처음 소설미디어 '좋아요' 천 개를 넘겼던 글, 처음 언론사에 기고했던 글, 처음 인쇄 매체에 나왔던 글 등, 이런 기억들이 특별한 추억이자 성취로 남아 있는 만큼, 지금 이 책 역시 내게 큰 의미로 남을 것이다. 독자 여러분께서 이 책을 읽으며 필자의 부족한 생각에 공감하고, 비판함으로써 함께 성장의 즐거움을 나눴으면 한다.

이 책이 출간될 수 있도록 도움을 주신 ㈜양문의 김현중 대표님과 황인희 작가님께 큰 감사를 드린다. 내 부끄러운 글들에서 그 이상의 가치를 발견해주는 팬들이 계시지 않았다면 책을 내는 영광을 누릴 수 없었을 것이다. 마지막으로 내게 아낌없는 지지를 보내온 가족과 친구들, 그리고 삶의 동반자로서 늘 지혜를 나눠준 아내 제니퍼에게 사랑을 전한다.

2021년 5월
우원재

Contents

PART 03 정치인 아닌 사람의 정치

PART **07** 삶이 그대를 속일 지라도

PART **01**

우리는
'우리'를 죽여야 한다

헬조선을 둘러싼 아우성

여기저기서 아우성이다. 힘들다고 난리다. 한국에서 먹고 사는 게 지옥 같다고 한다. 그래서 '헬조선'이란다. 그런데 정말 그런가? 사실 이런 말을 들을 때마다 의구심이 든다. GDP 세계 11위에, 1인당 GDP가 3만 달러를 향해 가는 경제선진국에 살고 있는데 먹고 사는 생활이 힘들다는 사람이 이렇게나 많고, 헬조선이라는 절망적인 표현이 유행어가 되다니.

이렇게 헬조선을 부정하면 갖가지 반론이 나온다. 생계 유지가 어려워 동반 자살한 가족에 대한 기사, 취업이 힘들어 극단으로 내몰린 청년들에 관한 기사, 해결될 기미가 보이지 않는 독거 노인 문제를 다룬 기사 등 어려운 경제에 의해 이 나라를 지옥으로 느끼고 있는 사람이 많음을 증명할 데이터가 수백, 수천 개는 더 된다. 실제로 한국이 지옥인 것처럼 느껴지게 하는 부정적인 뉴스들이 차고 넘치고, 사람들은 거기에 환호한다. 그래도 아직 먹고 살 만한 나라임을 보여주는 긍정적인 데이터나 뉴스는 저 말이 진짜인가 오히려 의심이 들 정도다. 한국이 지옥이라며, "헬조선, 헬조선"하는 건 이제 일종의 유희 문화가 되어버렸고 그래서 이 놀이에 찬물을 끼얹는 사람은 질타의 대상이 된다.

물론 한국 경제 전망이 좋지는 않다. 이를 부정하지는 않겠다. 오랜 저성장과 경기 침체를 겪고 있고, 부의 격차는 갈수록 심해지는데 계층 이동은 점점 어려워지고, 왜곡된 노동시장과 같은 문제들 때문에 이를 당장 뜯어고치지 않으면 더 암울한 미래가 다가올 예정이다. 지금 현재도 힘들고 어렵다는 사람이 많은데 앞으로 어떻게 할지 걱정이다. 참 우울해진다. 그럼에도 불구하고, 이런 경제적 문제 때문에 한국이 지옥이라고 말하는 건 시쳇말로 '오버'다.

까놓고 한 번 얘기해보자. 먹고 살기가 어려워 이 한국이 지옥 같다면, 전 세계 229개 국가 중 지옥이 아닌 국가가 몇이나 되는가? 아니, 한국보다 '덜' 지옥 같은 나라는 얼마나 되는가? 솔직히 말해서 한국에서 태어난 건 비교적 운이 좋았다고 할 수 있지 않은가? 229개 국가 중 적어도 20위 안에는 들어가는 G20 국가이니 어쨌든 한국인은 인생 게임에서 1/10의 대박 확률에 당첨된 셈이다.

자, 이제 이 글을 읽는 것이 매우 불편해진 사람이 많을 것이다. 참고 끝까지 들어보시라. 원래 도그마를 깨는 건 어려운 일이다.

헬조선을 만드는 진짜 원인?

군이 이렇게까지 강경한 어조로 이른바 '헬조선론'을 부정하는 이유가 있다. 경제와 관련된 객관적 지표를 들이대며 한국이 지옥이니 아니니 하는 무의미하고 소모적인 논쟁에 의해 헬조선을 만드는 '진짜 원인'이 수면 아래에 머물러 있기 때문이다.

경제는 한국을 지옥으로 만드는 핵심 요인이 아니다. 물론 암울한 경제 상황이 사람들을 불행하게 만드는 간접적 요소가 될 수는 있을 것이다. 다만 직접적인 요소가 아니라는 말이다. 자살률을 생각해보자. 한국 자살률이 OECD 집계 자살률에서 몇 년째 1위를 차지하고 있다는데, 그 밑에 보면 한국보다 잘 사는 나라로 알려진 핀란드, 프랑스, 뉴질랜드 등이 있다. 핀란드는 북유럽 최대의 복지 국가고 프랑스는 서유럽 최고의 사회보장제도를 갖추고 있다. 뉴질랜드 역시 흔히 '살기 좋은 나라'로 손꼽히는 곳 중 하나고. 자살률이 그 국가의 국민이 얼마나 '불행한가'를 보여주는 척도 중 하나라면, 국민의 행복 수준은 그 나라의 경제적 여건에 아주 직접적인 영향을 받지 않는다는 말이 된다. 생각해보면 방글라데시가 행복지수 1위 국가라는 말, 다들 한 번쯤은 들어보지 않았나.

경제적으로 어려운 나라라고 반드시 국민이 행복을 덜 느끼는 것도 아니고, 그 반대로 부유한 나라에 산다고 국민이 더 행복한 것도 아니다. 경제 데이터만 놓고 보면 한국보다 훨씬 더 지옥 같아야 할 나라가 백 몇 십여 개나 있지만, 정작 한국인처럼 이렇게 적극적으로 불행하다고 아우성치는 사람들은 그리 많지 않다는 사실이 그 증거다. 애당초 '삶의 질'은 행복과 마찬가지로 지극히 주관적인 것이다. 그러니 자꾸 경제 침체가 어쩌고저쩌고, 복지가 어쩌고저쩌고하면서 이상한 방향으로 빠지지 말자. 좌우로 갈려 치열하게 치고받는 경제 관련 논의에는 어차피 답도 안 나온다.

결국 행복한 나라와 불행한 나라, 천국 같은 나라와 지옥 같은 나라는 국민이 어떤 보편적 주관을 가지고 있느냐에 달려 있다. '멘탈리티'의 문제라는 말이다. 여기서 한국을 '헬조선'으로 만드는 '진짜 원인'을 찾을 수 있다. 한국 사회에 널리 퍼져 있는 보편적 정서, 문화, 분위기 등 한국인의 보편적 멘탈리티를 구성하는 갖가지 정서가 한국인의 삶을 불행하게 만들고 있다.

집단주의 : 헬조선 멘탈의 뿌리

　한국은 참 희한한 나라다. 집단주의 속에서 개인이 발붙일 곳을 잃었다. '나'는 존재하지 않고, '우리'만이 있다. 이러한 특성은 우리가 쓰는 말에서도 느껴진다. '우리 나라', '우리 동네', '우리 가족'이지 '내 나라', '내 동네', '내 가족'이 아니다. 개인이 배제되어 있다.

　헬조선을 만드는 것, 그건 바로 '우리'다. 우리가 만든 사회이니 우리에게도 책임이 있다는 말일까? 틀린 말은 아닌데, 그렇게 단순한 문제가 아니다. 여기서 말하는 '우리'는, 시도 때도 없이 우리라는 집단 혹은 공동체를 들이대면서 개인을 억압하는 그 잘난 집단주의를 말하는 것이다. 한국에서 지내본 외국인들, 특히 서양인들은 이게 무슨 말인지 정확히 이해한다. 실제로 외국인들이 만든 한국 관련 블로그나 웹사이트를 들어가 보면 '우리'의 폭력에 식겁했던 에피소드를 쉽게 찾아볼 수 있다.

　이해를 위해 에피소드 하나만 가져와 보자. 영어교사로 한국 공립학교에 취직한 미국인 여성이 있다. 출근 첫날, 반갑다고 환영회 겸 회식을 해주더란다. 학교 근처 고깃집으로 갔는데, 베지테리언(채식주의자)이었던 아가씨는 자신이 고기를 먹지 않음을 정중하게 이야기하고 밑반찬만 먹고 있었다. 그런데 웬걸, 사람들이 고깃집에 와서 고기를 안 먹는 게 말이 되냐며 친절하게 젓가락으로

고기 한 점을 집어 자신의 입 앞에 들이밀더라는 것이다. 이를 단호하게 재차 거절하자 분위기가 이상해졌다. 빈정상한다는 표정을 짓는 사람을 보며 이 아가씨는 혼란에 빠졌다. 아니, 안 먹겠다는 사람 입 앞에 음식을 들이밀며 강요하는 것도 어이가 없는데, 기분이 나빠도 내가 나빠야지 왜 이 사람들이 기분 나빠한단 말인가? 그렇게 어색하게 앉아 있는데 이번에는 건배 제의가 왔다. 술을 먹지 않겠다고 하자 노골적으로 불편한 표정들을 짓기 시작했다. 결국 이 아가씨는 억지로 술을 마실 수밖에 없었다. 그렇게 지옥 같은 회식이 끝나고, 2차라는 것을 가게 되었다. 노래방이란다. 평생 노래방(karaoke)에는 친구랑도 가본 적이 없는데 낯선 사람들이 가자고 하니 거부감이 든다. 이 사람들 앞에서 노래를 해야 한단 말인가? 그러나 도리가 없었다. 결국 그 미지의 공간에 따라갔고, 어릴 때 학예회 이후로 사람들 앞에서 한 번도 노래를 불러본 적 없는 사람에게 노래 한 곡 하라는, 제안을 가장한 강요가 시작되었다. 결국 이 가여운 아가씨는 울음을 터뜨렸다.

한국인으로 태어나 한국에서 살아가는 이상 모든 개인은 어떤 집단을 위해 자신을 희생하며 살아간다. 이것이 한국인의 보편적 멘탈리티이기에 이를 실감하는 한국인은 그리 많지 않다. 그러나 외국인의 눈을 통해 이를 바라보면 '우리'가 행사하는 폭력이 얼마나 끔찍한 것인지 잘 드러난다. 가만 생각해보면 이 나라의 불쌍한 개인들은 우리를 위해 얼마나 숨죽이고 살아왔던가. 누군가 '다같이' 뭔가 하자고 하면, 하기 싫더라도 분위기를 위해 그 '다같이'의 일부가 되어야만 한다. 이 암묵적 룰을 깨고 끝내 '우리'에게 거부 의사를 표하면 융통성이 없다는 둥, 사교성이 없다는 둥, 심지어는 이기적이라는 둥 하는 소리를 듣는다.

한국인은 집단을 위해 개인을 철저히 낮추는 것이 미덕이라고 교육받아왔다. 이는 아주 위험한 발상임에도 불구하고, 서구의 개인주의 문화와 비교하며 양놈들은 이기적이라 자기밖에 모른다고 멸시하고, 반대로 '우리'는 화합을 위해 자신을 낮출 줄도 아는 융통성을 가지고 있다며 희한한 우월감에까지 젖는다. 이런 정신 나간 사고방식 때문에 개인주의와 이기주의를 동일시하는 사람이 많다. 다수를 거스르고 자신의 입장을 피력하는 것이 싸가지 없는 짓이 되고, 집단 내 다수가 뭘 원하건 자신이 원하는 것을 하는 사람이 분위기를 흐리는 사람이 되고, 자신의 권리를 찾으려는 사람이 이기적인 사람이 된다. 우리는 이러한 '우리' 문화에 세뇌되어 왔다.

집단주의 광기에 저항하는 개인주의를 위하여

'개인'이 없는 '우리'의 나라에 산다는 것. 단순히 노래방 가기 싫은데 다같이 가자고 하니까 따라가야 하는 수준의 불편함만 유발하는 것이 아니다. 이 집단주의적 광기가 개인의 삶을 철저히 비참하게 만들고 불행하게 만든다.

한국 사회에 널리 퍼져 있는 집단주의 정서는 개인마다 다를 수밖에 없는 '삶의 방식'을 집단의 '기준'에 맞추도록 강요한다. 내 가치, 내 주관에 따라 행동하고 사는 것이 아니라, 남들이 만든 가치, 남의 주관에 따라 살도록 만든다는 말이다. 개인은 이 소셜 스탠다드(사회적 기준)에서 벗어나지 않기 위해 발버둥친다. 장래 희망이 무엇이건 대학에 가야 하고, 하고 싶은 게 무엇이건 되도록 여러 사람이 선호하는 그런 직장에 자리를 잡고, 서른줄 되면 연인이 있건 없건 결혼을 준비해야 하고 등등.

실로 우울하지 않은가? 그런데 이게 다가 아니다. 삶의 전반적인 설계 중 거시적인 부분만 집단주의가 끼어들면 그나마 참을 만하겠는데, 아주 미시적인 차원에서조차 이 '집단의 기준'이라는 것이 개개인에게 폭력을 행사한다. 이는 소비 문화에서 잘 드러난다. '남들 다 하는 거 나도 해야 한다'라는 부담감, 여기에 따라가지 않으면 '뒤처진다'라는 불안함.

중·고등학생들 사이에서 제2의 교복이 된다는 '패딩 점퍼'와 같은 거다. 유행하는 브랜드의 패딩을 입었는지 여부에 따라 계급이 나뉘고, 입고 있는 패딩의 가치와 자신의 가치를 동일시한다. 왜? 그

것이 중·고등학생 집단이 공유하는 문화이자 인식이니까. 그래서 어려운 집안 형편을 잘 알면서도 굳이 부모에게 떼를 써서 히말라야에서나 입을 법한 고급 패딩을 사는가 하면, 어린 나이에 죽어라 짜장면 배달하고 전단지 돌려서 패딩을 사 입는다. 철이 없어서 그런 게 아니다. 소셜 스탠다드에 맞춰가야 한다는 압박감을 청소년들도 잘 아는 거다.

번듯한 직장에 다니며 리스건 중고건 외제차쯤 굴려줘야 어깨가 펴진다. 유행한다는 맛집에 가서 사진 찍어 SNS에 올려야 하고, 꾸준히 문화 생활도 누려야 한다. 연례 행사로든 뭐든 가끔 해외 여행도 가주고 말이다. 현실은 비루할지라도 어떻게든 화려한 척, 풍족한 척 이 소셜 스탠다드를 다 따라간다.

그런데 또 참 웃긴 것이, 남들이 그 기준에 따라오면 자신의 급을 더 올리고 싶은 게 사람 심리다. 어느 소셜 스탠다드가 일반적인 유행이 되면 또 새로운 희소 가치가 등장한다. 이는 새로운 소셜 스탠다드가 된다. 유행을 거치며 소비 수준은 점점 높아지고, 헬조선의 불행한 개인은 여기에 맞춰가기 위해 죽어라 발을 굴린다. 물론 진즉에 포기한 사람들도 있다. 대신 박탈감을 느낀다. 마치 쳇바퀴를 돌리는 햄스터들과 같다. 쳇바퀴가 점점 빨라지듯 소비 수준은 점점 높아지고, 여기에 따라가려는 햄스터들은 안간힘을 쓰다 결국 좌절하고 만다. 어느 나라건 이런 경향이 조금씩 있지만,

한국은 이게 유난히 심하다.

충분히 먹고 살 만한 개인들이 집단적 우울에 시달린다. 집단이 만들어 낸 각종 기준은 넘치고 넘치는데 여기에 따라가는 것이 너무 벅차다. 그러니 너도나도 박탈감에 시달린다. 소비 수준은 전 세계에서 손꼽힐 정도로 높은데 한국이 가난하게 느껴지는 이유다. 소득 수준 상위 10%에 속하는 사람들이 자신을 불쌍한 서민으로 여기는 나라가 바로 헬조선이다.

지금 한국은 결코 행복해질 수 없다. 정치나 경제가 엉망이어서 그렇다는 말이 아니다. 지금 지적되는 수많은 정치 경제 문제가 해결된다고 해도 한국은 여전히 헬조선일 것이다. 집단이 규정한 행복의 기준이 상향 평준화되고 있기 때문이다. 집단의 기준에 맞추기 위해 개인은 끝없이 고통받는다. 내가 가지지 못한 남의 것을 가지기 위해 또 발버둥칠 것이고, 그렇게 남들이 누리는 것을 다 누리며 살기 위해 끝없이 발악할 것이다. 행복해지기 위한 조건은 점점 더 많아지고, 행복하다 느끼는 사람의 수는 점점 줄어들 것이다.

그렇다고 지금 당장 집단주의를 때려치우고, 개인의 방식대로 사는 게 가능할까? 글쎄, 요원하다. 내 식대로 살자면 다른 사람들이 나를 어떻게 의식하건 관심 끄고 내면에 충실해야 하는데, 삶의 방식이 그렇게 하루 아침에 바뀔 수 없다. 다른 사람들의 눈이 너무 무섭다. 당장 남들 눈에 촌스럽게 비칠 옷을 입고 집 밖으로 나서는 것도 신경 쓰인다.

그렇다면 우리는 어떻게 해야 할까. 해결책은 있는 걸까?

미안하지만 '우리'는 이제 막 '우리'에 관한 문제 인식을 하기 시작했다. 이 글은 해결책을 제시하기 위해 쓴 글이 아니다. 서두에 밝힌 대로 문제 해결의 첫 단계는 올바른 문제 인식을 가지는 것이다. 해결 방안까지 제시한다는 것은 일개 개인인 나에게는 너무나 벅찬 일이다. 지금이야말로 '우리'가 '우리'를 죽이기 위해 힘을 모을 때다.

우리는 어차피 우리로부터 벗어날 수 없기에, 적어도 다음 세대, 그 다음 세대의 개인들에게는 우리 세대보다 '우리'의 그림자가 덜 드리우기를 바라며 끊임없이 그 방법에 대해 논할 수밖에 없다. 우리는 집단주의를 어떻게 극복할 것인가. 나는 개인주의를 어떻게 강화할 것인가.

헬조선을 만드는 사람들

한 국가에서 돈 버는 사람들을 한 줄로 세웠을 때, 그 중간 지점에 있는 사람들을 '중산층(Middle Class)'이라고 한다. OECD 기준으로 보면 중위 소득의 50%에서 150% 사이 구간에 있는 계층을 일컫는데, 쉽게 말해서 5천만 국민 중 2500만 번째에 서 있는 사람의 소득 절반에서 1.5배를 버는 사람까지를 말하는 거다.

그런데 대한민국에는 중산층의 기준이 따로 있다. 2013년 한국 사회학회 조사에 따르면 한국인들은 재산이 10~11억 원 가량이 있고, 월 소득 570~580만 원 이상을 버는 사람을 중산층이라고 생각한다고 한다. 남들 하는 거 다 하고 누리는 거 다 누리고 싶은 사람들의 욕망이 만든 망상적 기준이다. 이 수치를 통계에 대입하면 대한민국 상류 5%가 나온다.

하긴, 몇 년 전 인터넷에서 유행했던 〈중산층 별곡〉의 내용만 떠올려봐도 한국 사람들이 '내가 중산층으로서 누려야 할 당연한 것들'의 기준을 얼마나 높게 잡아놨는지 알 수 있다. 빚 없이 30평 이상의 아파트에 살고, 500만 원 이상의 월급을 받고, 2000cc급 중형차를 몰고, 해마다 꾸준히 해외 여행을 다니고, 1억 이상의 저축이 있는 그런 삶. 이 '한국식 중산층'은 서구 사회 기준으로 봐도 상류층에 해당한다.

스스로를 '중산층'이라고 여기는 사람들을 '자각 중산층'이라고 하는데, 사회 분위기가 이 모양이다 보니 이 자각 중산층의 비율이 매우 낮다. 고작 20%만이 스스로를 중산층이라 생각하고 있다. 5%는 스스로를 상류층이라 생각하고 나머지 75%는 전부 자신을 저소득층 내지는 비중산층이라고 생각하고 있다. 같은 기간 통계청이

가처분소득 기준을 가지고 집계한 '실제 중산층의 비율'은 64%고 저소득층은 15.2%다. 이 나라가 점점 가난해지고 서민들이 먹고 살기 어려워져서 그렇다고? 웃기는 소리. 지금보다 훨씬 못 살았던 1980년대에도 자각 중산층의 비율은 60~80% 수준이었다. 2000년 대에 들어서서 자각 중산층이 확 줄어들기 시작하더니 20%대가 된 것이다.

이러니 나라가 불행해질 수밖에. 사회구조적 문제, 경제적 문제 가 없다고는 말할 수 없지만, 가장 큰 문제는 사람들의 '인식'이다. 평균적인 삶의 기준이 너무 높아졌다. 이에 요구되는 소비 수준도 너무 높은 편이다. 당연히 행복을 느끼는 사람들은 줄어들고 불행 을 호소하는 사람들은 늘어난다.

실제로 〈워싱턴포스트〉가 한국의 소비 문화에 대해 쓴 기사 가 크게 이슈가 된 적이 있다. "Opening their wallets, Emptying their savings, 'Economists worry as South Koreans shift from thrift to extravagance.'"라는 기사다. "지갑을 열고, 저축을 탕진한 다, '경제학자들이 한국의 절약 문화가 낭비 문화로 바뀌는 것을 걱 정하다'"라는 의미다. 기사에서는 크게 두 가지 이유로 한국의 저축 률이 급락하고 과소비 문화가 발생하고 있다고 지적한다. 사교육 열풍과 과시성 소비 행태가 그 이유들이다. 한국의 저축률이 미국 에 비해 낮은 데 비해, 소비율은 더 높다며 "한국인들은 체면을 세우는 데 매우 민감하다. 이는 비합리적인 지출이나 과소비로 이어지기도 한다"라고 결론 내렸다.

못 먹고 못 살아서 헬조선이라고? 천만에. 충분히 살 만한데 자꾸 못 먹고 못 산다고 생각하려 하고, 못 먹고 못 산다고 생각하게 만들려고 해서 헬조선이다. 가뜩이나 높은 소비 수준을 더 끌어올리려 해서 헬조선이고, 평균치라고 생각하는 삶의 수준과 질을 한없이 끌어올려서 헬조선이다. 충분히 행복해질 수 있는데 자꾸 가진 것보다 가지지 못한 것만 봐서 헬조선이다. 못 살겠다고 죽는 소리하는 사람은 그렇게 많은데, 명절 연휴마다 외국으로 가는 비행기는 만석이고 자리가 모자란다고 하더라. 맛집 가서 사진도 찍고, 문화 생활도 즐기고, 종종 여행도 가고, 유행하는 옷도 사 입고, 기타 등등 남들 누리는 것 다 해가며 SNS를 치장하는 사람들이 최신형 스마트폰을 가지고서 말로만 헬조선 타령을 해대니, 정말 하위 계층의 사람들은 더 힘들어진다.

정말 나라가 바뀌어야 당신들이 행복해질 거라 생각하는가? 당신들이 그렇게 좋아하는 북유럽에 가더라도 그런 삶의 자세로는 불행할 수밖에 없다고 생각해본 적은 없는가? 백번 양보해 이 나라가 그렇게 살기 막막한 나라라면, 거기에 맞춰서 자신들의 기준을 바꿀 생각은 왜 하지 않는가? 나라는 후진국인데 왜 당신은 선진국의 삶을 사려고 하는가? 나는, 피해의식과 자기 연민에 젖어서 여러 사람에게 불행을 전파하며 주위 사람들을 함께 끌어내리려 하는 몹쓸 중산층들이 참 밉다. 충분히 행복해질 수 있는 사람들이 나라 탓, 사회 탓, 남 탓하며 잔에 물이 반밖에 없다고 징징거리고 있다.

PART 02

한국인으로
산다는 것

김치로 시끄럽다. 중국이 김치를 자국 음식인 양 홍보하며 논란
이 인 모양이다. 중국 정부 고위 인사부터 유튜버까지 나서서 김치
가 중국 것인 양했다고 한다. 이른바 '김치 공정'. 한국 언론과 여론
은 아주 심각한 문제로 받아들이고 있다.

김치라는 음식. 음식 민족주의, 아니 쉽게 말해 '국뽕'의 극치를
보여온 한국인의 토템 같은 거다. 김치를 먹으면 무슨 무슨 효과
때문에 암이 낫고 코로나가 예방된다며 유사 과학이 판치고 있다.
외국인들이 김치에 환장한다며 각 인종별 한 명씩 모아 김치를 먹
으며 "으으음, 쏘 테이스티, 쏘 여미" 등 작위적인 연기를 하는 영
상을 찍어 뿌려댄다. 김치워리어라는 애니메이션까지 등장해 이걸

훌륭한 애국심의 표상인 양 떠받들어오기도 했다. 그런데 이런 김치를 감히 건드리니 한국인들이 가만 있을 수 없는 게 당연하다.

중국 공산 독재 정부의 저열하기 짝이 없는 전근대적 외교 행태에 대해서는 일단 차치해두고, '김치 공정' 문제에 한정해서 이야기해보자. 한국은 김치 공정 논란이 일자 또 성금을 모아 외신에 김치 광고들을 걸었다. 유명 인사부터 유튜버들까지 너도 나도 독립운동가의 혼이 빙의한 듯 각기각색 김치에 대한 찬가를 쏟아낸다. 중국이 핵 폭격기를 몰고와 카디즈를 침범하고, 변명이랍시고 우리 작전 반경이 커져서 어쩔 수 없다며 소국이 양해하라는 식의 오만한 외교 결례를 범해도 말 한 마디 없던 사람들이, 감히 김치를 건드리니 전쟁이라도 할 기세다.

결국 김치 공정은 외교 문제로 비화했고, 중국 외교부 대변인이 관련 질문을 받기에 이르렀다. 그리고 대변인은 말했다.

"그런 논란이 있었느냐?"

이후 중국 공산당은 덧붙인다.

"한국의 문화적 자신감 부족으로 생긴 피해 망상이다."

한국인으로서 괜히 얼굴이 붉어지는 유효타다.

김치 논란부터 시작해서, 이른바 한식 세계화라는 이름으로 자행되는 홍보 활동까지, 좀 그만했으면 좋겠다. 나는 소위 한식이라고 하는 것들이 어째서 그렇게 국가 사업 차원에서 홍보되어야 하는 건지 이해할 수 없다. 김치의 국적이 대한민국인으로서 내 자존감에 영향을 줘야 한다는 그 도그마에도 동의할 수 없다. 아니, 무려 2021년에, 그것도 선진국 대한민국에서, 아직도 이런 구시대적 민족주의가 떠받들어지는 것에 한심한 기분마저 느껴진다. 애당초 특정 음식에 반드시 국가적 정체성을 부여해야만 한다는 그 사고방식에 동의할 수 없는 문제는 차치한다손 치자. 그렇더라도 중국인 몇몇이 김치가 자기네 것이라고 주장하는 게 왜 이리 심각한 문제로 받아들여지는지 알 수 없다. 실체적 위협이 되는 중국의 각종 외교 횡포에 우리 정부가 찍소리 한 마디 못하는 상황에 대해서는 문제 의식을 안 가지면서 김치에 이렇게 혈압 올리는 거, 이상하다고 생각하지 않나?

일단 먼저 짚고 넘어가야 할 사실이 있다. 우리가 흔히 생각하는 새빨간 배추 김치, 그거 사실 만들어진 지 얼마 안 됐다. 한반도에서 고춧가루의 역사는 '전통'이랍시고 내세울 만큼 길지 못하다. 게다가 1950~60년대까지도 배추와 고춧가루는 너무 비싸서 서민들이 함부로 접하기 힘든 식재료였다. 이후 경제 발전과 농업 생산성 발달을 통해서 대중화되었고, 그제서야 우리 밥상에 빨간 배추 김치가 오르기 시작했다. 고작 반 세기 조금 지났다는 말이다. 물론 절임 음식으로서의 '김치'는 긴 역사를 자랑하는 음식이 맞다. 한반도에서는 대대로 다양한 야채를 소금물 등에 절여 먹어왔다. 그런데 그게 독점적인 문화인가? 사워크라우트 등 전 세계 피클류의 음식이 모두 한국 음식이라고 주장하는 것만큼 무책임한 말이다.

그럼에도 불구하고 강조하고 싶다. 김치는 한국 음식, 그러니까 '코리안 푸드'가 맞다. 왜? 우리의 삶과 문화 속에 녹아들었으니까. 각 지방별로, 집안별로 그 맛을 개발해왔고 레시피를 개량해왔다. 대다수 한국인이 음식에 김치를 곁들여 먹고, 김치를 먹지 않으면 괜히 서운하거나 그리워진다. 당장 나만 하더라도 미국 내 집 냉장고 한 켠에는 김치가 있다. 한국인과 결혼한 내 아내도 나에 의해 김치를 먹고, 김치를 즐기게 되었다. 세계 그 누구도 한국인들만큼 김치를 즐기는 이들은 없고, 한국인들만큼 김치라는 음식을 탐구하고 확장시킨 이들이 없다.

그럼 이제 물어보자. 중국인 몇 명이 김치가 자기네들 음식이라고 떠들어대는 게 무슨 상관인가? 아니, 전 세계가 나서서 김치는 중국 음식이라도 떠들어댄들, 그게 무슨 상관이란 말인가? 내가, 당신이, 우리가 맛있게 먹고, 다양함을 즐기고, 개발해나가면 되는 거다. 세계인이 뭐라 그런들, 우리는 여전히 손쉽게 다양하고 맛있는 김치를 구할 수 있고, 우리 냉장고와 식탁에는 늘 김치가 있고, 김치를 먹는 문화를 즐긴다.

그런 의미에서 치킨을 생각해보자. 나는 늘 치킨이야말로 대단한, 세계적 경쟁력이 있는 코리안 푸드라고 강조해왔다. 물론 프라이드 치킨은 미국 남부에서 유래했다. 살코기 위주로 먹는 백인들이 버린 닭 조각들을 흑인들이 튀겨 먹은 게 그 시작이라고 한다. 그런데 그 프라이드 치킨과 한국에서 먹는 프라이드 치킨은 다르다. 한국에서 치킨은 경제 발전과 더불어 대표적인 서민 음식으로 발전했고, 이에 따라 주류 식문화가 되었다. 어마어마한 치킨 소비는 시장을 발달하게 했다. 대형 업체들이 생겨나 레시피들을 개발했고, 어느 지점에서 누가 튀기든 일정 수준 이상의 맛과 품질을 유지할 수 있는 시스템을 자리잡게 했다. 오죽하면 KFC조차도 한국에서만큼은 그 수준을 최대한 높이지 않을 수 없었다. 치킨 대국에서 살아남으려면 본토 미국에서 서빙하는 수준의 치킨 따위는 팔수가 없기 때문이다.

단언컨대, 전 세계에서 프라이드 치킨을 가장 맛있게 만드는 나라가 대한민국이고, 그 맛과 품질에 가장 깐깐한 나라가 대한민국이다. 그렇게 대한민국에서 치킨은 미국에서 시작된 프라이드 치킨 그 이상의 무언가, 즉 새로운 음식이 되었다. 그 바탕에는 한국의 전통이자 문화가 된 치킨이 존재한다. 야밤에 치킨을 배달시켜 먹는 그 멋진 전통 내지는 문화는 우리 삶의 일부로 존재한다. 그래서 치킨은 코리안 소울 푸드다. 굳이 말하자면 전통 음식이 되어가고 있다. 이 모습을 본 미국 켄터키 사람들이 "빌어먹을 코리안들이 우리 음식을 훔쳐갔다"라며 화를 낼까? "치킨 이즈 아메리칸!"

이런 홍보물까지 만들면서?

치킨뿐만 아니라 삼겹살도 마찬가지다. 몇 해 전에 최초로 돼지 소비량이 쌀 소비량을 뛰어넘었다고 한다. 이제 한국인의 주식은 돼지고기이고, 그 중심에는 삼겹살이 있다. 알다시피 삼겹살은 전통 음식이 아니다. 본격적으로 유통된 지 몇 십 년밖에 되지 않았지만, 치킨과 마찬가지로 우리만의 독특한 식문화를 만들어냈고, 요리법들을 창조해냈으며, 전 세계 최고 수준의 시장을 만들어냈다. 치킨, 삼겹살, 이뿐일까? 한국식 중국 음식들은 어떨까? 각종 음료 문화는? 생각해보면 이런 식으로 새롭게 자리 잡아가는 대중 음식이 많다. 그 기원이 어디든, 우리가 즐기기에 그것들은 곧 한국 음식이 되었고 전통 음식이 되어가는 중이다.

다시 돌아와서. 김치를 비롯한 한식 세계화와 홍보, 그거 아무 소용 없다. 김치야 우리가 여전히 즐기고 개발하고 있지만, 상당수 한식은 역사 속으로 사라지고 있다. 한국인들이 더 이상 이를 즐기지 않기 때문이다. 그런데 그걸 전통 음식이랍시고 자신의 정체성과 자존감을 대변하는 무언가로 만들고, 우리도 안 먹는 음식을 세계에 강요하며 막대한 홍보비를 쏟는 게 옳을까? 이런 교조적인 태도가 한국 문화의 경쟁력을 막는 거고, 우리 안에 괴상한 콤플렉스를 싹트게 만든다.

텍스멕스라는 음식 종류가 있다. 텍사스와 멕시칸이 섞인 말인데, 미국 텍사스에서 변형된 멕시코 음식들을 말한다. 텍사스에서 멕시코 음식들을 받아들여 새로이 개발했고, 대형 식당들을 통해 정형화하며 만들어진 음식 장르다. 사실 한국에 멕시코 음식이라고 소개되는 대부분의 음식도 거의가 텍스멕스에 해당한다.

이는 미국이 모종의 제국주의적 야욕으로 멕시코의 음식 문화를 훔쳐간 걸까? 멕시코 사람들은 미국이 자기 음식을 빼앗아갔다고 분노할까? 천만에. 맛있는 멕시코 음식이 다양한 지역에서 발전하며 지역색을 가지게 된 사례일 뿐이다. 멕시코인들이 값싼 텍스멕스 체인점의 타코를 먹으면서 '타코 공정' 따위를 떠올리지는 않는다. 그들은 여전히 자신들의 소울 푸드를 즐기고, 그 맛에 자부심을 가지고 있다(이와는 별개로, 미국은 멕시코 음식뿐만 아니라, 이탈리아, 프랑스, 인도, 태국, 베트남, 일본 등등 수많은 나라의 음식을 자국 문화 속에서 발전시켰다.).

우리는 경상도 김치와 전라도 김치의 미묘한 차이를 알고 그 다양성을 즐긴다. 그렇다면 중국 김치가 나와서는 안 될 이유가 뭘까. 어쨌든 우리는 김치를 즐긴다. 그런 한국인들에게 있어서는 오히려 기쁜 일이 될 것이다.

"한국의 문화적 자신감 부족으로 생긴 피해 망상이다"라는 말, 개인적으로 참 아프게 다가왔다. 중국이 일으키는 각종 정치적 외교적 문제에 대해서는 큰 관심이 없으면서, 김치 문제가 유독 큰 문제로 번지는 모습을 보며 퍽 당혹스럽다. 중국의 소수 인원이 뭐라건 우리가 즐기는 음식 김치의 본질은 변하지 않는 것인데. 애당초 모든 걸 중국 것이라고 주장하는 중국 국수주의자들의 가치 없는 헛소리에 전 국민이 이리 예민하게 반응하는 것, 시사하는 바가 있지 않을까.

　나는 종종 한국인들이 괴상한 영역에 있어 국가와 민족 그리고 자기 자신을 일체화하는 모습들을 봐왔다. 그리고 그 바탕에는 개인으로서, 국가 구성원으로서의 낮은 자존감이 존재한다고 생각해왔다. 그래서 '피해 망상'이라는 중국의 말이 참 아프다. 전근대적 전체주의, 집단주의 성향을 똑같이 가지고 있음에도 불구하고, 약자로서의 피해 의식 내지는 자존감 결여 문제가 없는 중국인이 깔보듯 던진 말이라는 걸 알고 있기 때문이다.

당신의 명절이 괴로운 이유

　영미권에서 자주 쓰이는 표현 중 "Don't judge"라는 말이 있다. 직역하면 "판단하지 마라"인데, 이 말로는 뉘앙스가 잘 안 산다. "당신의 가치관이나 잣대로 남을 함부로 판단하고 평가하지 말라"라고 길게 풀어써야 원어에 담긴 느낌이 잘 전달된다.

이러한 표현은 상당히 자주 쓰인다. 예컨대 편협한 시각으로 타인을 함부로 재단하고 평가하는 사람을 'Judgemental person'이라 칭하며 비판하는 식이다. 이렇듯 타인을 'Judge'하는 행위는 영미권에서 상당히 부정적으로 비쳐진다.

명절 스트레스를 호소하는 사람이 늘고 있다. 가족, 친척, 이웃이 한 공간에 모여 서로의 차이를 실감하는 일은 어느 나라에서든 스트레스로 다가온다. 하지만 유독 한국에서, 특히 젊은 세대를 중심으로 이러한 논의에 더욱 불이 붙고 있는 것 같다.

그 스트레스의 본질은, 타인을 'Judge'하는 행위에 너무나 익숙해져버린 우리 한국인의 가족 문화라고 생각한다. 애당초 한국말에는 'Judgemental Person'에 해당하는 단어가 없다. 타인을 함부로 평가하고 판단하는 것이 우리의 일상인 것이다.

개인마다 삶의 방식이나 추구하는 가치 등이 다르다는 데에 대한 고려는 없이, 우리 모두가 모범적이라 생각되는 삶의 '모델'을 정해놓고 이 잣대에 따라 타인을 재단하는 것이다. 어느 대학에 다니니, 취직은 했니, 연봉은 얼마니, 애인은 있니, 결혼은 언제할 거니 등등. 젊은이들을 괴롭게 하는 이런 질문들이 대표적인 예다. 모범답안은 정해져 있고, 어떤 대답을 하든 평가의 대상이다.

가족이라는 이름으로 사촌이니 오촌이니 묶여 있을 뿐, 사실은 서로에 대해 잘 모르는 사람들이 명절이라고 기계적으로 모여서 서로에게 관심을 가지는 척을 하면서 이런 'Judge'를 한다. 그걸로도 모자라 종종 '덕담'을 빙자한 참견질까지 한다. 개인의 삶에 대한 존중은 없고, 나이로부터 나온 이상한 권위만 존재한다. 한국인의 사고 뼛속 깊이 박혀 있는 계급 의식에 따라 상하 지위가 나뉘고, 보이지 않는 정치질과 신경전이 있는 명절. 물론 가족마다 정도가 다르고, 또 분위기가 다르기에 일반화하기는 어렵지만, 수많은 젊은 세대가 명절로부터 피로를 느끼는 주된 이유가 이런 문화로부터 시작된다고 생각한다.

'개인주의'는, 천편일률적인 삶을 거부하고 나름의 방식과 가치에 따라 살아가고자 하는, 어찌 보면 자유에 대한 갈망이 있는 모든 인간에게 지극히 당연한 욕구이다. 이는 대한민국이 선진국 반열에 들어가면서 먹고 살 만해지니, 이제야 싹트기 시작한 소중한 가치다. 그런데 자기 길을 열심히 찾아가고 있는 젊은이들을 불러다가 명절마다 일방적인 평가, 고압적인 꾸짖음과 충고 등을 '어른들의 말씀'이라고 들려주고 있으니 진저리들 칠 수밖에.

사실 이 세대 차이는 극복하기 힘든 것이다. 'Judge'는 윗세대가 교육받고 살아온 방식이다. 이제서야 젊은 세대가 여기서 불편함을 느끼기 시작했을 뿐이다. 윗세대는 이것을 나름의 선의이자 관심이라 생각할 것이다. 그래서 무작정 반발하고 화내기 전에, 그들의 의도를 살펴보고, 이해하려 노력할 필요가 있다. 그렇지 않으면 싸움이 된다. 그것이 새로운 가치에 눈 뜬 이들의 숙명이다. 이 전환기에 서 있는 우리의 숙제는, 어떻게 'Judge'가 적은 사회를 만들어 소중한 '개인'들을 보호할 수 있을까 고민하는 것이다.

쓴 술

  항상 멍청하다고 생각해온 게 한국의 술자리 문화다. 외국에선 하드 리쿼라 칭해질 소주를 기본 베이스로 하고서 다 같이 둘러앉아 '짠' 잔을 치면서 마신다. 이 과정에서 자기 기호에 따라 원할 때 마시는 구조가 아니라, 그냥 단체로 비슷한 수준의 양을 마셔야 하는 구조가 짜인다. 잔 비운 거 안 채워주면 결례라는 생각은 또 얼마나 황당한가. 자기가 부어 마시면 되지. 그렇게 자꾸 따라주고, 채워주고, 받아주고, 마셔대니까 모두가 과음한다. 필름 안 끊기고, 구토 안 했다고 과음 안 한 게 아니다. 자기를 온전히 통제할 수 없게 되면 그게 과음이다. 맛은 더럽게 없지만 싼 가격에 금세 취하게 만들어주는 천 몇 백 원짜리 싸구려 취기가 그렇게 온 나라를 중독시키고 있다. 나는 술을 좋아하고 꽤 잘 마시는 편이라 체면을 지킬 수 있다는 점에서 대부분의 사람만큼 딱히 큰 손해는 없다. 하지만 그래도 이 지랄 맞은 '문화'에 의해 강요되는 술만큼 쓴 것도 없더라. 각자의 손에 들려 있는 각자의 잔이, 각자의 기호에 따라 비워지고 채워지는 날이 오기를 기원한다.

'소확행'이라는 착각

'소확행'은 '소소하지만 확실한 행복'의 준말로, 경제 사회적으로 희망을 잃은 청년들이 미래의 큰 행복을 위해 투자하는 대신, 지금 얻을 수 있는 작은 행복들을 추구하는 경향을 말한다. 그러면서 소개하는 게, 요리 전문가가 방송에 나와 추천한 맛집에 가서 밥을 먹기 위해 하루 종일 줄을 서서 기다리고, 할부로 고가의 트랜드 한정판 패션 제품을 사고, 편의점에서 도시락을 까먹으며 외제 차를 리스해서 타는 청년들의 이야기다.

취업, 결혼, 주택 등 인생의 큰 목표를 포기하고 그 대신 본인에게 지금 당장의 행복을 줄 수 있는 이러한 재화들에 투자하는 게 '소소하지만 확실한 행복'이라는데, 관련 기사들을 읽을 때마다 눈살이 찌푸려진다. 그다지 새롭지도 않은 한국 특유의 '유행성'을 가지고 '소확행'이라며 재포장하는 것이기 때문이다.

평소에는 거들떠도 안 보던 식당이 방송 한 번 탔다고 그 앞에서 수십 시간씩 줄을 서서 기다리고, 그저 유행한다는 이유만으로 무리를 해서 값비싼 물건을 사고, 감당하기 어려운 외제 차를 끌며 카푸어가 되는 건 '행복'이 아니다. 자존감 없는 인정 욕구이자 허영에 지나지 않는다. 남들 시선을 의식하고, 유행에 편승하고 싶고, 남들 하는 거 나도 해야 한다는 뒤틀린 만족감에 불과하다. 그래서 이런 천박한 소비 생활은 '소소'하지도, '확실'하지도 않은 행복이다. 아니 '행복'이라고 보기도 어려운 게, '자기 자신'이 아니라 '남들'을 통해 만족감을 얻으려는 낮은 자존감의 발로일 뿐이다.

이런 사회 분위기를 거부하고, 스스로가 스스로의 삶의 주체가 될 때 '행복'이 오는 것인데, 언론이 나서서 이를 '소소하지만 확실한 행복' 따위로 소개하고 있다. 그러니 앞으로 청년들은 계속 '남들 하는 거 나도 해야 한다'라는 부담감 속에서 애써 그걸 '소확행'이라 자위하며 살아갈 것이다.

한국 사회는 유행에 너무 민감하다. 허니버터칩 같은 과자부터 수십 수백만 원짜리 명품 패딩에 이르기까지. 다들 하니까 나도 해야 한다. 어느 동네 구석의 작은 돈가스집이 방송에서 소개됐다고 해서 평소 찾아 먹지도 않던 돈가스를 먹기 위해 하루 종일 줄을 서서 기다리는 것도, '힙'한 사람들이 많이 가는 이벤트가 있다고 해서 부랴부랴 찾아가 열심히 사진을 찍어 SNS에 올리는 것도, 여행을 가서 정작 풍경을 즐기기보다는 온종일 스마트폰 카메라만 붙잡고 SNS에 올릴 '인생샷'을 찍으려는 것도, 하다 못해, 다들 나가니까 나도 뭔지는 모르겠지만 광장에 나가서 촛불을 드는 것까지. 이런 식으로 그저 유행에 편승하려고, 남들로부터 인정받으려고, 남들의 기준에 맞추는 것을 통해 만족감을 얻으려 하는 것을 '행복'이라고 착각하는 경향이 있다.

개인이 아니라 집단의 기준에 맞춰 살아가는 삶은 곧 노예의 삶이다. 취업, 결혼, 주택과 같은 '큰 행복'을 포기하고 '작은 행복'을 좇는 게 소확행이라며 사람들은 떠들어대지만, 사실 지금 청년들이 느끼는 불행, 아니 한국 사회 전체가 앓고 있는 이 불행의 근원이 바로 '자기 행복'이 아니라 사회가 정한 '행복의 기준'을 강요받는 것에 있다. 연봉 얼마쯤 받는 대기업에 취직해야 하고, 나이 서른이 되면 어느 정도 스펙의 배우자를 만나 결혼해야 하고, 미세먼지에 괴로워하면서도 어떻게든 서울 어느 동네에 몇 평쯤 되는 집에서 살려고 하고. 개개인이 추구하는 삶의 행복이나 가치와는 아무 상관 없이, 집단에 의해 만들어진 이런 '행복의 기준들' 말이다.

지금 '소확행'이라며 소개되는 것들은, 그저 작은 스케일의 또 다른 '기준들'에 불과하다. 취업, 결혼, 주택 등 성공과 행복의 기준이라는 허들이 너무나 높아지니 그걸 포기하고, 조금만 노력하면 따라갈 수 있는 낮은 허들의 '기준'들을 좇는다는 말이다. 물론 이렇게 얻는 행복은 행복이 아닐 뿐더러, 절대 온전한 만족감을 줄 수 없다. 사람들은 늘 계속해서 새로운 기준들을 만들어내고, 자기 스스로 행복을 찾지 못하는 불행한 한국인들은 쳇바퀴를 도는 다람쥐처럼 점점 빨라지는 쳇바퀴 속에서 이탈하지 않기 위해 죽을 힘을 다해 이 기준들을 좇을 것이다. 집단은 그 허영을 배 불리기 위해 늘 새롭고 더 높은 기준들을 요구하니까.

묻고 싶다. 그 '소확행'이랍시고 하는 일들이 정말 행복을 가져다주었는지. 페이스북이나 인스타그램에서 얻는 신기루 같은 '좋아요'처럼 아무 의미 없이 사라지는 만족감들 아니었는지. 정말 행복해지고 싶다면 남들 시선에 아랑곳않고 스스로 홀로 서는 용기가 필요하다. 그렇게 개인으로 각성한 사람이 많아져야만, 한국 사회는 이 자해적 집단 우울증을 벗어날 수 있을 것이다. 이 불행의 쳇바퀴에서 빠져나와 자기 자신이 추구하는 행복을 좇는 사람이 많아지기를 진심으로 기원한다. 소소할 필요도 없다. 자기 자신이 진정으로 원하는 게 곧 가장 '확실한 행복'이다.

시스템은 괴물과 노예를 만든다

'스탠퍼드 감옥 실험'이라는 것이 있다. 스탠퍼드 대학교의 필립 짐바도 심리학 교수가 1971년에 실시한 실험으로, 24명의 실험 지원자를 선발해 죄수와 교도관 역할로 나누고 대학 건물 지하의 가짜 감옥에 집어넣어 이들의 행동 변화를 관찰하는 실험이었다. 무작위로 교도관과 죄수 역할을 부여받은 실험 참가자들은 스탠퍼드의 가짜 감옥에서 2주간 생활할 예정이었다. 그런데 실험 시작 불과 하루 만에 실험 참가자들 사이에서 눈에 띄는 변화가 나타나기 시작했다. 감옥을 통제하라는 지시에 따라 권위와 권력을 부여받은 교도관 역할의 참가자들로부터 언어 폭력을 동반한 강압적인 말투와 행동, 그리고 공격적인 감정 변화가 나타났고, 죄수 역할의 실험 참가자들은 수동적으로 변해가기 시작했다.

이 실험이 짐바도 박사 연구팀의 통제를 벗어나 극단으로 치닫는 데까지는 불과 닷새밖에 걸리지 않았다. 불과 닷새만에 교도관 역할의 실험 참가자들은 성적 학대를 비롯한 각종 고문과 가혹 행위를 저지르며 죄수 역할의 실험 참가자들을 괴롭혔다. 죄수 역할의 실험 참가자들은 현실과 실험을 구분하지 못할 정도로 정신적으로 피폐해진 상황이었다. 놀랍게도 이 닷새라는 짧은 시간 동안 짐바도 박사의 연구팀도 이 실험의 간접적인 영향을 받게 되었다.

감옥 책임자의 역할을 하며 교도관들에게 지시를 내리던 연구팀은, 실험 참가자들 사이에서 당초 금지되었던 학대 행위가 나타나기 시작했음에도 이를 제대로 통제하지 못했다. 심지어 교도관 역할의 참가자들에게 죄수들을 더 확실하게 통제해 감옥의 질서를 유지하라고 명령하는 등 실험의 일부가 되어버렸다. 결국 5일째 짐바도 박사는 실험 중단을 결정하고, 당초 2주간 진행될 예정이었던 실험은 6일째 실험 참가자들을 귀가 조치함으로써 종료되었다.

다른 참가자들을 학대하고 고문하던 교도관 역할의 참가자들은 모두 평범한 대학생이었다. 그런 그들이 완벽한 괴물이 되는 데에는 불과 닷새밖에 걸리지 않았다. 한 실험 참가자는 실험이 끝나고 인터뷰에서 이렇게 말했다.

"당신이 '나였으면 절대 그렇게 행동하지 않았을 거야'라고 말하기는 쉬울 겁니다. 그러나 당신은 당신이 어떻게 변할지 모르고 있습니다. 그게 제가 깨달은 진실입니다. 아무도 자신을 모른다는 것 (의역)."

죄수 역할의 실험 참가자들도 닷새만에 극단적으로 변한 것은 마찬가지였다. 상당 수의 참가자가 현실과 실험을 구분하지 못했고, 애당초 일당을 준다는 말에 참가한 실험이었는데, 본인이 이 감옥에서 나갈 수만 있다면 기꺼이 돈을 지불하겠다며 울부짖기까지 했다. 실제로 본인이 감옥에 갇힌 양, 죄를 지은 죄수인 양 완전한 수감자의 심리 상태로 행동했으며 심각한 가혹 행위와 고문을 당하면서도 감히 그 상황에서 벗어나지 못했다. 모든 상황이 실험에 불과하다는 사실을 끝까지 잊지 않은 사람은 불과 두 명에 불과했다(2015년 발표된 영화 〈The Stanford Prison Experiment〉에 위 실험이 잘 표현되어 있으니 관심이 있으면 찾아보길 권한다.).

군대에서 훈련병들의 조교로 근무하던 시절 이와 유사한 경험을 했다. 책으로만 알고 있던 '스탠퍼드 감옥 실험'이 눈 앞에서 펼쳐지는 것을 보며 개인이 시스템과 환경에 의해 얼마나 쉽게 휩쓸리는 존재인지를 깨닫게 되었다. 조교로 선발되면 일정 기간 교육과 훈련을 거친 후 훈련병들을 훈육하게 되는데, 불과 몇 주 전만 하더라도 같은 훈련병이던 사람이 조교가 되어 권위를 부여받게 되면 언행이 달라지기 시작한다.

상당히 많은 조교가 '훈련병'이라는 단어를 묘한 경멸감과 함께 사용했고, 실제로 훈련병들을 대하는 태도도 그들을 인격체로 생각한다고 보기는 어려운 모습으로 변했다. 몇몇 조교는 권위와 권력에 취해 도가 넘는 행동을 했고, 훈련병이 무엇을 하든 쉽게 짜증을 내거나 화를 냈다. 심지어는 별 것 아닌 일로 훈련병을 구타까지 했다가 영창에 가는 경우도 종종 봤다.

훈련병들에게서도 이런 변화를 관찰할 수 있었다. 입대 전만 하더라도 비슷한 나이 또래의, 동등한 성인이었던 사람들이 불과 일주일만 훈련소에 있으면 완전히 다른 사람이 된다. 조교나 교관이 마치 자신들과는 다른, 신이라도 된 양 그들을 두려워하고 그들에게 절대 복종한다. 그저 근처에 갔을 뿐인데도 긴장해서 몸을 떠는 훈련병을 본 적도 있고, 아무 말 없이 쳐다만 봤을 뿐인데 지레 겁을 먹고 눈물을 글썽이는 훈련병을 본 적도 있다.

모두가 이렇게 극단적으로 변하지 않지만, 분명 대다수의 훈련병이 군대 밖에서 보기에는 비정상이라고 할 정도의 수동성과 약자의 심리 상태를 보였다. 군대에 들어가기 전에는, 혹은 군대에서 나가기만 하면 조교도 훈련병도 모두 평범하디 평범한 20대 초 청년들이라는 사실이 아직도 생각을 복잡하게 만든다.

이 경험을 통해 개인성의 가치를 깨닫게 되었다. 군대라는 환경에서 시스템이 나를 괴물로 몰아세울 때 스스로를 다잡을 수 있었던 것은 바로 이러한 시스템을 거부하며 나, '우원재'라는 개인으로 남고자 했던 의지 덕분이었다. 저항하지 않으면 사람은 시스템에 의해 너무나 쉽게 휩쓸린다. 시스템에 의해 모든 사람은 괴물이 될 수도 있고 노예가 될 수도 있다.

스탠퍼드 감옥도, 군대도, 나아가 국가, 정부, 사회도 모두 이러한 시스템이다. 시스템은 언제나 개개인을 침식한다. 특히나 권력과 통제가 주를 이루는 시스템일수록 개인성은 빠르게 배제된다. 그렇기에 개인에 대한 시스템의 영향, 즉 통제와 간섭, 개입 등은 최소화되어야 한다고 믿는다. 시스템이 개인을 통제하고 부양하려고 하면 사람들의 개인성은 사라지게 되고, 괴물이나 노예가 탄생하는 것이다.

내가 사회주의를 싫어하는 이유가 바로 이거다. 너무나 중요한 가치인 개인을 인정하지 않는다. 사회주의는 선한 의도로 만든 시스템으로 공공선을 이룰 수 있다고 믿는다. 공익을 추구하는 시스템으로 개인을 통제하고 유도하면, 그렇게 개개인의 행동 양식을 설정하면, 모두가 행복해진다는 착각에 빠져 있다. 아무리 정교하게 구성된 시스템이라도 완벽하게 작동하는 것은 불가능하다. 역사가 그것을 증명했다. 모두가 함께 일하고 함께 나눠 가지며 다같이 잘 먹고 잘 살자고 만든 공산주의라는 시스템은 모두를 가난하게 만드는 결과를 초래했다. 오히려 그 과정에서 개개인을 침식한 시스템은 권위와 권력에 취한 괴물들을 만들어냈으며, 셀 수 없이 많은 노예를 만들어냈다.

스탠퍼드 대학 건물 지하의 가짜 감옥이 지옥으로 변해갈 때, 괴물이 된 연구팀과 교도관 참가자들, 그리고 노예가 된 죄수 참가자들을 막아선 것은 바로 단 한 사람, 짐바도 박사의 여자친구 크리스티나 마슬락이었다. 실험을 본 마슬락은 당장 이를 중단하라고 외쳤다. 큰돈과 노력을 들인 만큼 실험을 계속 이어가야 한다는 연구팀의 여론과 그들이 만든 분위기에도 불구하고 그녀는 끝까지 저항하며 실험 중단을 권유했다. 그 덕에 이 끔찍한 실험은 엿새만에 끝났다. 훗날 짐바도 박사는, 해당 실험을 본 50명이 넘는 사람 중 마슬락만이 분위기에 휩쓸리지 않고 도덕에 대해 이야기하며 자신 개인의 입장을 고수했다고 밝혔다. 이렇듯 시스템에 저항하는 개인, 끊임없이 자신을 이끌고, 경계하고, 반성하고, 고쳐나갈 줄 아는 개인은 위대하다. 이런 개인들이 바로 구원이다. 시스템으로 이상 세계를 만드는 것은 불가능하지만, 개인성을 잃지 않은 개인들이 모여 시스템을 고쳐나가며 이상 세계를 향해 나아갈 수 있다.

혼자가 두려움이 되는 나라

한 칼럼니스트가 '혼밥'을 두고 '사회적 자폐'라 썼다가 구설에 오른 모양이다. 저질 언론들이 이를 두고 '혼밥하는 사람들은 자폐아'라는 식으로 비화해 기사를 써서 논란이 일었다. 그 칼럼니스트는 자신이 사용한 '사회적 자폐'라는 표현은 "사회로부터의 자발적 고립이라는 뜻"이라고 해명했다. 덧붙여 "혼밥은 우리가 사는 사회에 뭔가 문제가 있어 발생한 것이라는 의미에서 쓴 말"인데 언론이 이를 곡해했다며 그 '미개한 짓'을 비판했다.

'자폐'라는 표현 때문에 억울하게 돌을 맞고 있는 부분에 대해서는 그 칼럼니스트를 변호하고 싶다. 우리 사회는 특정 단어에 지나치게 민감하게 반응한다. 앞뒤 맥락을 다 끊고 그 특정 단어를 사용했다는 이유만으로 공인 혹은 유명인을 단죄하려는 경향이 있다.

그런데 이 칼럼니스트가 정의한 '혼밥'에 대해서는 한 마디해야겠다. 왜 혼자 밥 먹는 행위가 '비정상적인 것'인가? 왜 혼밥 트랜드가 사회적 문제로까지 확대 해석되어야 하나? 혼밥을 문제시하려거든 애당초 혼밥이라는 우스꽝스러운 단어부터 분석해야 한다. 이 단어 자체가 '혼자 밥 먹는 행위'를 '일반적인 밥 먹는 행위'로부터 분리하고 있다. 마치 혼자 밥 먹는 게 특이하고 비범한 일이라도 되는 것처럼.

우리나라만큼 '혼자' 무언가를 하는 것에 민감한 나라가 있나? 이 나라는 '혼밥', '혼술'부터 시작해서 혼자 영화관에 가거나, 혼자 취미 활동을 하는 것까지 정상적인 행위, 일반적인 행위로부터 분리하여 바라보려 한다. 이런 단어를 쓰는 나라가 또 있나?

절대 다수 외국의 경우 '혼자'를 이상하게 보는 시선 자체가 존재하지 않는다. 점심 시간이면 너무나 흔히 보이는 풍경이 식당이나 공원, 벤치 등에서 혼자 식사를 하는 사람들이다. 술집의 바(Bar) 자체가 1인 손님들을 위한 것이다. 다른 문화 생활도 마찬가지로, '단체'보다는 '개인'이 더 많다.

사실 당연한 것이다. '같이 하는 것' 자체에 의미를 두는 행위를 제외하면, 대부분의 행위는 혼자하는 것이 일반적이다. 가만히 생각해보라. 내가 배가 고프거나 먹고 싶은 게 있어서 밥을 먹는데 왜 '같이'여야 하나? 내가 술 한 잔 마시며 이런저런 생각을 정리하고 싶은데 왜 꼭 동행이 있어야 하나? 영화 관람은? 자전거 타기는? 등산은? 이 모든 '혼자하는 행위'를 어떻게든 '같이'하려 하고, 같이하지 않는, 또는 같이하지 못하는 사람들을 무언가 이상한 시선으로 바라보는 사회 분위기, 이게 진짜 병든 사회 아닌가?

여러 차례 글을 쓴 바 있지만, 한국은 개인이 존재하지 않는 사회다. 집단으로 움직이고, 집단으로 생각하고, 집단으로 관계한다. 개인을 개인으로 바라보는 게 아니라, 집단의 기준으로 판단하고, 평가하고, 응대하고, 강제하며, 수용하고, 배척한다. 이 집단의 공포에 억눌린 개인들이 사회적 시선이 두려워 개인으로서 존재할 수 없는 사회. 그래서 집단의 시선에 맞춰 밥 먹는 것조차 무리로 움직여야만 하는 사회. 매일 보는 사람들이 똑같은 식당으로 향해 새로울 것도 없는 담소를 나누며 밥을 먹는 동안, 홀로 벤치에 앉아 풍경을 감상하며 먹고 싶었던 샌드위치를 맛보며 여유를 즐기는 사람에게 '혼밥족'이라는 이상한 꼬리표가 붙는 사회. 맛 칼럼니스트라는 지성께서 이런 사회의 병을 지적했으면 좋았을 텐데.

흑형?

'김치녀'라는 단어만큼이나 불편한 단어가 '흑형'이다. 멀쩡한 '흑인'이라는 말 놔두고 굳이 흑형이라는 단어 사용을 고집하는 이들의 심리를 모르겠다. 딱히 발음이 더 쉽거나 줄임말도 아니고, 그냥 유행어로 쓰는 것처럼 보인다. 그 기저에 흑인들에 대한 스테레오타입이 담긴 이 말을 사용하는 것, 인종 차별(Racism)이다.

한국인들이 아직도 잘 이해하지 못하는 개념 중 하나가 인종 차별이다. 반드시 나쁜 의도를 가지고 타 인종을 대할 때만 인종 차별이 성립한다고 생각한다. 그래서 흑형이라는 단어 사용에는 문제의식을 못 느낀다. 흑형이라는 단어에 흑인들의 '우월성'에 대한 일종의 선망이 담겨 있고, 따라서 이는 '좋은 뜻'에서 쓰는 말이니까 문제 없다는 거다. 잘못된 이해다. 애당초 좋은 의도, 나쁜 의도는 인종 차별과 별개의 문제다. 인종 차별은 상대를 개별적 인격체로서 대하는 것이 아니라, 인종이 가진 스테레오타입으로 대하는 모든 행위를 일컫는다.

이해를 돕기 위해 예를 들어보자. 서구 문화권에 퍼져 있는 동양인에 대한 스테레오타입 중 대표적인 것이 "수학을 잘한다"와 "운전을 못한다"이다. 하나는 긍정적인(?) 스테레오타입이고 다른 하나는 부정적인 스테레오타입이다. 이 스테레오타입을 특정 개인에게 적용한 사람이 있다면 그는 인종 차별을 한 것이다. 즉, 숫자 계산을 엄청 빨리한 동양인을 칭찬하려고 "우와 역시 동양인"이라고 하건, 운전하다가 사고를 낸 동양인을 보고 "하여간 동양인들이란" 하고 혀를 차건 간에, 둘 다 개인을 인종에 따라 함부로 판단한 무례한 행동이란 거다.

흑인이 등장한 사진이나 기사에는 꼭 "역시 흑형"류의 댓글이 달리는데, 그래 뭐, 노래도 잘 하고, 춤도 잘 추고, 운동도 잘 하고 아무튼 흑인은 죄다 우월해 보이니까 '흑형'이라며 찬양하는 그 '좋은 뜻'은 알겠다. 그런데 애당초 지금 말하고 있는 대상이 정말 그런 장점을 다 가지고 있는지도 모르면서, 단순히 흑인이라는 인종적 집단에 속해 있다는 이유만으로 그도 일반화된 흑인의 특성을 지닐 것이라고 단정하고 칭찬하는 게 실은 무례한 행동이라는 사실을 알 필요가 있다. 이런 기본적인 개념을 탑재하고 타 문화권 사람들 앞에서 괜히 이런 쓸데 없는 걸로 이미지 망치는 일이 없었으면 한다. 그리고 이렇게 해서 "동양인들(내지는 한국인들)은 문화적으로 미개하다", "시민의식에 대한 개념이 전혀 없다" 따위의 '잘못된', 혹은 '지나치게 일반화된' 동양인 스테레오타입을 좀 깨부쉈으면 좋겠다.

결국 '인종 차별'이라는 문제를 바라보는 대중 인식이 단순히 '타인종을 대할 때 나쁜 태도로 대하는 것은 잘못되었다' 정도의 수준에 머물러 있는 건, 아직도 한국 문화가 개인을 독립된 개인으로 대하는 것에 익숙하지 않고, 인종과 같은 특정 집단의 성격에 따라 개인을 단정하는 데에 아무런 문제를 느끼지 못하고 있다는 거다. 이것도 '개인주의의 부재'라는 측면에서 설명된다.

당신들의 미래

나라가 해주는 게 없어서 취직도 못 하겠고, 연애도 못 하겠고, 결혼도 못 하겠고, 애도 못 낳겠다며, 그렇게 포기한 게 많아서 자신들이 'N포 세대'라며 자조에 빠진 사람들. 불과 반 세기 전 이 나라가 어땠으며, 나아가 전쟁통에도, 전쟁 후 폐허 속에서도 사랑을 하고, 가족을 만들고, 삶을 이끌어 온 사람들이 있었기에 자신들도 존재한다는 사실을 뻔히 알면서도 이를 애써 부정하는 사람들. 이런 이야기를 하면 귀를 막고 꼰대라고 받아치며, 늘 자신의 세대가 피해자라고 주장하는 사람들.

나는 이들이 수십 년 후 중장년이 되었을 때, "요즘 애들은 말야", "고생을 안 해봐서", "나 때는 말야" 따위의 레퍼토리를 지긋지긋할 정도로 반복해서 읊고 다니며 신세대를 훈계할 것이라 확신한다. 늘 자기들이 제일 힘들고, 피해자이고, 억울한 사람들이기 때문에.

'좋아요' 살인 시대

2013년 4월 15일, 미국 보스턴 마라톤 대회 도중 폭탄 테러가 발생했다. 무려 260여 명의 사상자가 발생한 사건이었다. 전 세계의 관심 속에 미 당국은 범인 추적에 여념이 없었다. 그러나 수사는 금세 오리무중에 빠져버렸다. 이때 미국의 네티즌들이 자발적으로 나서기 시작한다. 트위터 등의 SNS를 통해 당시 현장 사진과 목격담이 공유되었으며, 커뮤니티 '레딧'을 중심으로 네티즌 수사대가 조직되었다.

수많은 정보와 인력을 바탕으로 움직이는 이 네티즌 수사대는 금세 범인 추적의 단서들을 찾아냈고, 사람들은 이 사건이 SNS와 네티즌들에 의해 해결될 것이라 예상했다. 경찰 수사가 제자리 걸음을 반복하는 가운데, 주요 매스컴들은 네티즌 수사대의 발표를 보도하기 시작했다. 그리고 얼마 후, 레딧의 네티즌 수사대는 '서널 트리파시'라는 22세 브라운대 학생을 범인으로 지목했다. 트리파시는 사건 한 달 전, 3월 15일부터 실종 상태였다.

〈뉴욕포스트〉를 포함한 다양한 매체가 1면 주요 기사로 이를 보도했다. 이 기사를 본 사람들이 트리파시를 범인으로 확실하게 여겼고, 트리파시의 개인 신상 정보는 빠른 속도로 인터넷을 통해 퍼져나갔다. 트리파시의 개인 SNS는 물론, 거주지, 학교, 가족 등이 사람들의 공격 대상이 되었다.

그러나 서널 트리파시는 실제 범인이 아니었다. 얼마 후 경찰은 실제 범인을 검거했다. 범인 검거 전까지만 해도 트리파시는 인터넷에서 가장 뜨거운 이슈였으나, 실제 범인이 검거되고 나자 그는 대중의 관심 밖으로 밀려났다. 네티즌 수사대의 마녀 사냥과, 이를 보도한 매체들로 인해 트리파시의 가족들은 심각한 정신적 피해를 받았다. 그러나 그 누구도 이 문제에 대해 책임지지 않았다. 범인이 잡히고 닷새 후, 트리파시는 메사추세츠 주의 프로비던스 강에서 싸늘한 주검으로 발견되었다. 자살이었다.

자신들이 정의롭다고 믿어 의심치 않는 군중은 위험하다. 그러나 이는 집단 심리, 군중 심리의 습성이기도 하다. 그래서 저널리스트들과 지식인들의 역할이 중요한 것이다. 군중 속에서 꿈틀거리는 괴물을 객관성과 합리성으로 억누르는 것이 바로 그들이다. 그러나 그들이 이러한 의무를 저버리고 반이성 집단주의의 시류에 편승하는 순간, 분노를 배설하고 싶은 군중의 폭주가 시작된다.

눈치 보지 않을 자유

여러 나라에서 살아보고서 내린 나름의 결론이다. 한국은 다른 나라에 비해 '표준', 내지는 '정답'이라는 것에 집착하는 경향이 강하다. 사람들 사이에서 만들어진 일종의 '대중 잣대'가 있어서 거기서 벗어난 사람을 낙오자 취급하거나 이상한 사람 취급한다. 이러한 경향은 하다못해 옷 입는 것에서부터 정치적 논쟁에 이르기까지 다양한 영역에서 나타난다.

한국에 있을 때는 겉모습에 신경을 많이 써야 했다. 옷 못 입는 사람, 머리가 촌스러운 사람 등 '대중 잣대'에서 벗어난 모습을 하고 있는 사람들을 멸시하는 분위기가 사회 전반에 깔려 있었다. 물론 나 역시 겉모습만 가지고 사람을 일정 부분 감히 판단하려 드는 인간 중 한 명이었고. 말 한 마디 섞지 않고서, 지나가는 사람의 겉모습만 보고 그 사람을 평가하는 주제넘는 짓을 당연시했던 것이다. 나부터 이러다 보니, 잠들기 전 내일 옷 뭐 입을까를 고민하고, 잠 1분이 아쉬운 아침에 헤어드라이기와 사투를 벌이며 머리를 손질하곤 했다. 외모를 가꾸는 행위를 나 스스로가 즐겼다면 또 모르겠지만, 그렇지 않았다. 오히려 스트레스의 대상이었지. 나는 단지 사람들의 업신여김이 겁났던 것이고, 함부로 평가당하지 않기 위해 대중 잣대에 자신을 맞춰갔다.

대중 잣대의 그림자는 우리 사회 모든 영역에 드리워진다. 때로는 '유행'이라는 이름의 폭력으로 우리의 결정을 종용하고, 때로는 '평범함'이라는 말로 그 잣대에서 벗어난 모든 이를 '특이함'의 영역에 몰아넣는다. 외모, 취미, 취향, 정치관 등, 말 그대로 모든 것이 대중 잣대의 평가 대상이 될 수 있다. 나는 전체주의라는 것이 멀리 있다고 생각하지 않는다. 바로 이러한 성향, 즉 다수에 의해 만들어진 '정답'을 사회 구성원 모두에게 강요하고, 모두가 그 정답,

표준, 잣대에 맞춰가는 것이 다름 아닌 전체주의라고 생각한다. 똑같은 옷을 입고, 똑같은 머리를 하고, 하다못해 클럽에 가서도 똑같은 춤을 춘다. 그리고 이 유행에 발맞추는 것이 '쿨'한 것이 된다.

외국에서 살며 가장 편한 점은 '타인의 기준을 신경 쓰지 않을 자유'를 마음껏 누릴 수 있다는 것이다. 서로 다른 삶의 방식을 존중하고, 감히 자신의 잣대로 타인의 삶을 함부로 평가하지 않는 것. 이러한 태도가 상식으로 통한다는 점이 참 좋았다. 관용이라는 거창한 단어를 사용하고 싶지는 않지만, 어쨌든 이런 당연한 가치가 기본 베이스로 깔려 있다는 인상을 받았다.

얼마 전 친구네 집에서 열린 소소한 파티에서 흥미로운 대화를 나눴다. 재패니메이션을 즐겨본다는 친구와의 대화였는데 건담, 에반게리온, 공각기동대 등의 작품에 대해 거의 세 시간에 달하는 강연을 들었다. 대화에 매료된 사람은 나뿐만이 아니었다. 상당수의 사람이 그의 말에 관심을 가졌고, 재미있는 '애니메'를 추천해달라는 사람들도 있었다. 그러다 문득 든 생각이 '과연 이 친구가 한국에서도 이렇게 본인의 취미에 대해 열정적으로 이야기할 수 있을까?'였다. 소위 '오타쿠' 취급당하기 일쑤인 비주류 취향을 처음 보는 사람들 앞에서 공개하고 이에 관해 논하는 것이 한국 사회에서 받아들여질까? 회의적이다. 유감스럽게도 소위 '오타쿠'는 대중 잣대에 의해 '비정상' 내지는 '괴짜' 취급 받는 것이 한국의 현실이다.

비슷한 취향을 가진 사람들끼리 그에 관해 대화하는 것은 몰라도, 처음 보는 사람들 앞에서 비주류 취향을 드러내고 이에 관해 대화하는 것은 쉽지 않을 것이다. 설령 본인의 비주류 취향을 거리낌 없이 드러내는 사람이 있다고 해도, 대다수의 사람은 이 사람을 편견을 가지고 대할 것이라 생각했다.

물론 우리나라뿐만 아니라 대다수의 동양권 국가가 이러한 집단적 가치를 강조하는 경향을 보인다. 서구 국가들과의 근본적인 문화 차이라고 생각할 수도 있다. 그러나 동양권 국가 중에서도 유독 한국이 강한 집단주의, 전체주의적 경향을 보이는 것도 사실이다. 타인의 시선을 얼마나 의식하는지를 보면 알 수 있다. 길을 돌아다니다 유독 화려하게 옷을 입은 동양인이 보이면 십중팔구 한국인이다. 한국인이 타고난 패션왕 민족이라 그렇다고 생각하지는 않는다. 깐깐한 대중 잣대로 사람들을 평가하다 보니, 타인의 시선을 의식하는 경향이 강해졌고, 그게 사람들로 하여금 옷을 잘 입도록 만든 계기가 되었다고 생각한다.

획일화되는 여론도 같은 맥락의 현상이라고 생각한다. 대다수의 그것과 다른 견해, 주장, 정치관 등은 철저히 배척당한다. 광우병 소동 때 이성적인 목소리를 내던 사람들은 전부 프락치 취급을 받았다. 이 험악한 전체주의적 분위기 속에서 생각이 다른 소수는 자신의 목소리를 죽이거나 혹은 생각을 바꿔 시류에 편승한다. 자신의 다른 생각은 '틀린 것'이고, 많은 사람이 말하는 것이 '옳은 것'이니까. 나는 내 삶이 이러한 전체주의적 대중 잣대에 의해 평가되고 재단되는 것이 싫다. 외국에 있다가 귀국할 때마다 항상 느끼는 절망감이다.

불신의 비용 - 한국이 넘어야 할 산

한국인들은 수돗물을 안 마신다. 조사 결과에 따르면 수돗물을 그대로 마시는 비율은 5.4%에 불과하다고 한다. 수돗물이 비위생적이라는 편견이 사회에 만연해 있기 때문이다.

한편 외국 선진국들은 수돗물을 마신다. 우리나라처럼 가정집에 고가의 정수기를 두는 경우는 매우 드물고 가정용으로 생수를 사는 경우도 적다. 식당에서도 물을 달라고 하면 대개 수돗물(Tap water)을 제공한다.

OECD 국가들이 수돗물을 그대로 마시는 비율은 평균 50%가 넘는다. 미국이 56%, 영국은 70%다. 옆 동네 일본도 47%나 된다. 수돗물을 바로 마시지 않는 비율에 속하는 사람들도, 우리나라처럼 커다란 기계식 정수기를 설치하거나, 엄청난 양의 생수통을 구비해 마시지는 않는다. 대개 수도꼭지에 간단한 필터를 부착하거나 정수 기능이 있는 물통에 수돗물을 따라뒀다가 마시거나 아니면 끓여 먹는 식이다.

유독 한국인이 수돗물을 불신하는 이유가 뭘까? 가까운 중국처럼 수돗물이 안전하지 않기 때문일까? 그렇지 않다. 한국의 수돗물 질은 세계 최상위 수준이다. 원수 수질은 UN 국가별 수질지수에서 122개국 중 8위를 차지했다. 미국이나 호주보다도 좋은 수준이다. 수돗물 정수장은 세계에서 손꼽는 엄격한 수질 관리를 시행하고 있다. 미국 수도협회의 정수장 평가에서 최고 등급 인증을 받았다. 세계보건기구가 수돗물 검사 권장 항목으로 163개를 제시하는데, 한국의 지자체는 대부분 200개 이상의 항목을 검사하고 있다. 미국은 110개 항목, 일본은 121개 항목을 검사한다.

낡은 수도관이나 오염된 물탱크 등을 걱정하는 사람도 많지만, 과거와 달리 이는 상당히 개선된 부분이다. 오늘날 지방자치단체가 급수 과정을 엄격하게 관리하고 있고, 낡은 수도관이 설치된 오래된 아파트나 주택 등을 선정해 교체 작업을 실시하고 있다. 수돗물에 대한 막연한 불안감 해소를 위해 각 지자체에서는 무료로 '우리집 수도꼭지 수질 검사'를 제공하고 있으며, 극소수를 제외한 절대다수의 경우 수도꼭지에서 나오는 물을 그대로 마셔도 건강에 지장이 없다.

이렇게 최고 수준의 수돗물을 보유하고 있음에도, 외국에서는 찾아보기도 힘든 가정용 정수기의 보급률이 60%에 달하는 이유가 뭘까? 바로 막연한 불신과 편견 때문이다. 막대한 금액을 들여가며 수돗물 그냥 마셔도 안전하다고 홍보를 하고 있지만 사람들은 듣지 않는다.

미국 스탠퍼드대 정치철학과 프랜시스 후쿠야마 교수는 저서 〈Trust〉에서 한 나라의 경쟁력과 신뢰의 상관 관계에 관해 설명했다. 한 나라의 경쟁력은 그 나라가 고유하게 가지고 있는 사회 구성원 간의 신뢰의 수준에 의해 결정된다는 주장이다. 상호 간의 신뢰가 낮은 국가는 그만큼의 사회적 비용을 지불해야 하며 신뢰가 높은 국가는 선진국이 된다고 역설했다.

수돗물 음용 비율은 한국의 신뢰 수준을 잘 드러내는 대표적인 예다. 국민은 수돗물을, 상수도 업체를, 지자체를, 정부를 신뢰하지 않는다. 수돗물이 안전하다고 열심히 홍보하고, 가정마다 검사까지 해주고 있지만, 가정용 정수기 보급률이나 생수 소비율은 늘어만 간다. 수돗물 음용율을 현재보다 5% 포인트만 높여도 연 2,300억 원의 가계비용이 절감된다고 한다. 경제 효과, 환경 효과, 사회적 편익도 있다. 수돗물에 대한 '신뢰', 이 무형의 자산이 없어서 가계와 국가 차원에서 기회비용을 지불하고 있는 것이다.

수돗물과 같은 예는 얼마든지 있다. 쓰레기통 부족 현상도 사회적 신뢰가 낮아 발생하는 문제다. 공공장소에 쓰레기통을 설치할 경우, 가정용 쓰레기를 무단 투기하는 주민들이 발생할 것이라는 우려에 의해 지자체는 공공 쓰레기통을 설치하지 않는다. 있는 쓰레기통도 없애는 상황이라고 한다. 지자체가 주민들을 신뢰하지 않는 경우다. 이러니 거리 곳곳에 쓰레기가 버려진다. 이로 인해 또 다른 사회적 손실이 발생한다.

괴담이나 음모론도 근본적으로는 '신뢰의 부족'으로 인해 발생하는 문제다. 괴담, 음모론, 소동이 일면 너도나도 집단적인 패닉에 빠져들고 우리는 그로 인해 대가를 지불하게 된다.

2008년 광우병 소동을 떠올려보라. 당시 정부 차원에서 미국산 쇠고기 안전하다고, 검역 절차 공개와 더불어 안전성을 검증하는 과학적 자료를 공개했음에도 불구하고, 무려 77만 명이나 되는 사람이 패닉에 빠져 촛불을 들고 광장으로 뛰쳐나왔다. 사람들은 미국산 쇠고기가 안전하다는 정부와 전문가들의 말을 신뢰하지 않았다. 이러한 신뢰의 부족은, 우리 사회로 하여금 개개인 차원의, 또는 군중 차원의 근거 없는 공포와 광기를 우선시하게 했다. 그렇게 무려 1조9,228억 원이라는 사회적 손실이 발생했었다. 그리고 벌써 10년이라는 시간이 흘렀지만 그간 우리 사회는 크게 발전한 바 없이, '신뢰의 부족'으로 인해 발생한 비슷한 유형의 소동을 반복적으로 겪어왔다.

대한민국이 진정한 선진국으로 거듭나기 위해서는 가장 먼저 이

'신뢰'라는 무형의 자산을 갖춰야 하지 않을까. 후쿠야마 교수가 지적한 대로, 우리는 이 신뢰의 부족으로 인해 막대한 비용을 지불하고 있고, 그로 인해 선진국의 문턱에만 머물러 있는 게 아닐까. 우리가 이 신뢰라는 자산을 얻기 위해서는 어떤 노력을 해야 할까. 정치인들의 말부터 시작해서, 문화, 교육, 시민 의식에 이르기까지, 개선해나가야 할 것이 너무나 많다. 경제 발전을 위해 숨가쁘게 달려오고 이제 그 성장 속도가 더뎌질 대로 더뎌진 지금, 바로 이 순간이 우리가 '신뢰'라는 자산에 대해 고민할 때가 아닐까.

 * **사족** : 이 글을 쓴 후 소셜미디어로 다양한 피드백을 받아 추가로 조사를 해봤다. 서울시 상수도사업본부를 비롯해 주요 시도 지자체에서 실시하는 무료 수질 측정에 따르면 대다수 수돗물은 그냥 마셔도 전혀 문제 없는 깨끗한 물이라고 한다. 무료 검사 중 행여 녹슨 수도관, 물탱크 관리 문제 등으로 수돗물이 음용하기에 적합하지 않다는 사실이 밝혀지면 즉각 조치를 취한단다.

 게다가 정수기를 쓴다고 해서 반드시 수돗물보다 깨끗한 물을 마시는 건 아니라는 자료도 있었다. 수돗물을 그냥 마시면 안 된다고 말하는 사람들은 흔히 파이프, 물탱크 등의 오염을 그 근거로 드는데, 상당수 정수기의 부속 부품, 관 등에서 오염 물질과 세균이 발견된다고 한다.

분명 지역마다 어느 정도 편차가 있고, 실제로 수돗물이 음용에 적합하지 않은 곳도 있을 수 있다. 하지만 그럼에도 불구하고 한국인 중 불과 5.4%만이 수돗물을 마시고, 가정용 정수기의 보급률이 60%에 달한다는 통계는 한국인들의 '불신'이 유독 심하다는 점을 보여준다고 생각한다. 지자체에서 무료로 실시하는 가정 수돗물 수질 검사를 통해 수돗물 검증이 된 곳에서조차 괜히 찜찜하다는 이유로 정수기를 사용하고 있는 게 현 실정이다. 정수기 보급률은 나날이 높아지고 있다.

분명 수돗물 음용 여부는 개인 취향과 선택에 달린 문제다. 맛이 싫어서, 냄새가 싫어서 수돗물을 기피하는 사람도 있을 테고, 그냥 '찜찜해서', 수돗물에 대한 편견과 불신 때문에 정수기나 생수를 이용하시는 사람도 있을 것이다. 수돗물은 한 예일 뿐이다. 한국 사회 곳곳에는 이런 '불신'이 퍼져 있다. 그리고 우리는 이 불신에 비용을 지불하고 있다.

피부색 다른 한국인들

2018년 말, 인천에서 한 14세 소년이 집단 폭행 후 추락사 당한 사건이 벌어졌다. 오랜 기간 폭행과 착취에 시달리다 처참하게 삶을 마감한 이 아이는 러시아 국적 어머니를 둔 다문화가정 학생이었다. 피부색이 달랐던 그에게 한국이라는 나라는 지옥이었다.

피해자의 어머니가 온라인에 쓴 글이 공개되며 온 국민이 마음 아파했지만, 유감스럽게도 가해자들에 대한 분노 여론뿐, 문제의 본질에 대한 논의는 이루어지지 않았다. 대한민국에는 광범위한 다문화 교육 정책이 필요하다. 외국인들에 대한 지원 정책을 이야기하는 게 아니다. '대한민국 국민'들에 대한 이야기다.

지금도 수많은 대한민국 국민이 피부색이 다르다는 이유만으로 사회 저변으로 밀려나고 있다. 또래 학생들의 끔찍한 폭행과 괴롭힘에 의해 안타깝게 숨을 거둔 인천 중학생도 다문화가정의 자녀였다. 소위 '혼혈'이라는 이유로 오래 전부터 따돌림을 당해왔다는 정황이 드러났다. 러시아 출신의 어머니는 아들에게 사줬던 패딩 점퍼를 가해자 학생이 입고 있는 것을 보며 절규했다. 문제는 이런 불행한 일들이 지금 이 순간에도 곳곳에서 벌어지고 있다는 것이다. 수많은 한국인이 외모 때문에, 피부색 때문에 고통받고 있다.

시골에 봉사 활동 갔다가 깜짝 놀란 적이 있다. 학생의 절반 가까이가 다문화 자녀였다. 다양한 인종을 보며 꼭 서구 국가에 간 듯한 기분이 들 정도였다. 그러나 나날이 늘어나는 다문화 자녀들을 위한 인프라는 턱없이 부족하다. '다문화' 말만 들어가도, 그저 외국인들 돕는 정책인 줄 알고 난리가 나니, 정책도 예산도 수요에 비해 턱없이 적다. 다름에 대한 건강한 인식이라든지, 문화 다양성 교육, 한국어 교육 등 사회화를 위해 꼭 필요한 일들이 이루어지지 않는다. 그렇게 엄청난 수의 다문화 자녀가 한국인임에도 불구하고 한국 사회 저변으로 밀려난다.

다문화 학생 비율은 급격히 증가하고 있다. 전국 기준 초등학생 3.4%가 다문화 학생이고, 몇몇 시도는 여기 두 배, 세 배에 이른다. 특히 시골의 경우 이미 절반이 다문화 학생이다. 시골 학교의 경우 인프라 문제를 겪고 있고, 소수 다문화 학생이 있는 도심 학교의 경우 사회로 나가기도 전 또래들로부터 겪는 각종 차별과 폭력이 문제가 된다. 사람들이 바라든 바라지 않든, 정부 차원에서 준비가 되어 있든 준비가 되어 있지 않든, 다문화화는 빠르게 진행되고 있다. 그런데 우리는 이런 문제들에 대해 인식조차 심각하게 않고 있다.

사회화의 시작점이라 할 수 있는 학교 교육 시스템부터 준비가 안 되어 있는데 이 수많은 다문화 세대를 한국 사회가 포용할 수 있을 리 없다. 이미 한국에서 나고 자란 '한국인' 중, 피부색이 달라서 각종 차별 대우를 당하는 것을 당연하게 받아들이고 살아가는 사람들이 사회 도처에 있다. 일상적 인간 관계부터 취직에 이르기까지. 조금이라도 다른 삶을 살아가는 사람들을 함부로 재단하고 배격하려드는 전체주의적 습성이 짙게 깔려 있는 한국 사회에서, 당장 눈에 드러나는, 피부색이 다르다는 것은 거의 죄악에 가깝다.

피부색만 다르면 일단 '외국인'이라고 생각하는 게 일반 한국 대중의 시각이다. 외국인 관광객 아니면 외국인 노동자인 거다. 이 시각에는 저열한 인종 차별적 편견과 계급주의적 사고도 짙게 깔려 있다. 외국인이라 생각되면 서슴없이 태도가 달라지고, 특히 피부색이 짙을 경우 대놓고 차별을 하는 경우도 잦다. 술집에서 '외국인'이라고 출입을 거부당했다고, 이거 다른 나라에서는 소송감이라며 인터넷에 호소하는 외국인 관광객이 종종 있다. 그런데 이는 '피부색이 다른 한국인'들이 한국에서 나고 자라고 생활하며 '일상'에서 겪는 수많은 차별에 비하면 새 발의 피다.

단순히 그들의 고통에 공감하자는 게 아니다. 지금부터라도 이 현실을 직시하고 개선점을 찾으려 노력하지 않으면 이 이슈가 장차 심각한 사회 문제로 대두될 것이라는 말을 하려는 거다. 이렇게 사회 저변으로 밀려난 한국인들이 극단적인 생각을 하게 되면 결국 범죄자나 테러리스트가 되기 때문이다.

생각해보라. 한국에서 태어나고 자랐다. 언어도, 문화도, 사고 방식도 한국인이다. 그런데 이 정체성을 한국 사회는 인정해주지 않는다. 평생 외국인 취급을 받는다. 그런데 국민으로서 요구되는 의무는 다 해야 한다. 세금도 내고, 건보료나 국민연금도 낸다. 심지어 남자는 군대에도 간다. 그런데도 여전히 이 사회의 이방인인 것이다. 이들 중 사회에 대한 불만과 분노를 범죄와 폭력, 테러로 해소하려고 하는 이가 나타나지 않을 것 같은가?

실제로 서구 국가에서는 이렇게 사회에 포용되지 못한 이들이 테러를 저지르는 경우가 많다. 조직적 지원이나 배후를 두고 테러를 저지르는 게 아니라, 사회에 대한 반감이나 분노를 동기로 독단적인 테러를 계획하고 실행하는 '외로운 늑대형 테러' 말이다. 한국에서 이런 테러들이 발생하지 않을 거라 믿는 것은 큰 오산이다. 게다가 IS와 같은 테러 단체들도 젊은 테러리스트들을 모집하기 위해 한국으로 사람들을 보내고 있다. 실제로 얼마 전 한 시리아인이 IS 포섭 활동을 하다 체포되기도 했다.

다문화 문제, 이제는 정말 직시해야 한다. 한국은 민족주의적 성향이 너무 강하다. 좌우 막론하고 종족적 민족주의(Ethnic Nationalism)적 사고 방식에 젖어 있다. 그래서 피부색 다른 사람들은 아예 외국인이라 생각하고, 다문화 정책의 '다' 자만 나와도 왜 우리 세금으로 외국인들을 돕느냐며 거품을 문다. 자신들과 동등한, 세금도 내고 군대에도 가는 대한민국 국민 중에도 피부색이 다른 사람들이 있다는 사실을 쉬이 인식하지 못한다.

이제 서울에서 부산 가는 KTX보다도 더 싼 가격으로 외국으로 나갈 수 있는 시대다. 당연히 '피부색'으로 내국인, 외국인을 구분하는 건 구시대적 사고 방식이다. 시민권이 있는 사람, 법적으로 대한민국 국민인 사람, 국민으로서의 의무를 다하는 사람, 외모를 떠나서 이들 모두를 내 나라 사람, 우리 국민으로 대우하고 존중해주는 나라를 보고 싶다. 시민적 민족주의(Civic Nationalism)는 이제 선택의 문제가 아니다. '언제'의 문제다. 수많은 다문화 한국인이 게토화된 지역에서 범죄를 저지르며 본격적인 사회 문제로 떠오르기 전에 해결책을 찾느냐 마느냐, 이게 관건이다. 10년도 채 안 남았다. 적어도 나를 비롯한 젊은 세대는 이런 이슈들에 대해 끊임없이 토론하고 고민해야 한다고 생각한다.

탈코르셋에 관하여

탈코르셋. 사회가 강요하는 미의 기준에서 벗어나 자유로워지겠다는 그 취지를 공감하고 지지한다. 다만 탈코르셋이라며 인터넷에 올라오는 사진들을 보며 의아해지는 부분이 있다.

남의 시선을 의식하지 않고 자기 스스로에게 당당해지는 것은 대한민국 사회를 지배하는 집단주의에 맞서기 위해 꼭 필요한 개인들의 노력이다. 탈코르셋의 취지는 분명 그런 개인주의 철학을 바탕에 두고 있는데, 인터넷을 보면 탈코르셋이 개인 존중, 개성 존중, 자아 발현보다는 일종의 집단적 유행으로 변해가는 것 같다.

소위 탈코르셋 사진들을 보면 정해진 스타일이 있다. 맨얼굴에 숏컷을 한 여성이 셀카를 찍어 특정 뉘앙스의 문구와 함께 공유한다. 사진 보정 어플을 쓴 흔적도 종종 보인다. 이건 탈코르셋이 아니다. 그저 또 다른 집단의 '유니폼'을 걸친 것일 뿐이다.

 탈코르셋, 아니 그 본질인 '개인화'는 숏컷을 한다고, 화장을 안 한다고, 꾸미지 않겠다고 선언한다고 오는 게 아니다. 타인과 집단의 가치에 억눌려왔던 개인, 즉 자기 자신의 가치를 발현해야 진정으로 이루어지는 것이다. 유행처럼 번져가는 탈코르셋 셀카 행렬에 동참한다며 스스로에게 어울리지 않는다고 생각하는 짧은 머리까지 굳이 해가며 노력하는 건 그저 또 다른 집단주의에 휘둘리는 일일 뿐이다. 내가 에쁘다고 생각하는 방식대로, 꾸미고 싶은 대로 열심히 단장하는 것이 차라리 더 탈코르셋에 가깝다. 탈코르셋조차 유행의 방식으로 소비되는 모습을 보며 개인이 집단 속에 매몰된 사회, 헬조선을 실감한다.

 이 탈코르셋을 이끄는 사람들이 자신들의 가치 판단을 유행의 형태로 타인에게 강요하니 이것도 문제다. 탈코르셋하겠다고 본인이 아끼는 머리카락, 화장품, 옷들을 굳이 내다 버리지 않아도 된다. 아름답게 단장하는 것을 즐기는 사람도 많다. 이를 문제시하는 게 이상한 거다. 사회적 분위기에 의해 강요되곤 하는 '꾸밈 노동'이라는 걸 비판하는 건 좋다. 하지만 꾸미는 걸 즐기는 사람을 적대시하는 건 비정상적이다. 타인의 시선 따위 신경 쓰지 말고 개개인의 미적 기준, 가치, 방식에 충실하자는 게 탈코르셋의 요점일 터인데, 어찌된 게 힙스터 유행 집단만 하나 더 생겨난 것 같다. 철학은 사라지고 유행만 남은 셈이다.

탈코르셋이 별 건가. 타인이 아니라 나 자신이 좋은 대로, 나 자신이 행복하고 즐겁고 멋지고 아름답게 느끼는 방향대로 살면 되는 거다. 코르셋을 벗어던졌다는 사람들이 타인이 즐거워하는 화장과 단장을 무지하다 비판하고 있으니, 오히려 그들이 또 다른 코르셋으로 타인을 억압하는 꼴이다.

자기 자신을 사랑하자. 자기 자신에게 당당하자. 자기 자신으로 살자. 타인의 시선 때문에 성형수술이나 사진 보정으로 자기 자신을 부정할 필요 없다. 마찬가지로 꾸미는 걸 좋아하는 사람이 특정 집단의 눈치를 보며 자기 자신을 부정할 필요도 없다. 탈코르셋한다는 집단의 가치에 매몰되지 말고, 자기 자신의 판단대로 오롯이 자신의 삶을 충실히 살자. 그게 진정한 탈코르셋이요, 자유다. 화장품을 갖다 버리고 사진을 찍는다고, 숏컷을 하고 셀카를 찍어 올린다고, 인터넷에 탈코르셋 선언을 한다고 자유가 오지는 않는다. 자유는 소속감이 아니라 홀로 서려는 삶의 태도니까.

  영화 〈라이언 일병 구하기〉의 마지막 장면을 보며 미국이 세계를 향해 던지는 메시지를 떠올렸다는 글을 읽었다. 미국의 희생으로 자유와 번영을 누리고 있는 유럽과 아시아의 여러 나라에게 미국이 던지는 메시지, 이를 떠올리며 오랜만에 영화를 다시 봤다.

#1

  (전우 카파조를 잃은 전투가 끝나고 휴식을 취하며 호바스 상사와 대화를 나누는 밀러 대위)

 - 밀러 대위 : 알아? 부하가 죽을 때마다 스스로 말하곤 해. 그의 죽음으로 둘, 셋, 아니 열 명의 목숨을 구한 거라고. 어쩌면 백 명의 목숨을 구했을지도. … 내 지휘 아래 부하가 몇이나 죽은 줄 알아?

 - 호바스 상사 : 몇 명요?

 - 밀러 대위 : 94명. 하지만 그건 내가 열 배의 목숨을 구했다는 걸 의미하지. 그렇지 않아? 어쩌면 20배의 목숨을. 그렇지? 이렇게 간단한 거야. 이렇게 선택을 내리는 일을 합리화하는 거야. 임무와 부하들의 목숨 사이에서말야.

 - 호바스 상사 : 다만 이번 임무는 한 사람만의 목숨을 구하는 거죠.

 - 밀러 대위 : 이 라이언 일병이라는 사람이 그럴 가치가 있는 인간

이기를 빌어야지. 집으로 돌아가면 병을 고치거나, 수명 긴 전구를 발명하는 것 같은 일들을 하는 게 좋을 거야. 사실은 말야, 나는 열 명의 라이언이라도 베치오 한 명이나 카파조 한 명의 목숨과는 바꾸지 않았을 거야.

#2

(부하 둘을 잃고 갖가지 고생 끝에 라이언 일병을 찾았으나, 라이언 일병은 동료를 버리고 홀로 떠나지 않겠다며, 자신에게 주어진 임무인 다리를 사수하겠다며 고집을 부리는 상황. 호바스 상사와 의논하는 밀러 대위.)

- 밀러 대위 : 자네는 어떻게 생각하나?

- 호바스 상사 : 제 생각을 알고 싶지 않으실 텐데요.

- 밀러 대위 : 아니, 알고 싶어.

- 호바스 상사 : 제 일부분은 라이언의 말이 맞다고 생각합니다. 왜 그 친구만 전장을 떠날 자격이 있나요. 라이언이 남고 싶어한다면 그의 의사를 존중해주고 우리는 집에 가면 되죠.

- 밀러 대위 : 그래, 맞는 말이야.

- 호바스 상사 : 그런데 다른 제 일부분은 이렇게 생각합니다. 어쩌면 기적 같은 게 일어나서 우리도 여기 남았다가 다 같이 살아나 간다면, 언젠가 우리가 이 날을 되돌아볼 때, 라이언 일병을 구해낸

것은 우리가 이 끔찍하고 엿 같은 비극 속에서 해낼 수 있었던 단한 가지 위대한 일이었다고 되뇌일 거라고. 그런 생각이 드네요. 대위님 말씀대로, 우리가 이 일을 해내면 우리 모두는 당당하게 집에 갈 수 있어요.

#3

(부대원 대다수가 희생해 간신히 다리를 지켜내고, 지원군 도착으로 전투가 끝난 상황. 가슴에 총상을 입고 죽어가는 밀러 대위가 제임스 라이언 일병에게 숨을 거두며 하는 마지막 말.)

- 밀러 대위 : 제임스, 이 모든 희생을 얻어내. 얻어내는 거야 (James, earn this. Earn it.).

* Earn은 '얻다'라는 뜻으로 '그럴만한 자격을 갖추어서 얻어내다'라는 맥락을 품고 있음. 라이언 일병을 살리기 위한 부대원들의 희생에 걸맞는 삶을 살아가라는 의미.

#4

(수십 년이 지나고, 노인이 된 제임스 라이언. 가족들과 함께 밀러 대위의 무덤 앞에 찾아가서 하는 말.)

- 제임스 라이언 : 가족과 함께 왔습니다. 같이 오고 싶어 하더라고요. 솔직히 말씀드리면, 여기 오면 기분이 어떨지 짐작하기 어려

있습니다. 매일 대위님이 다리에서 하신 말씀에 대해 생각했습니다. 제가 할 수 있는 한 최선을 다해서 제대로 살기 위해 노력했습니다. 충분했기를 바랍니다. 대위님의 눈에 제가 대위님과 동료들의 희생을 얻을 자격이 있는 삶을 살아왔기를 바랍니다.

(곁에 온 아내를 바라보며)

여보, 내가 좋은 삶을 살아왔다고 말해줘. 내가 좋은 사람이라고 말해줘.

밀러 대위와 부대원들은 누구인지도 몰랐던 라이언을 구해내기 위해 사지로 들어갔다. 그게 그들의 임무였다. 라이언 일병을 보며 대한민국이 떠오르는 건 우연이 아닐 것이다. 6·25전쟁 당시, 미국은 동방의 작은 나라 '코리아'를 구해내기 위해 30만이나 되는 자국의 젊은이들을 보냈다. 그중 3만4천여 명이 전사했고, 수 천여 명이 실종되거나 포로로 붙잡혔다.

압제와 독재로부터 코리아를 구해내라, 코리아의 자유를 지켜내라. 그 명을 내린 것도, 그 명을 받든 것도 대한민국 국민으로서는 잊어서는 안 되는 고귀한 희생이다. 이름 모를 땅에서 말이 통하지 않는 낯선 얼굴들을 위해 싸우다 죽어간 수많은 영혼. 영화 〈라이언 일병 구하기〉의 마지막 장면에서 밀러 대위가 한 말은, 그들의 목소리를 대변하는 것 같다.

"Earn it."

그들의 희생에 걸맞는 나라가 되라는 유언.

우리 스스로에게 되묻지 않을 수 없다.

"Have we earned it?"

우리는 그들의 희생을 얻을 자격이 있을까?

생존의 필수 요소

대한민국은 대다수 다른 나라에 비해 압도적으로 '잘 사는 나라'
다. 행복지수 같은, 말도 안 되는 통계 말고, 경제 수준이나 사회 인
프라 수준, 복지 수준 등을 보여주는 진짜 객관적 데이터를 살펴보
면 한국은 명실상부한 선진국이다.

그런데 그 국민은 늘 죽는 소리를 한다. '헬조선'이라는 자조적 표
현이 유행하고, 너나 할 것 없이 한국이 살기 힘든 나라라며 이민
이야기를 꺼낸다. 도대체 왜 이럴까?

즐겨보는 TV 프로그램 중 '인간 대 야생(Man vs Wild)'이라는 프
로그램이 있다. 맞다. 일명 '생존왕' 베어 그릴스의 TV 쇼다. 오지
중의 오지로 찾아가 극한 환경에서 어떻게 생존하는가를 보여주는
쇼인데, 많은 사람이 개미나 지렁이까지 주워 먹으며 살아남는 베

어 그릴스의 생존력에 감탄하며 쇼를 감상한다. 나 역시 처음에는 그의 기행을 구경하는 재미로 쇼를 봤는데, 에피소드가 거듭될수록 그에게 인간적 경외심을 느끼게 되었다.

"생존을 위해서는 물, 음식, 휴식 등을 확보해 육체를 건강하게 챙기는 것도 중요하지만, 이보다 더 중요한 것은 정신이에요. 항상 긍정적인 마음가짐을 유지하지 않으면 생존할 수 없어요."

위기의 상황마다 베어 그릴스는 자주 이런 이야기를 한다. 실제로 수십 편에 달하는 에피소드 동안 그는 단 한 번도 자신의 처지를 한탄하거나, 주어진 상황에 불평을 늘어놓거나, 문제에 분노한 적이 없다. 오히려 최악의 상황 속에서도 그나마 긍정적인 면을 찾아내고, 이를 통해 활로를 개척해나갔다.

겨우 눈을 붙이고 잠을 자는데 임시 거처에 뱀이 들어와 깨게 되면, "좋은 영양분이 알아서 찾아오다니, 운이 너무 좋은데요!"하며 웃는다. 물을 잘못 마셔 심한 복통에 시달리면, "이쪽 물은 치명적일 수 있다는 걸 배웠네요. 다음부터는 조심할 수 있겠어요"하며 싱긋 웃는다. 그야말로 최악의, 최악의, 최악의 상황 속에 있을 때는, "이런 굉장한 모험을 마치고, 집에 돌아가 사랑하는 아내와 아이를 안을 때 기분이 얼마나 좋을까요"라며 기운을 얻는다.

도대체 어떤 인간이 이리도 긍정적일 수 있을까. 쇼를 보는 내내 하던 생각이었다. 그러다 문득, 첫 시즌, 첫 화, 그러니까 베어 그릴스가 처음 '인간 대 야생'을 찍었을 때를 다시 보게 되었다. 수십 편의 에피소드 동안 자기 개인 이야기는 거의 하지 않았던 그였기에, 그가 이 쇼를 진행하기까지 어떤 사정이 있었는지 몰랐는데, 첫 에피소드에서 잠깐 스치듯 자기 이야기를 한다. 2~3일 동안 벌레 몇 마리, 물 몇 모금 밖에 못 마신 상태에서, 야생 그리즐리 베어의 영역으로부터 도망치던 처참한 상황이었다. 베어 그릴스는 숨을 헐떡이며 슬쩍 말한다.

"낙하산 사고로 등이 부러지고, 오랜 시간 동안 병원에 누워 있었어요. 제가 그렇게 좋아하던 등산이나 낙하산 같은 모험을 다시는 할 수 없을 거라는 의사의 말을 침대에 가만히 누워서 몇 번이고 곱씹었죠. 괴로운 시간이었어요. 그런데 운이 좋아 다시 모험에 나설 수 있게 되었어요. 제가 정말 좋아하는 일을 하며 쇼를 만들 수 있는 기회가 주어졌어요. 이렇게 힘이 들 때마다 저는 제가 얼마나 행운아인지를 떠올려요. 늘 감사한 마음이에요."

정확한 워딩은 기억나지 않지만 대충 이런 말이었다. '자연이 준 스파게티'라며 인상을 쓰면서도 지렁이를 맛있게 먹으려는 모습을 보며 그가 타고난 '긍정왕'인 줄은 알고 있었다. 하지만 그의 인생에 어두운 시기가 있었고, 그가 그 거대한 위기를 딛고 일어나 늘 웃으려 노력한다는 사실은 알지 못했다. 그는 그 인생의 그림자에서 배움을 얻었고, 몸을 일으키기 위해서는 정신부터 일으켜 세워야 한다는 진리를 경험으로 배웠다. 아주 구체적인 생존 기술을 가르쳐주는 TV 프로그램에서, 항상 '긍정적인 마음가짐'을 강조하는 이유였다.

생존의 필수 요소. '긍정적인 마음가짐'. 갑자기 베어 그릴스 이야기를 이렇게 길게 한 이유다. 한국은 '부정적인 마음가짐'에 침식된 나라다. 전 세계 220여 개국 중 대한민국이 얼마나 살기 좋은 나라인지 설명하면, 이를 어떻게든 반박하려고 애를 쓴다. 모두가 '헬조선'이라고 자조하고, 헬조선이 아니라는 사람에게 극빈층의 몇 가지 극단적인 사례를 가져와 면박을 준다. 열심히 노력하면 잘 살 수 있을 거라며 스스로를 응원하는 사람들을 보고 '노예'나 '노력충'이라며 폄하하고, 반대로 '이 나라에서는 노력해도 소용없다'라는 말을 종교적 교리처럼 전파한다.

분위기가 이렇다 보니 '침묵의 나선' 효과가 일어난다. 나는 나름 내 나라에 만족하고, 내 삶에 만족하고, 내 미래에 희망을 가지고 있는데, 주위에서 그게 아니라고 거품을 물며 반박하니 입을 다물게 된다. 목표 의식을 가지고 노력하며 진취적인 삶을 사는 '정상적인 사람들'이 비정상 취급을 받는다. 그래서 입을 다물어버린다. 한국인은 '한(恨)의 민족'이라고 했던가. 그렇게 시끄러운 불만, 불평, 부정, 저주, 자학이 대중 정서를 지배한다.

애당초 '긍정적인 자세'를 배척하고, '부정적인 자세'를 장려하는 사회가 행복한 게 이상한 거다. 충분히 행복할 수 있는 나라에 살고 있으면서, 그게 아닌 것처럼 느껴진다. 조금이나마 가지고 있는 것을 감사히 생각하고, 조금 더 가지려고 열심히 노력하던 사람들이 일으켜 세운 나라다. 그런데 지금은 많이 가지고 있고, 충분히 누리고 있는데도 이는 애써 무시하고, 자신들이 누리지 못한 것을 이야기하며 불행 전파를 하는 사람들이 끌어내리고 있다. 이것이 국가적 시대 정신이라면, 이 나라는 생존하지 못할 것이다.

와인 한 잔도 타인을 의식하는

 와인을 좋아한다. 퇴근 후 집에 도착하면 일단 와인부터 한 잔 가득 채워놓고 옷을 갈아입는다. 그런데 와인에 대해서는 쥐뿔도 모른다. 내가 좋아하는 게 레드는 멀로나 카베네, 화이트는 샤도네이라는 정도만 안다. 이것조차도 전혀 몰랐는데, 그냥 계속 퍼마시다 보니 알게 된 거다. 이 외에는 말 그대로 '와인 백치'다. 바디가 어쩌고, 탄닌이 저쩌고 할 정도로 예민한 미각을 가지고 있지도 않고, 어차피 마시는 건 마트에서 만 원이면 사는 싸구려 와인들이다. 그럼에도 나는 와인 마시는 걸 즐긴다.
 한국은 이상하다. 와인 마시는 걸 무슨 대단한 의식처럼 여긴다.

외국에 있을 땐 친구들이랑 값싼 와인 한두 병 따놓고 영화보는 게 참 즐거웠는데(확실히 와인에서 오는 취기는 다른 술보다 사람을 훨씬 느긋하게 만든다) 한국에서는 그게 안 되더라. 사람들이 와인 마시는 행위 자체를 부담스러워 하더라고. 대형 마트에서 산 만 원 짜리 와인인데도.

그러다 알게 된 것이, 사람들이 와인 마시는 걸 일종의 귀족적 취미로 인식한다는 사실이었다. 실제로 와인 잔 앞에 두고 침 튀겨가며 '와인 강의'를 하는 사람들을 몇 번 접하고 나니 이해가 되기 시작했다. 한국인에게 와인이란 귀족의 전유물이자 허영의 음료였던 거다. 지인 중 하나가 와인을 마실 권리를 얻기 위해 책을 사서 와인에 대해 공부하는 것을 보며 생각했다. 앞으로는 혼자 마셔야지.

어떤 것에 대해 잘 모르는 건 절대 부끄러운 일이 아니다. 특히 그것이 기호나 취향에 대한 것이라면 더욱 그렇다. 와인의 종류니, 맛이니, 역사니 하는 것들, 하나도 몰라도 된다. 그런 거 몰라도 와인 마시는 데 아무 지장 없다. 와인에 대해 모른다고 해서 그게 당신을 모자란 인간으로 만드는 것도 아니다. 장담컨대, 대부분의 보통 사람은 나나 당신 만큼이나 와인을 모를 것이다. 그냥 맛있고 즐겁게 마시면 된다. 그게 와인을 즐기는 방법이다.

한국의 가장 큰 문제는 '허영'이다. 지들도 잘 모르면서, 어디서 주워 들은 거 가지고 굳이 아는 척을 해야 성이 풀리는 모양이다.

지적인 우월감에 젖어서 아는 척 떠들며 남을 얕잡아본다. 사실은 이런 사람들이 가장 '천민'에 가깝다. 자신에 대한 자신감, 자존감 같은 게 그만큼 떨어지니 허영과 허세로 치장해대는 거다. 원래 뭐가 없는 사람들이 잘난 척 떠들어대는 법이다. 문제는 그들이 뿌려댄 '싸구려 향수'가 다른 사람들로 하여금 부담을 느끼게 만든다는 거다. 그냥 '나 자신' 있는 그대로 있으면 안 될 것 같은 그런 압박감. 이 때문에 사람들은 '짝퉁' 치장 행렬에 동참한다. 물질적으로는 참 풍요로운데 정신은 참 곤궁한 사회다.

천박한 나라

하여간 참 신기한 나라야. 그 어떤 나라보다 소비적이고, 물질만능주의에 젖어 있고, 허영과 허세 심하고, 외제 차부터 명품 백까지 물건으로 지위를 판단하고, 가졌다고 우월감, 못 가졌다고 박탈감 느끼고, 속물 근성을 부끄러워 하지도 않아 한 번씩 외국인들을 깜짝 놀라게 만드는, 천민자본주의의 대표 주자 대한민국.

한국과 비교하면 뉴욕이 히피 도시처럼 느껴질 정도로 모두가 돈과 물건과 겉치레에 환장하는데, 희한한 게 이 나라의 정치와 정책은 너무나 반시장적이다. 아니, 반시장을 정의라고 미화까지 한다.

공적 영역에서는 못 가진 게 미덕이고 가진 게 죄가 된다. 누군가 차 없어서 버스나 지하철 타고 다닌다면 업신여기는 사람들이, 공인이 버스나 지하철 요금 모른다고 하면 난리가 난다. 한편 공인이 자기 흙수저라고 자신이 얼마나 가난한지 전시하면 모두가 열광한다. 이 모순덩어리 사회를 보며 냉소가 나올 수밖에.

앞에서는 모두가 가진 사람 욕하면서 뒤에서는 조금이라도 더 가진 척하려고 허세를 부린다. 이런 모습들을 보며 천박하다는 생각이 드는 건 나뿐인가. 다른 나라에 비해 가진 사람은 참 많은데 당당하고 행복한 사람들은 참 적어 보인다.

변명을 대하는 두 나라의 태도

"사과할 때는 변명하지 마라".

한국에서 직장 생활하며 가장 먼저 배운 것 중 하나다. 뭔가 문제가 발생해서 상급자가 질책하면, 무조건 고개 숙이고 사과를 하라는 것. 변명 늘어놓으며 책임 회피를 하면 상급자의 화만 돋우게 되니 잘못에 대한 책임 소재가 내게 있고 없고를 떠나 사과하고 문제를 해결하라는 이야기였다. 이후 나는 억울하게 혼이 나는 일이 있더라도 묵묵히 "죄송합니다"를 말하기 시작했다. 그게 사회 생활이라는 생각을 하면서.

그런데 이런 태도가 미국과 호주에서의 직장 생활 중에는 오히려 문제가 되었다. 업무에 문제가 발생해서 상급자로부터 문의가 들어올 때마다 별다른 해명 없이 "죄송합니다"만 반복하니 상급자들이 불쾌하다는 반응을 보였다. 오히려 그런 피동적인 태도로부터 일에 대한 성의가 없다는 인상을 받는 것 같았다.

나중에 알게 된 것이지만, 미국과 호주의(아마도 대다수 서구권의) 직장인들이 원한 것은 문제에 대한 적극적인 해명과 변명이었다. 상급자가 문제를 지적했을 때, 누구에게 그 책임 소재가 있는지 분명히 파악하고, 어떠한 경위에서 이런 문제가 발생했는지를 확인해 다음부터는 비슷한 유형의 문제가 발생하지 않도록 예방하기 위해서 잘못을 저지른 사람, 또는 관련이 있는 사람의 변명은 반드시 필요한 피드백이었다.

결국 이는 '잘못을 대하는 태도'의 차이다. 내 부족한 경험에 따르면 한국 직장 생활에서 상급자가 하급자의 잘못을 지적하는 것은 '혼을 내는 행위'다. 그래서 혼이 나는 대상이 변명을 늘어놓으면 상급자가 짜증을 내게 되고, 때로는 권위에 도전하는 듯한 인상마저 받는다. 내가 화가 났으니 그냥 입 다물고 혼 나라는 것(계급 의식과 권위주의도 분명히 섞여 있다).

반면 서구권 직장 생활에서 잘못을 지적하는 행위는 감정이 섞이지 않은, 지극히 드라이한 문제 해결 과정의 일부였다. 문제를 파악하고, 해결하고, 예방하는 과정에서 문제를 저지른 당사자의 행동에 대한 설명과 변호는 반드시 필요한 것이다. 그 둘의 차이 때문에 한쪽은 변명을 나쁜 것으로, 다른 한쪽은 반드시 필요한 것으로 여기게 된 것이다.

업무 중 발생한 문제에 대해 화를 내고 혼을 내는 것. 이건 어디까지나 모든 책임 소재를 하급자에게 다 떠넘기고 욕 한 바가지해준 다음, 네가 정신 차려라, 나는 신경 끄겠다, 이런 태도에 불과하다는 생각이 들었다. 그래서 직원들과 업무 중 문제가 발생했을 때, 되도록 이러한 태도를 배제하고 직원의 '변명'부터 들으려고 노력한다. 이 문제가 왜 발생했는지, 어떤 행동과 판단의 결과물인지, 앞으로는 이를 막기 위해 어떻게 하면 될지에 대해 함께 고민한다. 어떤 문제가 터져도 항상 이를 되뇌이며 화를 내는 것이 아니라 문제를 해결하려고 노력하고 있다. 좋은 사람이 되고 싶어서 하는 거창한 말이 아니다. 업무의 효율성을 위한 지극히 당연한 생각이다.

홍대 앞

나는 홍대 앞에 산다. 여기만 이런 건지 대한민국이 다 이런 건지는 잘 모르겠지만, 웃기는 장면을 많이 본다. 안전한 나라를 만들자며 대통령을 욕하며 촛불을 들었던 사람들, 그들이 홍대 거리 곳곳에 붙여둔 노란 리본 스티커는 아직 굳건하게 붙어 있다. 팔이나 가방에 세월호를 상징하는 노란색 액세서리를 걸고 다니는 사람도 어렵지 않게 볼 수 있다. 법과 규제를 무시하고, 뭐든지 대충대충 빨리빨리하는 미성숙한 문화가 만들어낸 참사를 반성하는 사람이 그렇게 많은데, 홍대 거리는 아직도 개판이다. 소방법을 제대로 지키고 있는 술집과 클럽을 찾아보기 어렵다. 수백 명이 어두운 지하에 모여 술을 마시고 노는데 불이라도 나면 어쩔 생각인가? 허물어져가는 건물에 딱 봐도 무리한 증개축을 하고 있다. 결함 구조로 인해 퇴역한 일본 배를 가져다가 무리하게 증개축해서 사용하다 터진 게 세월호 참사다. 밤이 되면 교통 법규 개념은 사라진다. 차도 위는 무단 횡단하는 취객들로 가득하고, 불법 주차된 차들 사이로 이성을 꼬셔 보려고 나온 요란한 차들이 요리조리 운행한다. 잊지 말자는 사람은 많은데, 정작 뭘 기억하려는 건지 모르겠다.

모두가 헬조선이라 떠들어대며 청년들이 힘들어 죽는 나라란다. 그런데 홍대 거리에는 어찌 그리 멋지고 화려한 청년들만 모이는지 모르겠다. 주말만 되면 포차나 클럽에는 수십 미터씩 줄이 서 있고, 저마다 유행하는 패션을 자랑하며 최신형 스마트폰에 이성의 번호를 저장하고자 분주하게 웃음을 판다. 술집에는 자리가 없고, 모텔은 언제나 꽉 차 있다. 새벽 두어 시에 급한 호출을 받고 일을 하려고 24시간 카페에 들렀는데 자리가 없어서 앉지를 못했다. 술이 한껏 취한 청년들이 퍼질러 자고 있었다. 청년들이 절망하는 나라. 그래서 그렇게들 모든 걸 내려놓고 노는 건가.

그 와중에 노인들이 리어카를 끌며 거리 사이사이, 청년들 사이사이를 누빈다. 버려진 폐지나 쓰레기를 줍기 위해서. 많이 받으면 킬로그램당 백 몇 십 원씩 한다는 이것들을 주워서 약값으로 쓴다. 이런 노인이 전국에 175만 명이 있다. 청년 실업자보다 많은 수란다. 684만 명 노인 인구의 반 가까이는 빈곤선 아래에서 살고 있다. 그런데 일도, 공부도 하지 않는 청년 니트족들이 홍대 거리에서 예술한답시고, 공연한답시고 헬조선을 외치고 있다.

홍대 거리에서 종종 보이는 집회나 공연에서는 너도 나도 자유를 외치고 인권을 부르짖는다. 민주주의라는 신성한 이름을 교리처럼 되뇌며 젊음을 한껏 불사르는 시민운동가, 예술가가 많다. 그들은 권위주의와 전체주의에 침을 뱉으며 분노한다. 그런데 얼마 전 누군가가 홍대 교정에 설치한 "어디에나 있고 어디에도 없다"라는 일베 손 모양의 조형물 작품에 대해서는 정반대의 반응들을 보였다. "사회에 만연하지만 실체가 없는 '일베'를 보여줌으로써 논란과 논쟁을 벌이는 것이 작품의 의도"라는 원작자의 설명에도 수많은 사람이 욕을 퍼부었고, 마녀 사냥식 비난을 했다. 결국 그 작품은 어느 날 밤 다른 '예술가'에 의해 파괴되었다.

　나는 홍대 앞에 산다. 그리고 홍대가 싫다. 그 가벼운 정의감이 싫고, 그 가벼운 분노가 싫으며, 젊음이라는 이름으로 미화되는 그 모든 일탈과 미숙함이 싫다. 모두가 개성을 이야기하고 자유를 노래하지만, 그래서 요란한 옷들을 입고 펑키한 공간에서 술을 마시며 열린 듯한 자세로 사람들을 맞지만 사실은 숨막힐 정도로 획일화된 그 분위기가 싫다. 그리고 무엇보다 그 이중성이 싫다. 그런데 이건 홍대 거리에만 한정되는 문제일까.

　'좋아요' 살인시대

PART **03**

정치인 아닌 사람의
정치

선거 운동을 보며

- 아내 : 그런데 춤추고 노래하는 선거 캠페인이 정말 효과가 있는
거야? 나한테 투표권이 있었으면 길 막고 서서 시끄럽게 하는 후보
들 기억해놨다가 일부러 표 안 줄 것 같은데. 지역 주민에 대한 배
려가 없는 후보가 지역 정치를 잘 할 리가 없잖아?

- 나 : 눈에 띄니까. 유니폼이나 현수막에 이름 큼지막하게 넣고
교차로 같은 데 서서 노래 틀어놓고 춤추면 지나가면서 눈길이라
도 한 번 주게 되잖아. 출퇴근길에 길가에서 후보들이 매번 그렇게
인사하는 이유이기도 하고. 이름 한 번이라도 더 보게 만들고, '열
심히 노력한다'라는 인상을 주기도 하고. 이런 게 선거에 꽤 영향을
미치거든.

- 아내 : 그게 정말 효과가 있다는 구체적인 데이터가 있는 거야? 정치인에게 무엇보다도 중요한 게 '이미지'인데, 선거라는 중요한 이벤트에서 이기고자 정치의 본질과는 전혀 관계없는 우스꽝스러운 율동을 하며 시선을 끄는 거. 미국(내 아내는 미국인임)이었으면 오히려 욕을 먹을 것 같은데. 유튜브 같은 데서 조롱당했을 거야. 정치인으로서 비전을 제시하고 사람들을 설득하는 게 정치인이 '노력'하는 거지, 열심히 춤이나 춰서 눈길 끄는 건 '노력'하는 게 아니잖아. 선거가 K-Pop 아이돌 뽑는 것도 아니고 말야.

- 나 : 미국도 그런 측면이 없지는 않잖아? 너희 대선 때 갔었던 랠리랑 컨퍼런스 기억나? "Born in the USA!" 외치면서 브루스 스프링스틴 흉내내는 락커들이 기타치고 난리도 아니었잖아.

- 아내 : 물론 사람들이 모인 장소에서 흥을 내기 위해 공연자들을 부르는 경우는 있지. 그런데 어떤 캠페인에서도 이게 본질이 되는 경우는 없어. 이런 퍼포먼스는 캠페인 행사가 시작되기 전이나 끝난 후에 해. 후보자가 이목을 끌기 위해서 춤을 추고 노래를 부르는 건 아니야.

- 나 : 그러면 너는 '본질'이 있는 캠페인이 어떤 거라고 생각하는데?

- 아내 : 아까 말했듯 정치인으로서 비전을 보여주는 캠페인이지. 후보자가 나와서 스피치를 통해 청중들을 감동시키는 것, 그게 정

치인의 일이잖아. 오픈 마이크 연설대를 올려놓고 지나가던 시민들에게 자유롭게 발언 기회를 주는 경우도 많아. 투표권자들이 해당 후보자에게 질문하거나, 후보자를 비판하거나, 함께 토론하는 그런 장소를 만드는 거지. 그러기 위해서는 정치인이 자신의 공약이나 정치적 비전, 방향성 등에 대해서 철저히 고민하고 공부해야 하고. 유권자들은 이 정치인이 얼마나 노력했고 준비되었나를 알 수 있고.

- 나 : 그런 방식의 캠페인이 한국에서 힘든 이유가 몇 가지 있어. 우선, 사람들이 너무 바빠. 그렇게 연설하고 토론하는 자리를 만들면 직접 찾아가서 경청하는 사람이 몇 명이나 될 것 같아? 다 자기 갈 길 가느라 바쁜 사람들이잖아. 게다가 지루하다고 생각하는 사람도 많을 거고.

- 아내 : 그래서 춤이나 추고 노래나 부른다고? 그건 유권자들을 모욕하는 태도인 것 같아. 민주주의에 아주 위협적인 일이기도 하고. 유권자들은 자신의 표를 적절하게 행사하기 위해서 '알 권리'가 있어. 후보자들은 유세 활동을 통해 자신의 공약과 비전에 대해 알릴 '시민에 대한 의무'가 있고. 그런데 사람들이 진지한 이야기는 듣기 싫어한다고, 또 다들 너무 바빠서 눈길을 끌기 힘들다고, 그래서 대신 노래나 틀고 율동이나 하겠다는 것. 이건 직무 유기 아니야? 게다가 이런 태도가 바로 너랑 너희 당이 그렇게 비판하는

포퓰리즘이자 중우정치를 유도하는 일이잖아?

- 나 : 그래, 이상적으로는 그렇지. 그런데 공식 선거 운동 기간이라는 한정된 시간 안에 후보자들은 현실적으로 가장 효율적인 방법을 선택할 수밖에 없어. 그리고 또 다른 문제. 사실 공약과 비전이라는 게 각 당별로 크게 다르지 않아.

- 아내 : 그게 무슨 소리야? 이슈마다 좌우로 나뉘어 열심히 싸우잖아?

- 나 : 응, 맞아. 그런데 정작 공약을 보면 크게 다를 게 없어. 결국 지역에서 정치하고자 하는 사람들은 정당이나 좌우 막론하고 비슷한 이야기들을 해. 이렇게 저렇게 퍼주겠다, 이것 저것 만들겠다, 뭐 이런 식인 거지. 정당 차원에서 내는 공약도 마찬가지고. 우리 당이 이번에 3대 분야에서 173개 공약을 내놨는데, 사실 그중 정통 우파 정당이라는 우리 당만이 내세울 수 있는 비전이 담긴 공약은 몇 개 되지 않아.

- 아내 : 173개나 된다고?

- 나 : 응, 173개. 우리 당만 이런 건 아니고 다른 당도 마찬가지야. 온갖 공약을 다 만들어서 넣어놔. 이렇게 정당들이 전부 볼륨을 엄청나게 키워서 공약들을 내놓는데, 이제 와서 핵심적인 공약 몇 개만 내놓는 것도 무리지. 결국 모든 정치 집단이 무리하게 공약들을 쏟아내니까, 딱히 차별성이 있는 공약이 많지도 않고, 정작

실제로 지켜지는 게 많지도 않은 편이야. 이러니 딱히 관심들도 없어. 유권자들은 물론이고, 심지어 기자들, 후보자들까지도 공약집 끝까지 안 읽어본 사람이 대다수일 거야. 캠페인에서 공약을 가지고 시민들이나 상대 후보와 토론한다는 게 사실상 아무 의미 없는 거지.

　- 아내 : 그런데 너네 나라도 우리나라랑 마찬가지로 좌우 분열이 심하잖아? 어떻게 공약에서 큰 차별성이 없을 수 있어? 예를 들어 큰 정부 / 작은 정부, 시장 규제 / 시장 자유, 이상주의 국제정치론 / 현실주의 국제정치론, 정당이나 정파를 구분하는 명백한 기준들에서 파생되는 공약들이 있을 거 아냐. 특히 퍼주기식 포퓰리즘 측면에서 너네 당은 정반대 측면에 있는 거 아냐? 감세하겠다, 국가지출 규모 줄이겠다, 보편 복지 줄이고 선별 복지로 전환하겠다, 뭐 이런 것들 말야.

　- 나 : 내가 불만인 부분이 바로 그거야. 정치철학적인 측면에서 보자면, 우리나라에는 보수주의를 대변하는 정당 내지는 자유주의를 대변하는 정당이 없어. 우리 당이 보수 정당이다, 우파 정당이다 말은 하는데, 정작 공약을 보면 중도 수준에서 벗어나지 못해. 아니, 어떤 공약들은 너네 나라 민주당보다도 더 좌쪽에 가 있어. 사실 우리나라에서 좌우 분열이라는 건 그냥 서로 지지하는 '진영'이라는 애매한 개념에 대한 일방적인 충성심일 뿐이야. 서로 다른

철학과 원칙에 기반한 싸움이라기보다는 프레임 싸움에 가깝지. 저번에 말했던 '빨갱이 대 친일파', 뭐 이런 것 말야.

- 아내 : 그러니까, 철학이 없는 정치라는 거네. 그래서 춤을 추는 거고.

- 나 : 그런 거지.

어느 날 밤 야근 후 집에 와서 아내와 산책하며 주고받은 대화를 기억나는 대로 정리해봤다. 이 나라 정치는 좌우 막론하고 철학이 빈곤하다. 이러니 '서로 다른 생각'이 토론하고 경쟁하며 이끌어가야 할 민주주의가 제대로 작동할 리 없다. 철학의 차이가 없는 토론에서 남는 것은 선, 도덕, 정의와 같은 '옳고 그름'의 문제들뿐이다. '누가 더 나쁜 놈인가', '누가 더 착한 사람인가'를 놓고 벌어지는 대립 속에서 현실의 문제들은 멀어지게 된다. 그렇게 나라는 배를 곯는다.

생각의 무능

1961년 4월 11일, 예루살렘의 이스라엘 특별 법정에서 유명한 재판이 열렸다. 피고는 오토 아돌프 아이히만(Otto Adolf Eichmann)이었다. 아이히만은 제2차 세계대전 당시 독일 나치 친위대의 정예로서, 유대인 문제에 대한 '마지막 해결책', 즉 유대인 학살의 실무 책임자였다. 그는 유럽 각지에 있던 유대인들을 수용소로 이송시키는 임무를 맡았으며, 자신이 무려 500만 명의 유대인을 수용소로 이동시켰다고 증언한 바 있다.

이 재판 소식을 듣고 단번에 예루살렘으로 날아간 사람이 있다. 한나 아렌트였다. 유대인이었던 그녀는 나치의 탄압에 의해 갖은 고생을 하다 미국에 자리를 잡았고, 정치철학자로서 인정받아 대학에서 강의하고 있었다. 집필 활동을 통해 전체주의를 맹렬히 비판해오던 그녀는 아이히만의 소식을 듣고 〈뉴요커〉지의 특파원 자격으로 전범 재판을 참관하게 된다.

악마와 같은 모습의 인물을 기대했던 한나 아렌트는 아이히만을 보고 깜짝 놀랐다. 그녀가 생각했던 모습과는 너무나도 다른 인물이 피고석에 앉아 있었던 것이다. 아이히만은 지극히 평범한, 아니 평범 그 이상의 모범적인 삶을 살고 있었다. 두 아이의 아버지인 그는 부하들에게 친절한 상사로 알려져 있었고, 원만한 사회 관계를 유지하고 있었으며, 재판 과정에서 칸트의 의무론을 인용하여 자신을 변호할 만큼 지적 교양을 갖춘 이였다. 그의 정신 상태를 분석한 정신과 의사들은, "이 사람은 나보다도 건강한 정신을 지니고 있다"라고 진단했으며, 아이히만이 "정상일 뿐 아니라 바람직한 성품"을 가진 사람이라고 판정했다.

아이히만에게는 심지어 유대인 친구들도 있었다. 그는 이렇게 말했다.

"나와 내 친구 중 유대인을 미워한 사람은 많지 않았다. 나는 단지 명령받은 일을 성실히 실행했을 뿐이다."

어째서 그러한 일에 양심의 가책을 느끼지 못 했느냐고 묻자, 그는 그 일이 자신의 의지로 한 일이 아니었기 때문이라고 답했다. 자신의 의지로 유대인 수백만 명을 죽였다면 양심의 가책을 느꼈을 테지만, 이는 상관의 명령이었고 국가의 명령에 복종하겠다는 공직자의 서약을 했던 사람으로서 이 의무에 따라 자신의 의지와 상관없이 명령을 받든 것이므로 자신에게는 아무런 죄가 없다고 주장했다.

아이히만에 대한 재판은 국제적 관심 속에 7개월 동안 이어졌고, 결국 1962년 5월 31일, 아이히만에게 사형이 집행됨으로써 마무리된다. 재판을 지켜본 한나 아렌트는 그녀가 관찰한 아이히만의 모습을 담아 〈예루살렘의 아이히만〉이라는 역작을 탄생시켰다.

한나 아렌트는 이 책에서 악의 평범성(Banality of evil)이라는 개념을 제시하며 그녀가 관찰한 것에 대해 서술했다. 아이히만은 파괴적인 사상에 젖어 있는 악마적 나치 광신도가 아니었다. 우리 모두와 같은 평범한 사람 중 한 명이었을 뿐이었다. 마찬가지로, 홀로코스트와 같은 역사 속 악행들은 정신병자나 미치광이, 반사회적 인격장애자 등에 의해 자행되는 것이 아니라, 다수에 순응함으로써 타성에 젖어 자신들의 행동에 대한 선악 구분이 무뎌진 평범한 사람들에 의해 행해지는 것이다.

한나 아렌트는 이렇게 말했다.

"아이히만은 아주 근면한 인간이다. 그리고 이런 근면성 자체는 결코 범죄가 아니다. 그러나 그가 유죄인 명백한 이유는 아무 생각이 없었기 때문이다. 그는 다만 스스로 생각하기를 포기했을 뿐이다. … 파시즘의 광기로든 뭐든, 우리에게 악을 행하도록 하는 계기가 주어졌을 때 그것을 멈추게 할 방법은 생각하는 것뿐이다."

우리는 누구나 거대한 악을 행하게 되는 상황에 놓일 수 있다. 무려 500만 명의 유대인을 가스실로 보낸 아이히만의 끔찍한 행위는 그의 내면에 있는 본질적이고 근원적인 악 때문에 일어난 것이 아니라, 타성에 젖어 스스로 생각하는 능력을 잃은 '생각의 무능'에 의해 일어난 일이었다. 다시 말해 스스로 판단하고 생각하려는 의지를 잃는 순간 인간이라는 존재는 누구나 악마로 변할 수 있다는 것이다.

전체 속에서, 집단 속에서, 군중 속에서 거대한 여론이라는 타성에 젖어 스스로 사고하는 것을 멈춘 사람이 많다. 무엇이 문제인지 제대로 설명하지도 못하면서 다른 사람들을 따라 촛불을 들고 거리로 나온 사람들, 실제 사건에 관해서는 자세히 알아보지도 않고 모두가 욕하는 사람에게 돌을 던지는 사람들, 전문가들이 크게 걱정할 병이 아니라고 얘기해도 온 사회가 공유하는 미신적 공포에 더욱 신뢰를 가지는 사람들. 기억하라, '예루살렘의 아이히만'을 만든 것은 그 어떤 특별한 악이 아닌, '생각의 무능'이었다는 점을.

당신들만 정의로운 게 아니다

　얼마 전 한겨레신문에서 주최한 좌담회에 초청받아 여러 정당 관계자들을 만난 일이 있었다. 다양한 주제를 놓고 토론을 하는데, 민주당과 정의당 관계자들의 발언 중 기억에 선명하게 남는 말이 있다.

　"자유한국당(국민의힘)은 강자만을 대변하는 줄 알았는데 약자를 이야기하니 의외다."

　순간 가슴이 답답해졌다. 그래, 이게 보수 우파적 주장을 바라보는 일반 대중의 시각이구나. 자유한국당이든 누구든 우파 성향을 지닌 사람이 어떤 주장을 하면, 그 논리와 의도에 대해서는 귀 기울이지 않고 피상적으로 받아들이고서 '강자만을 대변하는 정치'라고 판단하는구나. 물어보자, 도대체 뭐가 '강자만을 대변하는 정치'라는 건가?

최저임금의 급격한 상승에 반대하면, 그건 '강자를 대변하는 목소리'인가? 최저임금 받으며 일하는 아르바이트생들, 기초노동자들 임금 좀 올려주자는데, 이에 반대하니 꼭 돈 많은 사장님 편을 드는 것처럼 느낄 수도 있겠다. 그런데, "왜" 반대하는지에 대해서 귀 기울여본 적 있나? 바로 '약자'를 위해서다.

최저임금이 급격하게 상승하면 필연적으로 기초노동자들의 일자리가 대폭 감소한다. 생각해보라. 가게를 하는데 당장 인건비 지출이 확 늘어버리면 그게 감당이 되겠나? 전 세계에서 자영업 비율이 가장 높은 나라 중 하나가 대한민국이고 폐업률은 80% 후반대를 찍어, 열 명 중 여덟아홉 명이 장사 시작했다가 5년 안에 망하는 게 대한민국이다. 돈 많이 벌면서 밑에 사람들 임금 착취하는 사장은 극소수일 뿐이고, 대부분의 사장님은 현재 최저임금도 감당이 안 되는 사람들이다.

최저임금이 급상승해버리면 고용자들 입장에서는 당연히 피고용자 수를 줄일 수밖에 없고, 기초노동자들의 일자리는 대폭 줄어든다. 특히 그중 경비원 등 기초노동을 생계 수단으로 삼는 분들은 말 그대로 삶이 위험해진다. 실제로 최저임금 적용으로 경비원 대량 해고 사태가 일어났을 때 집단 자살도 있지 않았나. 물론 고용자도 마찬가지다. 연 소득이 1천만 원도 안 되는 자영업 하위 20% 포함, 대부분 자영업자의 경우 여기서 최저임금이 급상승해버리면 그냥 거리에 나앉아야 한다. 이래도 최저임금 상승 반대가 '강자를 대변하는 주장'인가?

복지는 어떤가? 모두를 대상으로 공짜로 나눠주겠다는 '무상 복지', '보편적 복지' 시리즈에 반대하면 그건 강자를 대변하는 건가? 보편적 복지가 확대되면, 필연적으로 선별적 복지는 축소될 수밖에 없다. 모두에게 이것저것 퍼주면, 꼭 필요한 사람들에게 돌아가는 게 적어진다는 말이다. 복지 재원이 한정적이니까 당연한 거다.

예컨대 무상 급식을 생각해보자. '아이들 밥 먹는 거 가지고 그러지 마라'는데 그 말 그대로 돌려주고 싶다. '무상 급식'의 최대 수혜자는 중산층이다. 급식비 충분히 감당할 수는 있지만, 모두에게 공짜로 밥을 준다니 그 돈을 아끼게 된 중산층이라는 말이다. 생계가 어려워 급식비 감당이 안 되던 아이의 경우 이미 복지 재원을 통해 공짜로 밥을 주고 있었다. 그런데 모두에게 공짜 밥을 주게 되었다. 그 비용에 의해 다른 복지 예산은 줄어들었고 급식의 질은 떨어졌다.

서울시가 무상 급식을 실시하면서 잔반량이 엄청나게 늘어났다. 밥맛이 없어지니 버린다는 거다. 밥 굶을 걱정 없는 아이한테야 그저 '맛없는 점심'일 뿐이지만, 가난한 집 아이에게는 하루 한 끼 먹는 '유일한 밥'일 수도 있다. 그 밥의 질이 떨어졌다는 말이다. 그뿐만인가? 서울시는 무상 급식 예산을 충당하기 위해 저소득층 중고

교생을 대상으로 제공하던 학습 교재 지원비를 없애버렸다. 중산층 아이, 재벌 가족 아이들한테 공짜 밥 주겠다고 가난한 아이들로부터 교육의 기회를 박탈해버린 거다.

'무상'의 이름을 달고 나오는 보편적 복지 정책은 필연적으로 이런 문제를 지닌다. 다른 나라에 비해 세금 규모가 그리 크지 않은 이 나라에서 복지 재원은 한정적일 수밖에 없다. 당연히, 복지 예산은 '꼭 필요한 사람들'을 대상으로 편성되어야 한다. 너나 할 것 없이 모두가 받는 복지는 복지가 아니다. 낭비다. 도움이 꼭 필요한 사람을 '선별적'으로 골라, 그들이 자립할 수 있도록 '질 좋은' 도움을 제공해야 그게 복지다. 그래서 보편적 복지가 아니라 선별적 복지를 주장하는 건데, 이래도 이게 '강자만을 대변하는 주장'인가?

사실 모든 사안이 다 이렇다. 지옥으로 가는 길은 선의로 포장되어 있다고 하던가. 깊게 생각하지 않은 선의가 초래할 수 있는 문제점을 지적하며 다른 시각을 제시하는 것인데, 이런 '다른 목소리'를 도덕적으로 '틀린 목소리' 취급을 해버린다. 자기들만 옳고, 선하고, 정의롭다는 착각에 빠져, 자신들을 비판하는 사람들은 자연스레 '악'이라 생각하게 되는 거다.

선진 정치 문화를 만들기 위해서는 이 답답한 '선악 프레임'부터 깨야 한다. 기득권, 적폐 세력, 일베충, 친일파, 기타 등등 온갖 꼬리표를 붙여가며 상대의 주장을 들어보지도 않고 무작정 까내리기 전에 일단 한 번 들어보라. 너도 나도, 우리도 저쪽도, 기본적으로는 '더 나은 나라', '더 나은 사회', '더 나은 정치' 한번 만들어보자고 목소리를 내고 있다. 당신들이 불의에 분노하고 정의를 원하는 것처럼, 또 당신들이 사회적 약자를 보살피고자 하는 것처럼, 당신들이 '악'이라 생각하는 사람들도 똑같이 숭고한 정의감에 의해 문제의식을 제기하고 있다.

경비 아저씨들을 떠나보내며

부모님이 사시는 아파트의 경비원들이 사라질 예정이다. 최저임금 때문이다. 경비원들을 대부분 해고하는 대신 각 단지 입구를 개조해 비밀번호 자동문을 새로 달았다. 대단지 아파트라 모든 건물의 입구를 개조하는 비용이 만만치 않았을 텐데도 주민들의 강력 지지로 빠르게 진행되었다고 한다. 앞으로 더 오를 경비원 임금 부담을 걱정한 것이다. 이는 경비원에게만 해당하는 이야기가 아니다. 이미 업체 상당수가 고용비를 줄이기 위해 업무의 자동화를 실시하고 있다. 요즘은 어딜 가든 사람 대신 무인 자동화 기계가 서비스를 제공한다.

이게 바로 최저임금 인상의 결과다. 경비원들이 받는 최저임금이 인상된다고 해서 당장 관리비가 올라가는 것을 반기는 사람은 없다. 다른 사업들도 마찬가지다. 들어오는 돈은 한정적인데 1인당 받아가는 돈이 늘어나면 고용인 입장에서는 어쩔 수 없이 피고용인 수를 줄일 수밖에 없는 거다.

이런 식으로 서민들의 일자리가 사라지고 있다. 실직자 수, 취업자 수 증가율, 실업급여자 수 등등 일자리 상황을 보여주는 모든 통계가 역대 최악을 기록하고 있는 가운데 일자리를 잃은 대다수의 사람이, 그간 최저임금으로 생계를 꾸려가던 저임금 기초노동자들이다. 이런 서민들의 삶을 개선해주겠다며 실시한 정책이었는데, 오히려 서민들의 삶을 그대로 파괴해버린 것이다.

문재인 정부가 이를 몰랐을까? 천만에. 최저임금 만 원 시대 공약과 소득주도성장론을 들고 나왔을 때 수많은 전문가가 우려를 표하며 반대를 외쳤다. 심지어 OECD조차도 유례가 없는 수준의 인상이라며 경고했다. 이미 과거 사례도 있었다. 몇 년 전 경비원들에게 최저임금이 적용되었을 때 고용학살극이 벌어졌다. 최저임금 안 받아도 되니 해고하지 말라는 시위들이 있었고, 심지어는 기초노동자들의 집단 자살 사태도 있었다.

그럼에도 불구하고 문재인 정부는 자신들의 고집을 꺾지 않았다. 역대 최고 수준의 최저임금 인상률을 밀어붙였다. 소득주도성장이라는 꿈같은 소리에 취해, 합리적 비판을 무시하고 전 국민을 상대로 사회 실험을 진행했다. 진짜 서민들을 위하는 정책보다는 서민들을 위하는 척하는 정책을 택했다. 그 결과 경제 계층 가장 아래 최약자들부터 피눈물을 흘리고 있다.

어떻게든 수습해보고자 국민 세금을 쏟아부었지만 일자리 상황은 개선되지 않고 있다. 실직자는 나날이 늘어가고 물가도 덩달아 올라가며 경제는 계속 악화되고 있다. 이 와중에 집권 세력은 갑을 구도로 접근해, 나쁜 기득권들, 악덕 사장님들, 이기적인 재벌 기업들 탓만 하고 있다. 마치 지금 피해의 최전선에 있는 저임금 기초 노동자들의 곡소리가 '갑'의 탓인 양.

가뜩이나 생활고에 시달리는데 관리비까지 더 낼 수 없는 서민이 가해자인가? 경기가 어려워 매출은 줄었는데 고용비는 더 나가게 생겨 아르바이트생 자르고 본인이 더 고생하겠다는 사장님이 가해자인가? 정부 차원에서 대대적으로 펼쳐지는 반기업 정책에 못 이겨 해외로 도망가는 기업들이 가해자인가? 아니다. 이들은 모두 피해자다. 지금 대한민국 경제를 죽이고 있는 진짜 가해자는 '슈퍼갑' 청와대이고 집권 세력이다.

부모님 댁에 내려가면 입구에서 반갑게 인사해주시던 경비 아저씨. 그의 얼굴이 어두워 보였다. 이제 이 경비원 분들의 삶은 어떻게 될까. 온 사회가 매번 다른 이슈에 정신이 팔려있지만, 경제 상황은 나날이 최악을 경신하고 있고, 서민들의 곡소리는 점점 커지고 있다. 집권 세력은 밥그릇을 잃은 사람들 앞에서 그럴싸한 궤변과 남 탓으로 일관하며 버티고 있지만 미봉책일 뿐이다. 이 절망의 곡소리가 분노의 아우성으로 변할 날이 머지 않았다. 그 날이 곧 심판의 날이다.

평화협정과 미군 철수, 월남은 그렇게 패망했다

1975년 4월 30일에 남 베트남 '월남'의 수도 사이공이 공산 진영 북 베트남 '월맹'에 의해 함락되며 베트남은 적화되었다. 월남은 당시 약 130만 명 수준의 군사력을 가지고 있었다. 미국과 연합군의 든든한 지원이 있었고, 미군이 양도한 각종 최신 무기 덕분에 전쟁 후기에는 공군력이 전 세계 4위로 부상했을 정도로 충분한 힘이 있었다. 그런데 약 100만 명 수준의 군사력을 지닌 월맹에 허무할 정도로 처참히 패배했다. 그 이유는 월남이 '내부로부터' 무너졌기 때문이었다.

본격적인 월남 붕괴의 시작은 바로 월남과 월맹이 맺었던 '평화협정'이었다. 1973년 1월 27일, 월남과 월맹은 파리에서 평화협정을 맺었다. 1960년부터 시작된 기나긴 베트남 전쟁에 마침표를 찍자는 것이었다. 파리평화협정은 그야말로 세계적인 사건이 되었다.

이 평화협정을 이끌어냈던 미국 국무장관 헨리 키신저와 월맹 정치국원 레둑토는 노벨평화상 수상자로 결정되었을 정도였다. 단, 레둑토는 수상을 거부했다.

평화협정의 주요 골자는 남북 휴전, 선거를 통한 통일 정부 구성, 그리고 60일 안에 베트남에서 미군을 철수시키는 것이었다. 헨리 키신저는 이 평화협정을 담보하기 위해 월맹에 40억 달러 수준의 원조를 제공하여 국가 재건을 돕기로 약속하기도 했다.

물론 평화협정은 월맹의 기만 전술이었다. 미국의 봉쇄와 폭격으로 인해 월맹은 이미 전쟁 수행 능력을 상실한 상황이었고, 산발적인 게릴라 전으로 상대의 힘을 빼는 데에 주력하고 있었다. 베트남 전 참전과 관련해 국내외 여론이 악화되는 가운데 미국은 하루 빨리 이 '문제'를 해결하고 싶었다. 그래서 폭격 확대로 압박을 가하면서도 다른 한 편으로는 평화 이야기를 하며 월맹을 타이르고 있었다. 이를 정확히 파악한 월맹은 평화협정에 나서서 미군 철수를 얻어냈다.

전 세계가 환호한 평화협정으로 베트남에서는 총성이 멎었지만, 사상전은 그 어느 때보다도 치열해졌다. 월맹은 이미 평화협정 이전부터 월남 측에 수많은 고정간첩과 선동가들을 심어놨다. 자유민주주의를 택한 월남의 정보 당국은 이러한 정황을 알고 있었지만 이적 행위를 하는 이들을 쉽사리 제압할 수 없었다. '자유민주주의를 공격하기 위해 자유민주주의라는 방패막 뒤에 숨은 사람들'이 자주 사용하는 무기가 바로 '평화', '인권' 등의 수사였기 때문이다.

그렇게 월남 사회 각계 각층에 월맹 측이 심은 고정간첩이, 이적세력이, 공산주의자가, 선동가가 스며들었다. 대통령 특별보좌관을 비롯한 정치인은 물론, 군인, 기자, 종교인 등 너무나 다양한 내부의 적들이 있었다. 심지어 월남 제1야당 지도자이자 대선에도 출마했던 변호사 쭈옹 딘 쥬도 월맹의 간첩이었다. 그가 하고 다녔던 말들은 아직까지 회자되고 있다.

"동족상잔의 전쟁에서 시체는 쌓여 산을 이루고 있다. 우리 조상이 외세를 끌어들여 동족끼리 피를 흘리는 모습을 하늘에서 내려다보며 얼마나 슬퍼하겠는가? 월맹과 대화를 통해 얼마든지 협상이 가능하다. 평화적으로 남북 문제를 해결하겠다."

평화협정이 체결된 바로 다음 해인 1974년, 월남 내부에서 공산주의자들의 공격이 시작되었다. 월맹은 이 해 12월에 다시 본격적으로 전쟁을 시작했다. 월남은 급히 방어에 나섰지만, 이미 내부로부터 무너진 채 스스로를 지킬 의지를 상실한 월남은 대대적인 공세를 펼치는 월맹 앞에 속수무책으로 당할 수밖에 없었다. 그렇게 1975년 4월 30일, 수도 사이공의 대통령 관저가 월맹군에게 점령되며 자유 진영 월남은 함락되었다. 베트남이 완전 공산화된 것이다.

이때 탄생한 그 유명한 단어가 바로 '보트 피플'이다. 역사가마다 추정 수치가 다르지만, 베트남 적화 이후 미군을 지원했거나 공산주의 사상에 반대한다는 이유로 십수 년 간 월남 시민 600여만 명이 처형되거나 재교육 캠프에서 죽었다고 한다. 공산주의 정부의 압제를 피해 도망치기 위해 100만 명 이상의 월남 시민이 배를 타고 베트남을 탈출해 난민이 되었다. 이 보트 피플 중 10만 명 이상이 해상을 떠돌다 목숨을 잃은 것으로 추정되고 있다.

2018년 4월 27일, 한반도에서 남북정상회담이 열리고 '평화협정' 이야기가 거론되었다. 월남이 패배한 날 4월 30일에는, 문정인 특보가 미국 외교전문지에 글을 기고해 '미군 철수'의 운을 띄웠다. 노벨평화상 이야기가 나오고 있고, 벌써부터 경협 사업에 초점이 맞춰지며 북 재건에 얼마를 퍼줄 것인가 논의가 한창이다.

패망 전 월남의 상황과 닮아도 너무 닮았다. 외부의 적과 전투를 해 패배한다고 하더라도 다시 일어설 수 있다. 그러나 내부로부터 무너진다면 그걸로 끝이다. '평화'라는 목표를 위해 최악의 상황을 상정해 전쟁에 대비하는 것인데, '대화' 그 자체를 목표로 여기며 스스로를 지킬 방비의 필요성을 외치는 목소리조차 전쟁광의 광기로 치부해버리는 상황이 발생했다. 이 상황을 보며, 우리는 이미 내부에서부터 무너지고 있는 게 아닌가 하는 불안한 생각이 든다. 지키기 위해 싸울 수 있는 의지 자체를 잃어가고 있는 것이다.

완전하고, 검증 가능하고, 불가역적이고, 즉각적인 북핵 폐기
(CVIID)와 관련한 약속과 구체적인 프로세스에 대해서는 아무것
도 결정된 것이 없다. 또 수많은 도발로 우리 국민을 살해해온 만
행에 대한 사과도 받아내지 못했으며, 온갖 거짓말로 우리를 농락
해온 북한을 신뢰할 만한 그 어떤 담보도 없다. 이런 상황에서, 김
정은이 웃으며 회담에 나와 좋은 말들을 늘어놨다는 이유만으로
국내 모두가 '평화'를 떠들고 찬양하도록 종용하는 대한민국 정부,
이에 조심스럽게 접근하며 우려의 목소리를 내는 사람들을 반민족
전쟁광이라 치부하는 이상한 여론. 마치 '평화'와 '민족'을 운운하던
쯔옹 딘 쥬의 모습을 보는 것 같다.

지금 대한민국은 패망 전 월남과 소름 끼치도록 닮아 있다.

정상적인 나라란

정상적인 '친북'이란,

사상 최악의 삼대 독재 정권 아래서 고통받고 있는 북한 주민들을
해방시키기 위해 노력하는 것. 굶어 죽는 사람들, 추위와 병마에 죽
는 사람들, 수용소에 끌려가 고문당해 죽는 사람들의 인권을 위해
서라도 저 악마 같은 정권을 규탄하는 것. 북한 정권이 아니라, 북한

사람들을 위한 것.

정상적인 '평화'란,

그 누구도 함부로 건드릴 수 없도록 스스로를 지킬 수 있는 힘을 길러 쟁취하는 것. 당하고 당하고 또 당하면서도 저자세로 굽신거리며 그만 괴롭히라고 더 퍼주는 게 아니라, 더 이상 시비를 걸 수 없도록 본때를 보여줌으로써 괴롭힘에서 벗어나는 것. 그래서 이제는 적에 의해 국민의 생명과 안전이 희생당하는 일이 없도록 만드는 것.

정상적인 '외교'란,

우리를 독립시켜주고 적으로부터 지켜주고 건국부터 지금까지 정치적, 경제적, 군사적으로 지원을 아끼지 않은 혈맹을 가까이하는 것. 우리의 적을 도와 우리를 쳐들어온 것으로도 모자라, 지난 수십 년간 우리의 주적을 먹여 살리고, 덩치가 크다는 이유만으로 끊임없이 갑질을 해대는 나라가 잠재적 적임을 깨닫고 경계하는 것. 최악의 상황에 철저히 대비하되, 최선의 상황을 만들기 위해, 적의 선의를 희망하며 적당히 타협하는 것이 아니라, 우리 스스로가 능동적으로 가용한 수단을 총동원해 원하는 결과를 도출해내는 것.

정상적인 '나라'란,

사이비 이데올로기에 빠진 특정 권력 집단이 국정을 뒤흔들어도,

이런 '상식'들이 원칙으로서 지켜지는 것.

소신있는 사람들이 침묵하는 사회

일부 배우, 일부 가수, 일부 코미디언 등 연예인들이 이전 정권과 보수 세력을 공개적으로 질책하고 있다. 이른바 '사이다 멘트'와 함께. 이에 '소신 발언'이니, '용기 발언'이니, '개념 발언'이니 하며 관련 기사가 쏟아진다.

여론은 이 연예인들이 마치 용감하고, 정의롭고, 올바른 일을 한 것처럼 치켜세우고, 박수를 친다. 그리고 보면 항상 그랬다. 연예인이 '특정' 정치 성향을 띠고서 정치적 발언을 할 때마다 이런 반응들이 나왔다. 그게 '사이다 발언'의 기원이다.

그래, 한 시민으로서 자신의 정치적 견해를 밝히는 것, 좋게 생각한다. 그런데 왜 똑같은 정치 발언을 하는데도, 누구는 개념 있고, 소신 있고, 용감한 연예인이 되고, 다른 누구는 논란의 대상이 되는가? 노무현 전 대통령이 그립다는 가수는 '정의로운 가수'이고, 노무현 전 대통령을 존경한다는 개그맨은 '개념 연예인'이면서, 존경하는 사람으로 박정희 전 대통령을 꼽는 배우에 대해서는 '역사관 의심', '논란', '물의' 등의 워딩으로 기사를 쓰는가? 왜 좌파적 발언은 사이다 발언이고, 우파적 발언은 논란 발언이 되는가?

'소신'이라는 말, '용기'라는 말, '개념'이라는 말이 바뀌고 있다. 하나 물어보자. 지금 이 시기에 이전 보수 정권을 욕하고, 보수 세력을 비판하는 게 정말 '소신' 있는 일이고, '용기' 있는 일이고, '개념' 있는 일인가? 모두가 보수 세력을 욕하지 않는가. 정치는커녕 아직 세상 물정도 모르는 초등학생도 박근혜 욕을 하고, 이명박 욕을 하지 않는가. 좌성향의 사람들은 물론, 우성향의 사람들도 헌정 사상 최초로 탄핵된 대통령을 비난하지 않는가. 이런 분위기에서, '적폐'가 되어버린 보수 우파 세력을 욕하는 게 정말 소신 있는 일이고, 용기 있는 일이고, 개념 있는 일인가?

모두가 욕하고 있는데, 나도 한 마디 얹겠다는 건 오히려 기회주의에 가깝다. 특히 정치적인 신념도, 판단도 없는데 모두가 돌을 던지고 있으니 나도 돌을 던지는 건 최악이다. 모두가 한 목소리를 낼 때, 자신의 신념에 따라 '다른 목소리'를 낼 수 있는 게 소신이고, 용기이고, 개념이다. 그런데 현실은 어떤가? 진짜 소신 발언, 용기 발언, 개념 발언을 하는 사람은 철저히 탄압당하지 않는가?

한국의 정치적 이해 수준과 문화, 감성 등은 딱 1970~80년대 운동권에 머물러 있다. 독재를 경험해본 적도 없고, 권력의 무서움을 느껴본 적도 없는데 386 세대가 물려준 투쟁 정신에만 매몰되어 무언가 대단한 착각에 빠져 있다. 자신들은 나약한 민중이며 절대적인 힘을 가진 권력자들에게 핍박받고 있으나, 찍소리도 못 내는 그런 존재라는 착각. 그 절대적인 권력자는 보수 세력이고, 거기에 맞서는 것이 정의로운 일이라는 그런 착각.

지금 정권은 좌파가 잡고 있다. 하루가 멀다 하고 전 정부, 전전 정부 관계자들의 먼지를 털어 숙청하는 뉴스가 TV에서 나오고, 집권 세력의 의지에 반하는 행동을 하면 적폐로 몰아세워져 권력의 횡포는 물론, 광신적인 친정부 네티즌에 의해 '양념'까지 당한다. 보수적인 성향을 지닌 사람은 주위 분위기가 무서워 입을 다물고 있다. 좌파 집권 세력이 권력을 넘어서 이 시대의 '정의'까지 독점하고 있다. 전체주의에 열광하는 홍위병들이 소수자를 탄압하는 이 사회에서, 소수자를 욕하는 게 '소신', '용기', '개념'으로까지 미화되고 있으니 그야말로 시대의 비극이다.

약자가 가져야 할 도덕적 우월감까지 거대 여론에 편승한 집권 세력이라는 강자들이 가져가버렸다. 이러니 정치에 있어서 모든 사람이 '정해진 답'을 지껄일 수밖에 없다. 그냥 남들이 돌 던지는 대상을 향해 같이 돌을 던지면서, 사람들이 듣고 싶어하는 '정답'을 말하면 이른바 소신·용기·개념 발언을 한 선하고 정의로운 사람으로서 칭송받는데, 제 정신인 사람이라면 누가 구태여 '진짜 소신 발언'을 하겠는가?

다수가 원하는 발언을 '정답'으로서 강요하며 이를 소신 있고 용기 있다고까지 떠받드는 사회는 진짜 소신 있고 용기 있는 사람들을 악마화하며 그들에게 침묵을 강요하는 사회다. 역사를 뒤돌아보면, 거대 악은 항상 이런 분위기에서 탄생했다.

"너 일베충이지?"라는 말에 답하며

"너 일베충이지?"

오른쪽 성향을 가진 사람치고 이 말 안 들어본 사람 없을 거다. 그나마 오프라인에서의 논의는 좀 나은데, 온라인에서 글을 쓰거나 토론을 하면 어김없이 일베충 레이블링으로 시비를 거는 사람들이 있다.

처음에는 화가 났다. 아니, 도대체 무슨 근거로 나를 글 한 번 써본 적 없고, 그 흔한 댓글 한 번 달아본 적 없는 커뮤니티의 회원으로 만든단 말인가? 보수적인 정치 성향을 가진 것이 '혐의'라도 된다는 말인가? 게다가 그냥 커뮤니티도 아니고, 그 악명 높은 '일베'의 '충'으로 매도하다니.

그런데 요즘에는 의문이 든다. '일베충'이라는 단어가 가진 사회적 맥락과 그 정당성에 대해서 말이다. 일베충은 마땅히 비난의 대상이 되어야 한다는 분위기가 있는데, 이 '보편타당한 듯'한 여론에 대해 조금만 생각해보자.

'일베하는 사람' 내지는 '일베충'이 되는 기준이 뭔가? '일간 베스트'라는 커뮤니티에 접속해본 사람은 전부 일베충인가? 일베 비판 칼럼을 썼을 때, 몇몇 지인으로부터 내 글이 일베에 올라가서 대차게 까이고 있다는 말을 접하고 며칠에 걸쳐 여러 번 접속하면서 댓글을 확인한 적 있다. 그럼 나도 일베충인가? 아니면 일베 유저들이 환호할 만한 글을 쓰는 사람, 그런 사람이 일베충인가? 종종 내 포스트, 칼럼, 콘텐츠 등이 그리로 넘어가서 일베 유저들에게 추천을 받는다. 나는 일베충일까? 일베에서 환경미화원들이 무질서한 집회 때문에 고생한다며, 현장에 가서 쓰레기 줍는 캠페인을 하자고 제안한 사람이 있다. 그 사람도 '일베충'이라고 욕할 건가?

일베가 공유하는 일부 '놀이 문화'는 비판받아 마땅하다. 각종 혐오 발언들, 차별과 편견을 조장하고 강화하는 여론, 위악 행위가 멋진 것이 되는 특유의 분위기 등, 지적할 부분이 많다. 특히 명절 때 다수의 일베 유저가 여자 사촌의 속옷 차림을 도촬하여 올렸다는 소식을 듣고 구역질이 올라올 정도였다. 이런 정신 나간 요소들은 사회적으로 마땅히 질타받아야 한다. 그런데 여기서 하나 물어보자. 이러한 것들은 '일베'에만 존재하는 일베만의 특성인가?

나는 커뮤니티를 하지 않는다. 정확히 말하면 커뮤니티를 싫어한다. 또라이들이 모여서 또라이 짓하고 그게 재밌다고 서로 낄낄대는 걸 보면 인간에 대한 정이 떨어질 지경이다. 그리고 이런 요소는 대부분 커뮤니티에 존재한다. 익명성의 그늘에 숨어 사회에서 억눌린 욕구들을 방출하려는 인간들은 좌우, 남녀노소를 막론하고 존재하기 때문이다. 일베만 그런 게 아니라, 내가 본 커뮤니티는 다 그랬다. 심지어 페이스북도 그렇다.

그렇다면 하나 물어보자. 다른 커뮤니티에서는 못된 짓한 그 개인에 한정해서 비판을 하는데, 왜 유독 일베라는 커뮤니티에만 다른 잣대를 들이대며 그 문제적 인물들을 무려 수십 수백만에 달한다는 일베 회원들(논란이 있는 수치지만) 전체로 확대하는 건가?

'일베충'이라는 존재는 일종의 아이콘이 되었다. '절대악'의 상징이다. 매우 대중적으로 사용되는 고유명사이기도 하다. 그래서 뭐만 하면 "당신 혹시 일베충?"이라는 반응이 나온다. 강간 모의를 하고 실제로 성범죄를 저지르는 정신 나간 '소라넷' 같은 대형 커뮤니티의 유저들을 '소라충'으로 아이콘화하고, 인터넷에서 성희롱성 문제 발언을 하는 사람들 보고 '너 혹시 소라충?'이라는 반응을 보이는 건 한 번도 못 봤다.

이 모순 때문에 나는 '일베충'이라는 단어가 '정치적인 의도'를 가지고 만들어진 프레임이지, 결코 문제 대상에 대한 정당한 비판이라고 생각하지 않는다. 공감하기도 어렵다. 일베에서 '나쁜 유저'들을 비판하며, 건전한 보수 우파 토론의 장을 만들자고 소리치는 사람이 있다면 이 사람도 일베충으로 매도할 건가?

정계, 언론계에서 일하다 보니 종종 개인적으로 연락을 해서 "고맙고, 미안하다"라는 말을 하는 사람들이 있다. 평소 하던 생각들, 하고 싶었던 말들, 고민하던 사안들에 대해 글과 콘텐츠로 풀어줘서 고맙단다. 그리고 주위 시선이 무서워 '좋아요' 한 번 못 누르고, 댓글 한 번 못 달아서 미안하단다. 일베충으로 매도될까봐, 혹은 이미 매도된 경험 때문에 겁이 난단다. 매카시즘은 멀리 있는 게 아니다. 이게 매카시즘이다. 종북 낙인, 빨갱이 낙인은 현실성이 떨어져 진지하게 생각하는 사람들이라도 적지만, 일베 낙인은 그 자체로 실재하는 위협이자 폭력이다.

우리는 참 이상한 시대에 살고 있다. 경상도 사투리를 쓴 연예인이 '일베 의혹'에 휩싸이며 욕을 먹는 그런 시대다. 잘못된 행동이나 발언을 한 건 아무 것도 없는데, 그저 일베랑 아주 조금의 연관성 있는 행위를 했다는 것만으로 논란이 된다. 사진 찍을 때 우연히 이상한 손 모양이 나오지는 않았을까 걱정해야 하고, 내가 쓰는 신조어가 행여 일베발이 아닌가 공부해야 한다. 특히 당신이 보수 우파적 성향을 지니고 있다면 십중팔구 일베라 의심받을 것이기에 정치와 관련해서는 그냥 입을 다물고 살아야 한다. 온 사회가 편집증을 앓고 있다.

　나도 청년이지만, 수많은 사람이 '사회적 약자'의 이미지를 씌워 칭하는 '청년'이라는 사회적 용어에는 전혀 공감하지 못하겠다. 그 자체가 기득권이 되어버렸기 때문이다.

　대기업 상속자부터 저임금 근로자까지 삶의 궤적이 완벽히 다른 사람들을 나이만으로 '청년'이라는 한 집단으로 분류하여 정책의 대상으로 판단할 수 있는지 미스터리다. 더구나 일생 동안 심신이 가장 건강하고 우수한 상태의 청년들을 '사회적 약자' 취급하는 그 방식에 상당한 불편을 느낀다.

　특히 '청년'이라는 타이틀을 팔면서 열성적으로 정치 참여를 하는 소위 '청년활동가'들이 제기하는 대부분의 청년 담론 주장은 그 논리가 어설프다 못해 민망할 지경이다. 자신들의 마케팅 수단이니 청년이라는 단어에 약자적 이미지를 투영하려는 건 알겠다. 그런데 내 단언컨대 대한민국 정치에서 언급되는 수많은 집단 중 '청년'은 절대 약자에 속하지 않는다. 객관적 지표들이 이를 말해준다. 세대로 집단을 나누면 절반 가까이가 빈곤선 아래에 놓여 있는 노인 집단이 약자이며, 세대로 구분하지 않는다면 장애인부터 다문화 자녀까지, '청년'으로 뭉뚱그린 집단보다 도움이 시급한 집단이 셀 수 없이 많다(청년이라는 집단이 사회적 약자가 아님을 증명하는 데이터는 내가 이미 아주, 많이, 넘치게 써놨으니 참고하시면 되겠다).

게다가 지금 청년을 외쳐대며 제기하는 대부분의 주장이 사실상 청년 집단 전체를 대변하지 못한다는 문제도 있다. 청년 정책이니, 청년 공약이니 하며 내놓는, 혹은 요구하는 대부분의 이야기가 딱 '서울에서 살면서 4년제 대학 다니는 20대들'의 시야에서 벗어나지를 못한다.

대학에 다니지 않는 청년들은 꼭 청년이 아닌 것 같고, 지방에 사는 청년들은 청년이 아닌 것만 같다. 당장 굶어 죽는 노인들도 있는데 반값 등록금 이야기하는 것도 웃긴다. 고등교육은 필수가 아니다. 선택이고 사치다. 대학 안 나와도 자기 분야를 개척하면 사는 데 지장 없는 사회를 만들려 해야지, 대학 졸업장이 운전면허증만큼 흔한 사회에서 대학의 진입 장벽을 더 낮추자는 주장이 백수 대졸자를 더 만들자는 주장과 뭐가 다른지 모르겠다.

청년 담론의 편협함을 가장 잘 드러내는 예는 최저임금 이슈다. 하나 같이 '최저임금 만 원'을 외치며, 그게 '불쌍한 청년'들을 돕는 길이라는 식의 말을 하고 있다. 백 번 양보해서, 최저임금 대폭 상승은 수많은 해고와 일자리 감축, 경제 불황으로 이어진다는 사실을 차치하더라도, 지금 지방에서 아르바이트하며 생계를 이어가는 청년들을 생각하면 저런 헛소리해서는 안 된다.

지방 대다수의 청년이 현행 최저임금도 받지 못하고 일을 하고 있다. 부산에서 나도 그랬다. 생각해보라, 매출이 엄청난 강남 한복판의 편의점과 강원도 시내 구석의 편의점이 같은 최저임금을 내고서 사람을 고용한다는 건 불가능하다. 해서, 많은 지방 청년이 최저임금을 못 받는다. 사장이 나빠서가 아니다. 당장 내가 아르바이트할 때도 매출이 뻔히 보이는데, 최저임금 달라고 따지지를 못하겠더라. 사장보다 알바생이 더 많은 돈을 받을 수 없지 않나.

진짜 '청년'을 위하는 최저임금 정책은, 지금 가뜩이나 높아서 지켜지지 않는 현행 최저임금을 더 올리자고 주장하는 게 아니라, 현행 최저임금이 잘 지켜지도록 제도를 강화하거나, 일본처럼 지역별 차등 최저임금제를 도입하는 것이다. 그렇게 최저임금 안 받겠다고 하고 아르바이트 시작해서, 노동법의 사각지대에 있게 된 지방의 수많은 청년을 다시 법 테두리 안으로 끌어와 자신들의 노동권리를 보호받을 수 있도록 해야 한다.

도시에 사는 4년제 대학생, 또는 대학 졸업자 청년들의 시야에서 벗어나지 못하고, 자기들보다 더 힘든 처지에 있는 소수의 청년을 상품으로 소비시키며 마치 청년 집단 전체가 사회적 약자인 양 사기극을 벌이고, 길거리에서 리어카 끌며 폐지주워 한 달 10여만 원 약값만 간신히 버는 노인들은 애써 외면하면서 청년들 취직 못 했다고 국가가 매달 돈을 줘야 한다고 주장하고 있으니, 다른 게 아니라 이게 대한민국의 비극이자 미래에 드리워진 암운이다.

청년들 힘들지 않다는 게 아니다. 내가 힘든 만큼, 어쩌면 그것 이상으로 다른 청년들도 힘들 것이다. 그러나 삶은 원래 고단한 것이다. 내 삶의 고됨이, 정말 '청년'이라 그런 건지 생각해볼 필요가 있다. 청년기는 모든 세대를 통틀어 육체적으로나 정신적으로나 가장 활기 넘칠 때다. 다른 이들은 가지지 못한 건강한 육체가 있고 시간이 있다. 그래서 지금 힘들지언정, 삶을 더 나은 방향으로 이끌고 갈 수 있다는 희망이 있다. 그런데 지금 '청년팔이'하는 대부분의 인간이 이 사지멀쩡한 청년들에게 피해의식과 패배주의를 심고 있다. 그래서 나는 청년 팔아대는 이들이 청년을 망치는 제1 원인이라고 생각한다.

지금 노인 세대도 한때 아무 것도 없는 폐허에서 막일을 하며 나라를 일으켜 세웠던 청년들이었다. 그들은 보살핌의 대상이 아니라 이끎의 주체였다. 더 나은 환경과 조건을 지닌 우리 세대가 그러지 못하는 이유는 뭔가?

피터팬 같은 나라, 대한민국

1987년, 마침내 군부 독재가 끝났다. 6월 항쟁과 6·29선언으로 대통령 직선제 개헌이 이루어졌다. 시민들의 시위에 의해 독재자가 항복한 것이다. 꿈에 그리던 민주화가 이루어졌다. 그렇게 시작된 영광스런 1987년 체제. 그리고 무려 30년이 지났지만, 유감스럽게도 대한민국은 피터팬 증후군을 앓는 어른처럼 이 1987년 민주주의의 유년 시절에서 벗어나지 못하고 있다. 그래서 성장도 없다.

자신들은 나약한 민중이라는 착각, 절대적인 힘을 가진 권력자들에게 핍박받고 있으나, 찍소리도 못 내는 그런 존재라는 진부한 착각, 이 착각과 더불어 '민주주의'는 하나의 종교가 되었다. 그렇게 민주주의 도그마가 합리적·상식적 판단을 막고 있다.

예를 들어보자. 해마다 평균 50회의 불법 폭력 시위가 발생하고, 평균 283명의 경찰이 시위대의 폭력에 부상당한다. 재작년 민중총궐기 한 건에만 100여 명의 경찰이 중경상을 입었다. 그런데도 사람들은 늘 경찰의 과잉 진압 운운한다. 여론이 무서워서 정작 경찰은 그 흔한 진압봉조차 들지 못하고 방패 하나에 의지해서 시위대의 흉기에 맞서는데, 경찰 살수차가 물대포 쏘는 것 가지고 쇠파이프, 망치, 야구방망이, 죽창, 새총 등 흉기를 든 사람들이 경찰이 과잉 폭력 진압했다고 주장하고 있다.

인지 부조화도 이런 인지 부조화가 없다. 군부 독재 시절 시위대를 무자비하게 진압했던 정부에 대한 트라우마가 세대를 거쳐 넘어오고, 광장에 모인 사람들, 민주주의를 외치는 사람들은 절대적으로 선하다고 믿는 도그마의 결과다. 제6공화국의 시작으로 제도적으로 완벽한 민주주의가 정착된 이 시점에, 민주주의를 외치며 경찰을 때리는 짓은 이슬람 극단주의자 같은 광신도와 다를 게 없다는 게 그들이 애써 외면하는 불편한 진실이다.

언론도 마찬가지다. 언론의 왜곡 보도, 허위 보도, 의도적 조작 보도 등에 의해 발생한 문제가 얼마나 많았나. 그들이 유도하는 각종 인민재판과 마녀 사냥에 피해를 입은 이들은 또 얼마나 많았나. 대한민국 현존 최강의 권력이라 할 수 있는 '국민 여론'의 앞잡이이자 수혜자가 바로 이 언론 권력 집단이다. 최악의 저널리즘을 실천하고 있는 문제 언론, 유사 언론이 셀 수 없이 많은데 누구 하나 감히 이들을 제재하자는 말을 못한다. 허울뿐인 언론중재위원회와 방송심의위원회만 뭔가 하는 척하고 있다. 왜? 언론은 광장에 모인 시민들과 마찬가지로 한국식 민주주의 도그마 아래에서 절대적으로 옳고, 보호받아야 하는 존재니까. 한국에도 징벌적 손해 배상 제도 등을 도입해 의도성이 짙은 문제 보도에는 그 대가를 치르게 해야 한다는 주장은 이 민주주의 도그마 아래 '언론 탄압'이 되어버린다.

사회 전체가 망상 장애를 앓고 있다. 분명 이 나라에서 가장 강력한 무소불위의 권력은 바로 '국민 여론'이자 '국민 정서'다. 대통령이나 위정자를 욕하고, 놀리고, 그것을 유행하는 놀이 문화로 즐기고 있는 게 이 시대다. 비판, 비난, 조롱을 넘어서 온갖 음모론과 유언비어를 공유한다. 소셜미디어에서 직장 상사 욕하는 것보다, 대통령 씹는 게 훨씬 쉬운 시대다. 그런데도 우리는 여전히 권력 앞에 벌벌 떨며 침묵을 종용받는 불쌍한 민중인 양, 이상한 망상에 빠져 언더 도그마에 호소하며 자위하고 있다. 사람들이 원한다면 광장에 모여 대통령도 끌어내릴 수 있는 나라인데, 여전히 약자 코스프레들을 하고 있는 거다.

이제는 이 망상에서 벗어날 때다. 1987년 체제에서 한 걸음 나아가 '더 나은 민주주의'를 위해 고민할 때다. 이 민주주의의 유년 시절에서 벗어나지 못하면 대한민국은 영원히 피터팬으로 남게 될 것이다. 설익은 민주주의가 곧 종교가 된 사회, 도그마가 지배하는 사회, 비뚤어진 종교와 교리가 세상을 지배하던 중세 암흑 시대가 이랬다. 이제는 '진짜' 민주주의를 위해 외부 권력과 맞서 싸우는 것이 아니라 내 권력을 스스로 견제해야 할 때다.

로마의 복수, 한국의 굴종

'로마의 복수'라는 말이 있다. 2천 년 전 로마는, 그들의 시민 중 단 하나라도 여행 중에 해를 입으면 그 대상을 끝까지 추적해 무자비하게 보복하는 걸로 유명했다. 로마 시민을 보호하지 않았다는 이유로 그 도시나 국가를 초토화하기도 했다. 그래서 어디서든 로마 시민(Civis Romanus)이라는 말 한 마디만 하면 전 세계의 협조와 보호를 받을 수 있었다. 우리의 시민에게 해를 입히는 순간 로마 전체를 상대해야 한다는 로마의 복수는 "나는 로마 시민이다"라는 말 한 마디에 어마어마한 권력을 부여했다.

그 국민과 영토를 보호하는 건 국가의 의무이자 국가의 가장 기본적인 기능이다. 이를 제대로 수행하지 않는다면 국민이 세금을 낼 이유가 없고, 그들에게 부여된 국민의 의무를 수행할 이유가 없다. 여기서 의문이 생긴다. 대한민국이라는 국가는 그 의무를 제대로 수행하고 있는가?

멀리 갈 것도 없다. 최근 몇 년 사이 굵직했던 사건들만 살펴보자. 천안함 피격 사건. 북한 잠수정이 우리 초계함에 어뢰를 쏘고 도망쳤다. 한창 나이에 국가의 부름을 받아 최저임금도 안 되는 돈을 받으며 나라를 지키던 젊은이들이 죽거나 다쳤다. 전 세계 전문가가 북한을 범인으로 지목했고 각국 정부가 이를 비판하는 와중에 우리나라에서는 정치인을 비롯한 몇몇 얼빠진 인간이 정부의 자작극이라는 둥, 미군 잠수함의 공격이라는 둥 정신 나간 소리를 늘어놓으며 북한을 변호했다. 우리 정부는 관광 중단, 개성공단 폐쇄 등의 제재 말고는 별다른 대응을 하지 않았다.

연평도 포격 사건은 어떤가? 휴전 이후 처음으로 북한이 우리 영토를 직접 포격한 사건이다. 그 과정에서 민간인과 군인이 죽거나 다쳤다. 대한민국 국민이라는 이유만으로 사상자가 된 거다. 갑작스런 상황이었음에도 국군은 재빨리 대응 사격을 해 원점 타격에 성공했지만 거기까지였다. 선전포고로 받아들여야 정상인 상황에 우리 정부는 공허한 비난 성명과 제재로 대응했을 뿐이다. 우리가 북한에 더 큰 피해를 줬다며 자위하던 어처구니없는 발언들을 똑똑히 기억한다. 그때도 일부 미친 인간들은 정부의 강경한 대북 정책 때문에 이런 일이 일어났다며 햇볕정책을 폐기한 보수 정부를 비판하고, 적 세력의 포격 행위를 변호했다.

목함 지뢰 도발도 있었다. 북한이 우리 철책선 안에 목함 지뢰를 설치해서 우리 군인들이 두 다리를 잃었다. 산 날보다 살 날이 더 많은 그들은 여생을 목발에 의지해야 한다. 우리 정부는 이에 대한 대응으로 확성기를 틀었다. 걸그룹 노래와 프로파간다 따위로 대한민국의 우수성을 북한 주민들에게 전파한다는 것. 고작 확성기를 트는 걸 대응이랍시고 하고 있는 것도 화가 나는데, 그거 가지고 "지금 전쟁하자는 겁니까?"라며 확성기를 끄라고, 북한을 노엽게 하지 말라며 정부를 비판하는 사람들을 보며 할 말을 잃었다. 이들이 국민을 대표해 정치를 한다는 인간들이라는 사실이 너무나 슬펐다.

북한은 한 달이 멀다 하고 핵 실험, 불바다 발언 등 크고 작은 도발과 위협을 이어왔다. 그렇게 우리 국민이 죽거나 다쳤다. 전쟁이 일어났어도 수십 번은 더 일어났을 상황에 우리 정부는 허울뿐인 제재만을 반복해왔고, 북한 문제, 안보 문제에 진영 논리가 씌워지며 정부에 대한 '반대를 위한 반대'를 위해 북한의 입장을 옹호하는 정치인들이 설쳐댔다. 게다가 북한을 펀드는 진성 종북, 이적 세력은 그러한 정치인들의 그림자 뒤에 숨어, 민주주의를 방패막이 삼아 나날이 그 힘을 키워왔다. 전쟁이 일어나지 않은 것은 정말 감사한 일이지만, 휴전 중에 적의 공격으로 국민이 다치고 죽었는데 정부가 이에 대한 단호한 대응을 하지 못한 건 엄연한 사실이다.

북한은 우리 정부가 어디까지 끌려오나 크고 작은 돌을 던져가며 우리의 인내를 시험해왔고, 이제는 핵무기라는, 우리를 단숨에 초토화할 수 있는 재앙을 완성했다고 한다. 정치인들은 북한 문제로 편 나눠 싸움박질만 하고 있었고, 정부는 손가락만 빨고 있었다. 뒤늦게라도 급하게 대응책을 찾고자 방어 무기 등을 들여온다고 하니, 또 정치인들과, 선동꾼들과, 이적 단체들이 발목을 잡는다.

대한민국이라는 국가는, 그 정치 구조 때문에 국가의 가장 기본적인 기능을 수행하는 것에 명백히 실패하고 있다. 나는 국방의 의무, 납세의 의무를 비롯해 대한민국 국민으로서 지켜야 할 것들을 최선을 다해 성실히 수행해왔다. 그런데 국가는 나를 지키기 위해 정말 최선을 다하고 있는가? 내가 천안함에 탔을 수도 있고, 내가 연평도에 살았을 수도 있고, 내가 최전방에 배치되어 목함 지뢰를 밟았을 수도 있다. 내 가족이나 친구가 그랬을 수도 있다.

국가와 국민의 관계는 쌍방향이어야 한다. 내가 치르는 것에 비해 그 서비스가 터무니없는 이 상황에 나는 만족하지 못하고 있으며, 이런 상황이 계속된다면 나는 이 나라를 뜨겠다. 북한의 핵무기가 완성되어 한국이 안보 문제에 있어 굴종의 길을 걷는 것도 머지않아 보인다.

차라리 전쟁을 한다면 내 가족, 친구들의 안전을 위해 기꺼이 군복을 입겠다. 그러나 북핵이 완성되고, 북한의 위협 속에 여생을 걱정하며 살아야 한다면 나는 대한민국 국민이라 짊어져야 하는 그 불안과 공포에서 벗어나겠다.

드라마퀸 2030

아무리 생각해도 지금 나를 비롯한 2030세대는 사상 최악의 세대다. 한반도 역사상 최고의 번영을 누리고 있고 그 물질적 혜택을 고스란히 즐기고 있는 이 세대가 피해 의식은 제일 심해 보인다. 입만 살아서 헬조선이니, N포세대니 떠들어대고, 일자리가 없다는 둥, 다른 세대에게 착취를 당하고 있다는 둥, 어딘가에서 누군가 제기한 문제 의식을 앵무새처럼 반복하고 있다. 하지만 왜곡된 노동 시장과 이중 구조 문제를 해결하기 위한 방안들 -대표적으로 노동 개혁-을 추진하는 것에는 미온적이다. 아니, 뭔지도 잘 모르고 관심도 없다.

늘 투덜거리기만 하고 징징거리기만 한다. 상황을 개선하고자 하는 동력은 없다. 정치를 욕하기만 할 뿐, 이에 관심을 가지고 적극적으로 참여하려는 의지는 없다. 이러니까 정치인들과 방송인들은 "우쭈쭈우쭈쭈 그래 힘들지? 너희는 피해자야. 너희는 잘못한 거 하나도 없어"라며 듣기좋은 소리만 해주며 인기몰이를 하고 있다. 진짜 잘 됐으면 하는 마음에 현실적인 이야기, 쓴소리해주는 어른들은 꼰대라고 욕먹는다.

'좋은' 일자리가 부족한 건 분명 팩트지만 나쁜 일자리는 남아돌고, 2015년 기준 청년 15.5%가 일도, 공부도, 취업 준비도 안 하는 니트족인 것도 팩트다. 청년 두 명 중 한 명이 중소기업이나 비정규직 등 안 좋은 일자리에서는 노동하지 않겠다고 밝힌 가운데, 노인 두 명 중 한 명이 빈곤선 아래에서 굶주리고 있다. 청년 실업자보다 많은 175만의 노인이 도시 곳곳에서 리어카를 끌며 폐지를 줍고 있다. 킬로그램 당 많이 받으면 백 몇 10원씩 하는 폐지 주워 버는 돈이 한 달에 10여만 원. 생존하고 싶다는 2030은 방구석에, 평생 일하고도 또 일해야 약값을 버는 노인들은 길거리에.

이런 현실을 수치로 보고 있는데, 2030 자신들이 대단한 피해자라도 되는 듯 최신형 스마트폰으로 소셜미디어에 징징거리는 걸 보면 혈압이 안 오를 수가 있나. 청년이면 상황을 개선하려 해야지, 왜 수혜자가 되려 하는지 모르겠다. 뭘 했다고. 이들 환심 사려고 여기에 호응해주는 정치인들 보고 있으면 그저 한심할 뿐이다. 국가 경제의 허리가 되어야 할 청년이라는 단어에 계속 사회적 약자라는 이미지가 투영되고 있는 걸 보면, 아무래도 이 나라는 미래가 없구나 싶다. 불과 반 세기 전 이 나라가 어땠고, 이 나라의 청년들이 어땠는지 뻔히 알고 있으면서도, N포의 '포기'를 정당한 일인 양 떠벌리고 다니는 이 친구들은 양심이 없는 게 아닐까.

생존하고 싶다고? 놀고 있네. 정말 '생존'이 위협받고 있다면 노인들이 아니라 우리가 리어카를 끌어야지. 그 건장한 육체와 넘치는 젊음으로. 생존하는 게 어려운 게 아니라, 기성세대 치맛폭 아래서 스무 몇 살 될 때까지 호의호식하다가 당장 차디찬 사회로 나와 먹고 살 만한 환경을 유지하는 게 어려운 거다. 착각하지 말자. 문제를 정확히 파악하고, 이를 객관화 할 수 있을 때 문제를 해결할 수 있다.

각종 선거 때마다 후보자의 절대 다수가 하나 같이 퍼준다는 얘기만 한다. 이 사람들의 논리대로라면 사회 각계각층 모두가 피해자이자 도움받아야 할 사람들이다. 그래, 살갗이 닿는 거리에서 접하는 개개인의 삶들은 하나 같이 힘겹게 마련이다. 그렇다면 순서를 정해서, 가장 도움이 필요한 계층부터 도와야 한다. 복지 우선 순위에 따라 줄을 세우면 한참 뒤에 있어야 할 이들이 목소리 크다는 이유로 도움을 받고, 도움을 당연시하며, 도움을 요구한다. 그래서 청년팔이 포퓰리즘을 증오한다.

소셜미디어의 정치적 글쓰기

"생각이 다르다는 이유만으로 미워하지 말자".

정치에 관한 글을 쓸 때, 혹은 정치에 관한 글을 읽을 때 항상 되뇌는 다짐이다. 정치적 관점은 한 사람을 구성하는 작은 일부일 뿐이다. 그래서 추구하는 정치적 가치가 다르다는 이유만으로 '사람'에게 날을 세워서는 안 된다. 필요하다면 내가 동의하지 못하는 '발언'이나 '행동'에 한정해서 비판하면 된다. 이렇게 글로 적어놓으면 아주 상식적으로 다가오는 생각인데, 정작 이를 받아들이고 스스로를 경계하는 사람은 적은 것 같다.

애당초 인터넷은 소통의 공간 따위가 아니다. 인터넷의 본질은 배설이다. 나와 다른 인간들에게 쌓인 공격성을 배설하는 공간. 그 억눌린 분노와 불만과 증오를 풀어내는 공간인 것이다. 모니터 건

너편 세상은 칸막이 건너의 화장실과 같아서, 실제로는 사람과 사람이 접촉하는 아주 가까운 한 단면이지만 그 거리감에는 무뎌진다. 그래서 얼굴 보고는 절대 못할 행동이나 발언을 서슴지 않고 할 수 있다.

내가 욕을 많이 먹어봐서 이렇게 부정적으로 생각하는 지도 모른다. 한때 소셜미디어에서는 찾아볼 수 없던 우파 매체를 실명 걸고 운영하면서 욕이란 욕은 다 먹었다. 온라인 공간에서 표면에 노출된다는 건 생각보다 힘든 일이었다. 단지 내가 옳다고 생각하는 정치적 주장을 했다는 이유만으로 생전 나를 만나보지도 못한 사람들이 모니터 건너편에서 원수 대하 듯 욕설을 퍼부어댔다. 당시에는 실감하지 못했지만, 지금 생각해보면 우울증 비슷한 증세를 겪었던 것 같기도 하다. 도대체 내가 뭘 그리 큰 잘못을 했다고. 그냥 내 생각을 이야기했을 뿐인데. 도대체 왜 그렇게까지 하는 건가 싶었다. 그런데 시간이 흐르면서 그 욕들에도 점차 무뎌졌고, 내게 남은 것은 인터넷에서 '소통'이랍시고 떠들어대는 사람들에 대한 비릿한 환멸감뿐이었다.

나는 그런 인간 중 한 명이 되기 싫어서 되뇌고 또 되뇐다. 온라인에서 사람을 대할 때, 현실에서 사람들을 대하는 것과 똑같이 하자고. 온라인에서 '사정거리'에 들어온 먹잇감 하나를 잡아서 비겁하게 린치를 가하는 그런 짓은 하지 말자고. 사회 생활하면서 나와 정치적 생각이 매우 다른 사람을 만나도 그 다름을 어느 정도 존중하고 대화를 하는 것처럼, 온라인에서도 똑같이 해보자고. 이렇게 주절주절 써두면 이게 무슨 대단한 일인 양 보이지만, 사실 별 거 아니다. 상대방도 나와 똑같은 인격체라는 아주 분명한 사실만 직시하면 된다.

우파든 좌파든, 유명인들이 있게 마련이다. 그 사람들은 좋든 싫든 정치 담론 바닥에서 논란의 중심이 된 적이 있기에 유명인이다. 어떤 사람들의 심기를 건드릴 만한 만화를 그렸다거나, 인터넷 정치 여론의 대다수를 비판하는 글을 썼다거나, 세상을 싸잡아 욕하는 동영상을 찍었다거나. 당연히 문제의 소지가 있었기에 논란이 된 것일 테고, 그 문제에 대한 비판은 '생산자'로서 달게 받는 수밖에 없다. 고되지만, 그게 자신의 생각이 담긴 글을 쓰고, 그림을 그리고, 영상을 찍은 사람의 업이다. 그리고 그 비판을 긍정적인 쪽으로 받아들이고 스스로를 담금질할 때 생산자는 한 단계 성장한다. 아마도 정치 담론 바닥에서 그런 생산 활동을 했다면 그 정도는 각오했으리라.

그런데 내 불만은 이런 인물들을 대하는 사람들의 태도다. 이 바닥은 어떻게 된 게, 누군가가 유명인의 영역에 올라가서 제3자들에게 언급되기 시작하면, 이 사람을 인격적으로 모독해도 괜찮다고 생각하는 것 같다. 문제 의식을 느끼면 거기에 대해서 지적하면 되는 거지, 꼭 인신 공격과 인격 모독을 덧붙인다. 자기 생각 말한 게 뭐 그리 잘못이라고, 짧고 부족한 생각이었으면 거기에 대해서 지적하고 고쳐주면 되는 거지 부모 죽인 원수라도 된 양 못 잡아먹어서 안달이다.

똑똑한 지인과 커피를 마시다 이런 말을 나눈 적이 있다.

"어차피 사람들은 나와 생각이 다른 사람에게 설득당하는 걸 원하지 않아요. 진영과 진영이 토론이라는 이름으로 맞서봐야 허구한 날 말싸움으로 번질 뿐, 생산적인 대화로 이어지는 경우가 적은 이유죠. 결국 정치 담론의 발전이란, 같은 진영 내에서 자기 비판과 반성이 나올 때 가능해요. 그래도 우리 편이 하는 말이니까 그 문제 의식에 공감하고 고치려 하니까요."

내가 굳이 이런 두서 없는 글을 쓰는 이유는, 우파 진영에 대한 내 나름의 문제 의식 때문이다(다른 분들이 어떻게 볼 지 몰라도, 나는 내가 우파라고 생각한다). 대한민국에서 우파로 산다는 것은 결국 '소수자'로 산다는 말이다. 특히 '목소리를 내는 우파'들은 소수 중의 소수다. 광우병, 안녕들 하십니까, 세월호 등 이슈 당시 우파로서 자기가 생각하는 '합리적인 의견'을 제시했다가 배척당한 적이 한두 번쯤은 있었으리라 생각한다. 그래서 인터넷에서 우파는 우파끼리 더욱 똘똘 뭉친다. 문제는 이렇게 '집단화'된 우파들이 가끔 자신들이 그토록 미워했던 '다수의 폭력'을 그대로 실천한다는 점이다. 단순히 생각이 다르다는 이유만으로, 한 좌파 진영의 개인에게 돌을 던진다.

지극히 편향된 생각이지만, 나는 우파로서 '각성'한 사람들은 기본적으로 성숙한 사람들이라고 생각한다. 합리를 중시하거나 최소한 그런 척이라도 하려는 사람들이고, 이를 위해서는 주위 분위기에 굴하지 않고 자신의 의견을 당당하게 주장할 수 있는 사람들이라고 생각한다. 그래서 '품위'가 중요하다. 제대로 된 비판을 하기위해서. '나은 사람'이 되어 비판을 하기 위해서. 원래 비판이란 게그런 거다. 좀 더 성숙한 사람이 그렇지 않은 사람에게 지적하고알려주는 거다. 그런데 같은 레벨에서 떠들어대면, 그건 그냥 말싸움이다.

PART **04**

우리는
잘 살고 있는 걸까?

약자의 특권

미국인 아내와 함께 한국 영화 〈괴물〉을 봤다. 영자막을 틀어놓고 보는데, 홍미로운 대화가 있었다. 고아 형제가 괴생물체로 인해 출입이 제한된 한강변으로 숨어들어 빈 매점을 '서리'하는 장면이었다.

형이 컵라면, 소시지, 과자 따위를 훔치고 있는데, 옆에 있던 어린 동생이 현금출납기에 손을 댄다. 그러자 형이 동생을 다그친다.

"너 그 돈 도로 넣어놔."

"왜? 어차피 훔치는 건 똑같은데."

"아니야, 지금 우리가 하는 건 '서리'지만, 돈에 손을 대는 순간 '절도'가 되는 거야."

영자막에서 절도는 'theft'로, 서리는 적절한 단어를 찾지 못했는지 'seo-ri'로 번역해놨다. 아내가 화면을 정지하고 서리가 뭐냐고 물었다. 밭에서 과일 같은 걸 훔치는 거다, 주로 아이들이 작은 것들을 훔치는 걸 서리라고 한다고 설명했다. 그러자 혼란스럽다는 얼굴로 되묻는다.

"그럼 불법이 아닌 거야?"

원칙적으로는 서리도 불법이 맞다고 말하자 더욱 당황한다.

"그러니까 똑같은 절도(theft)인데, 절도의 주체가 어린이거나, 절도의 대상이 작은 물건이면 다른 이름으로 부르는 거네?"

"응, 대충 그런 셈이야."

"그런데 서리든 절도든, 둘 다 불법이고, 범죄라면 굳이 이름을 다르게 부르는 이유가 뭐야?"

"글쎄, 서리는 애들 장난 정도로 받아들여지는 느낌이야. 서리라는 단어 자체에 범죄라고까지 말하기는 애매한 그런 뉘앙스가 있어."

"그건 판사가 결정해야 하는 거 아냐? 배고픈 아이들이 저지른 범죄라는 걸 참작해서 형량을 낮추거나, 무죄를 선고하는 거지. 그래도 어쨌든 절도는 절도인 거잖아?"

"그래, 서리라는 단어 자체가 '정당화'의 맥락을 가질 수도 있겠다. 지금 저 애도 정당화하고 있네. 이건 범죄가 아니라고."

아내는 흥미롭다는 표정을 하고서 다시 플레이 버튼을 눌렀다. 그러자 다음 장면에서 서리가 뭐냐는 극중 동생의 질문에 형이 아주 멋진 답변을 한다.

"배고픈 자의 특권."

피식 웃을 수밖에 없었다. 결국 범죄의 주체가 배고프고 가난한 아이, 즉 '약자'이기에, 절도 행위가 '장난' 정도의 뉘앙스를 지닌 단어로 정당화되는구나. 가난하고, 불쌍하고, 힘없는 약자들에게는 원칙이 누그러진다는 그런 논리. 그게 특권이라는 말. 영화 속 아이들은 이를 이용해서 조직적 범죄 행위를 일삼고 있는 것이고.

순우리말 '서리'라는 단어 속에는 그런 언더 도그마가 녹아 있고, "애들이 그럴 수도 있죠"류의 감성 위주 무원칙 온정주의가 숨어 있는지도 모르겠다. 나 역시 배고픈 아이들이 내 음식을 절도한다면 그들을 동정하며 용서할 것이다. 다만 그 용서가, '서리'라는 단어가 가진 사회적 함의에 의해 강요되는 것에는 반대한다. 절도 피해자가 용서하지 못하겠다면, 그것이 그냥 넘어갈 만한 '서리'인지, 처벌을 필요로 하는 '범죄'인지를 결정하는 건 아내의 말마따나 판사여야 하니까.

약자 코스프레를 해가며 '을'이라는 이름으로 갑질을 하는 사람들. 즉 '약자의 특권'을 휘두르는 사람들이 자꾸 보이는 건, 결국 이런 일상의 것들 때문이다.

　유명 정치인의 아들이 개인 소셜미디어를 통해 소위 '국민 미개론'을 이야기했을 때 벌떼같이 달려들어 이를 단죄하려는 여론과, 눈물까지 흘리며 아들의 발언을 사과하는 아버지를 보며 이해가 안 되는 게 한두 가지가 아니었다.

　미개하다는 말이 그렇게 나쁜 건가. '미개(未開)'라는 한자를 그대로 풀면 '열리지 않았다'라는 뜻이고, 아직 피지 않은 꽃봉오리에서 온 표현이다. 다시 말하면 언제든지 열릴 수 있는, 개화의 가능성을 지녔다는 말이다. 그래서 모든 미개한 것, 그러니까 문명 문화 사회 나라 인간 등은 소중하다. 아직 다 발전하지 않았을 뿐, 틀린 게 아니기 때문이다.

　모든 비선진국은 선진국이 되기를 희망한다. 그래서 문제를 찾아내고 폐단을 뜯어고친다. 그게 곧 발전 의지이자 열리기 위한 노력이다. 한국은 어떤가. 우리는 이미 열려 있나? 천만에. 경제 수준은 선진국일지언정, 사회·정치·문화·사고 등의 수준은 아직도 후진국에 머물러 있지 않나? 문화 지체 현상을 겪는 전형적인 국가로 제시되는 게 한국하고 중국 아니던가.

　엄연한 법치주의 국가에서 헌법보다 떼법이 위에 있고, 그 위에 국민정서법이 있다. 원칙에 따라 행동하는 게 아니라 불특정 다수가 만든 거대 여론의 눈치를 보며 행동하고, 옳고 그름은 대중의 기분이 결정한다. 사법 절차를 통해 판사가 재판을 하기 전에 네티즌들이 댓글로 인민재판을 하고 나아가 단죄까지 한다. 억울한 경우가 생겨도 문제 없다. 어차피 진실이 밝혀질 때쯤 성난 군중은 다음 마녀를 사냥하고 있다.

시대에 뒤처진 계급 의식과 뼛속 깊게 박혀 있는 언더 도그마도 한 몫 한다. 나보다 '높은 사람'이라고 판단되는 이가 조그마한 잘못이라도 하면, 아니 잘못이 없어도 '우리'의 심기를 거스르면 돌을 맞아야 한다. 사실은 떼 지어 린치를 가하는 것일 뿐인데 그게 정의 실현이라도 되는 듯, 혹은 약자의 저항이라도 되는 듯 착각한다. 그 과정에서 폭력을 휘두르기도 하고, 소유권이나 이동의 자유 등 기본적인 인권을 멋대로 박탈시키기도 한다.

그러면서 아르바이트, 종업원 등을 대상으로 하는 갑질은 세계 최고 수준이다. 손님이 왕이라는 정신병적인 소리를 해대며 서비스 제공자를 인격적으로 하대한다. '너는 내 아래'라는 태도가 짙게 깔려 있다. 외국인들한테는 더하다. 미국이나 유럽에서 온, 우리보다 잘 산다고 판단되는 백인들한테는 과도할 정도로 선의를 보이며 우리 좀 알아주십사 "두유 노 김치?"를 외쳐대면서, 동남아 같이 우리보다 못 산다고 판단되는 나라나 인종에게는 끔찍할 정도로 잔인하고 무례하다. 그게 호의 섞인 태도든, 악의 섞인 태도든 타 문화나 국가의 사람들을 바라보는 시선 자체에 아주 계급주의적인 인종 차별이 깔려 있다.

그 외에도 도로 곳곳, 휴양지 곳곳, 공원 곳곳에 버려진 쓰레기부터, 코스트코 양파 도둑, 이케아 연필 도둑, 화단 꽃 도둑, 가정 쓰레기 무단 투기범 등 각종 얌체족까지, 우리나라 사람들이 가지고 있는 그 '미개성'에 대해 말하려면 끝도 없다. 그런 점에서 한국은 아직 선진국이 아니다.

다시 유명 정치인 아들의 댓글로 돌아가보자. 아들이 소셜미디어 댓글란에 가볍게 내놓은 의견에 '미개'라는 말이 있었다는 게 언론 보도의 이유가 되고, 범죄 수준의 질타를 받아야 할 근거가 된다는 것, 설령 그게 잘못이라손 쳐도 아들의 잘못에 아버지를 엮어 사과 회견을 열어 눈물로 대국민 사죄를 하게 만든 사람들, 21세기판 연좌제와 인민재판, 이미 이것부터가 현대 자유민주주의라는 시스템에 어울리지 않는 미개함 아닌가?

선진국이 되기 위해서는 아직 열리지 않은 것들에 대해 직시하고 뜯어고칠 줄 알아야 한다. 국민 미개론. 우리가 틀렸다는 게 아니다. 아직 열리지 않았을 뿐이다. 이를 받아들이지 못하고 화를 내면 영영 열지 못하게 될 것이다.

과잉 진압

언젠가 보안업체를 하는 친구의 부탁에 일손을 보탠 적이 있다. 파트 타임으로 자투리 시간만 투자하면 되는 데다 일당도 좋아서 기꺼이 승낙했다. 주요 시설이나 행사장 등에서 보안 활동을 하는 거였는데, 설명만으로는 전혀 힘들 것 같지 않아 공돈 벌었다며 기뻐했었다.

미국에서는 군 전역자라는 게 훈장이다. 한국 군대를 다녀온 덕분에 복잡한 절차를 면제받았고, 간단한 교육과 훈련 이후 손쉽게 Security Clearance를 받을 수 있었다. 단순한 경비원이라 생각했는데 생각보다 체계적인 과정을 거쳐야 하고, 고작 하루 다섯 시간 일해주는데 임금도 상당했다. 그런 이유가 있었다.

컨벤션 행사장에서 느꼈던 공포와 불안이 아마 내가 평생 느꼈던 감정 중 패닉 상태에 가장 가까운 게 아닐까 생각한다. 미국은 누구나 총을 가질 수 있다. 작은 권총부터 전쟁터에서 쓸 법한 어썰트 라이플에 이르기까지. 누구나 간단한 절차만 거치면 총을 살 수 있다. 불법적으로 유통되는 총을 사는 것도 어렵지 않다. 그래서 수많은 사람이 총을 가지고 다닌다. 허리춤이나 발목, 가방 등에 감춰 다니는 경우가 많다. 이를 concealed carry라고 한다(원칙대로면 라이센스가 있어야 하는데 그냥 불법적으로 CCW를 가지고 다니는 이가 많다). 이를 위한 별도의 복대, 벨트, 홀스터 등이 있어 누군가가 무장하고 있는지 아닌지 눈으로만 판단하는 건 거의 불가능에 가깝다. 미국에서 얼마나 많은 사람이 총을 상시 휴대하는지 알면 깜짝 놀랄 것이다. 지갑이나 휴대폰은 집에 두고 나와도 총은 꼭 챙긴다는 게 내 옆집 사람이다.

행사장에서 헐렁한 옷을 입은 사람들을 볼 때마다 심장이 뛰었다. 그 사람이 갑자기 허리춤에서 총을 꺼낼 적지 않은 가능성이 존재하기 때문이다. 그냥 서 있으면 되는 경비원 일일 줄 알았는데, 그게 아니었다. 사람이 점점 많아지고, 수상해 보이는 사람들이 일일이 감시하지 못할 정도로 많아지자 식은땀이 흐르기 시작했다. 홀스터의 글록을 꺼내서 손에 쥐고 싶은 마음만 간절했다. 언제 어디서 누가 총을 쏠지 모른다는 공포. 그 감정은 한국인으로서 낯선 것이다. 하지만 잠시나마 보안업체에서 일해주며 그런 상황을 현실 속에서 접했다. 이런 경험을 하면, 미국의 First Responder(경찰관, 소방관, 구급대원 등)들이 얼마나 용감한 사람들인지 실감하게 된다.

조지 플로이드 사건으로 시끄러웠을 때, 한국의 수많은 이가 인종 차별 이야기를 하며 미국 경찰들의 '과잉 진압'을 비난했다. 과잉 진압 비디오 등이 퍼질 때마다 미국 법 집행관들(Law enforcements)이 전부 인종 차별자라 그런다고 쉽게 생각해버린다. 사실은 전혀 그렇지 않다. 약 30년 전 로드니 킹 사건 같은 인종 차별 사례들이 전혀 없는 건 아니지만, 오늘날 과잉 진압으로 논란이 되는 사건들 절대 다수는 정치적으로 프레이밍된 것이거나, 경찰들의 자기 보호 차원에서 발생한 것이다.

미국의 범죄자들은 위험하다. 그들을 체포하는 건 말 그대로 목숨을 걸어야 하는 일이다. 누구나 총을 가질 수 있고, 누구나 허리춤에 총을 숨기고 있을 수 있기 때문이다. 말 그대로 눈 깜짝할 사이에 총을 꺼내 발사할 수 있고, 이 말은 찰나의 방심으로 목숨을 잃게 될 수 있다는 뜻이다. 게다가 한국처럼 사방에 CCTV나 자동차의 블랙박스가 있는 것도 아니기에, 범죄자들은 체포를 피하기 위해 기꺼이 도박을 한다. 약물에 취해 미쳐 날뛰는 사람부터 악질적인 갱이나 카르텔에 이르기까지. 누군가에게 미국은 전쟁터 한복판이다.

도덕과 정의를 중심으로 서사를 펼치는 정체적 정치는 단순한 공식을 내세운다. 이건 나쁘고, 저건 착하다. 쟤네는 악하고, 이를 비판하는 우리는 선하다. 우리에게 동의하지 않으면 너도 악한 것이다. 이러한 구도는 명백한 정답을 보여준다. 그 정답을 추종하는 참여자들에게 값싼 도덕적 우월감과 지적 우월감을 선사한다. 노란 리본 같은 액세서리라는 말이다. 한편 본질을 탐구하고 고민하는 것, 거기서 정답을 찾아가는 과정은 지난하다. 니 편 내 편 식의 피아 식별만이 남은 정치 담론에서 이런 '정도'를 추구한다는 건 어려운 일이다. 때로는 다수를 거스를 수 있는 용기가 필요한 일이다. 지금 이 순간에도 공동체를 위해 목숨은 걸고 있는 이들에 비하면 한없이 초라한 것이지만, 그런 용기의 수혜자로서 마땅히 치러야 할 작은 대가다.

어느 날 삼성이 한국을 떠났다

* 이 글은 실제 통계를 중심으로 상정한 가상의 상황이다.

2021년 어느 날, 삼성이 한국을 떠났다. 삼성그룹 전체가 한국에서 떠나 다른 나라로 옮겨가겠다고 선언한 거다. 다른 대기업들의 움직임도 심상치 않았다. 삼성을 따라 한국을 탈출할 거라는 예측들이 여기저기서 들려왔다.

물론 여론은 충격에 빠졌다. 한국에서 대기업들은 언제나 당하는 존재였다. 그런 그들이 단호한 태도로 엑소더스를 선언했을 때, 사람들은 당황할 수밖에 없었다. 언제나 국민 앞에서 죄인처럼 굽신대던 기업가들이 처음으로 무섭게 느껴졌기 때문이다.

섭씨 99도의 물을 끓게 만드는 건 언제나 마지막 1도다. 임계점 아래에서 아슬아슬한 줄타기를 하던 한국은 마침내 그 1도를 보태 버렸다. 언제까지고 잔잔할 것만 같던 수면이 무서운 소리를 내며 끓어올랐을 때. 그 분노는 돌이킬 수 없는 것이었다.

이런 사태를 예상한 이들도 분명 존재했다. 황금알을 낳는 거위들의 배를 아무렇지도 않게 가르는 청와대와 국회, 그리고 여론을 향해 경고해오던 사람들이 있었다. 하지만 그런 우려들은 당장 거위의 배를 갈라 나눠주는 공짜 푼돈과 복지에 도취한 사람들에 의해 가벼이 무시되어 왔다. 반기업 정서 앞에서는 그 어떤 논리도 설득도 통하지 않았다.

지난 수십 년 간 사회 각 분야에 반기업 정서가 퍼지고 또 주입되어왔다. 국민 다수가 기업에 대한 부정적 인식을 가지게 되었다. 한때 폐허밖에 없던 나라, 대한민국. 그런 나라가 기업 중심으로 일으킨 '한강의 기적'으로 불과 반세기도 지나지 않아 선진국이 되었다. 전 세계가 감탄하고 부러워하는 이런 기업 신화를 가지고 있는 나라가, 역설적으로 전 세계에서 반기업 정서가 가장 강한 나라가 되었다.

반기업 정서를 등에 업은 정치는 더욱 잔인하게 기업을 괴롭혀왔다. 국회에서는 기업 활동에 심각한 지장을 주는 반기업 반시장 법들이 서로 경쟁하듯 등장했다. 좌파 정치인들은 기업을 악이라 전제하고 만든 듯한 규제들을 쏟아냈고, 이를 견제해야 할 우파 정치인들은 기업 앞잡이 취급받는 것이 두려워 입을 다물었다. 특히 문재인 정부 출범 이후 최근 몇 년 사이에는 거의 징벌 수준의 규제들이 등장했다. 심지어는 기업들의 이익을 공유하자는 이익공유제 이야기까지 논의되기 시작했다. 사유 재산이라는 중요한 권리는 공정, 평등 따위의 그럴싸한 정치 선동에 의해 손쉽게 침해당했다. 경제 활동은 정치의 눈치를 보며 해야 하는 일이 되었고, 돈을 버는 건 죄악시되었다. 그런 상황 속에서 좋게 봐줘도 정치적이라고 할 수밖에 없는 이유로 오너가 다시 구속되는 일이 벌어지자 결국 삼성은 한국을 뛰쳐나갈 수밖에 없게 되었다.

물이 너무 뜨겁다는 경고를 무시한 대가는 참혹했다. 끓어 넘치는 건 한 순간이었다. 그리고 그것은 국가적 차원의 재앙이 되었다. 삼성이 한국을 떠나는 건 그야말로 전쟁 수준의 피해가 예상되는 문제였다. 삼성의 매출은 300조 원이 넘는다. 이는 대한민국 총 국가 예산의 2/3 수준이다. 국내총생산의 16.4%가 삼성 하나에서 나오고 있다.

국내 상장사의 전체 시가 총액 중 1/3 이상을 차지하고 있는 삼성을 잃는 것. 이는 단순히 26만 명의 삼성 직원들이 출근할 곳을 잃는다는 것만을 의미하지는 않는다. 코로나 사태 속에서도 꾸준히 양질의 일자리를 창출해온 기업을 잃음으로써 젊은이들의 미래가 더욱 어려워지는 사태다. 게다가 삼성이 먹여 살리고 있는 5,330여

개 협력회사의 미래 역시 불투명해진다. 거기서 고용하는 직원들, 그리고 그들이 부양하는 가족들 역시 마찬가지다. 어디 그 뿐인가. 삼성은 협력업체와 국내 중소기업들을 위해 수만 건의 특허를 무상으로 개방하는 등 수많은 지원 활동을 펼쳐왔다. 대기업이 중소기업을 핍박한다는 것은 정치가들의 망상일 뿐, 실제로 삼성을 비롯한 대기업들은 국내 중소기업의 생존에 필수불가결한 역할을 해왔다.

어마어마한 세금을 냄으로서 각종 무상 복지를 가능하게 했던 것도 삼성을 비롯한 대기업들이었다. 대한민국 정부가 해마다 받아가는 전체 법인세의 절반 이상을 대기업들이 감당해왔다. 그리고 다시 그 절반 이상을 삼성이 홀로 내왔다. 물론 이런 법인세는 해마다 살인적으로 증가해왔고 최근 사상 최대 규모를 갱신했다.

그런데 이런 삼성을 잃는다니, 다들 사색이 되는 게 당연했다.

한편 외국 정부들은 벌써부터 군침을 흘리고 있다. 삼성을 비롯한 한국 대기업들이 한국을 떠나려는 움직임을 보이는 건 그들로서는 너무나 유쾌한 일이었다. 복이 그냥 굴러들어오는 일이 될 수 있기 때문이다. 자산 5조 원 이상의 한국 대기업들이 한국 GDP의 84.3%를 창출한다. 어지간한 개발도상국은 이런 대기업 그룹 한둘만 데려와도 순식간에 선진국 문턱에 갈 수 있다.

이를 가장 절실하게 느끼고 있는 게 바로 베트남이다. 베트남에는 삼성전자 공장이 있다. 그리고 이 베트남 삼성전자에서 벌어들이는 돈이 베트남 국내총생산의 27.6%에 달한다. 베트남 전체가 벌어들이는 돈의 1/4 이상이 베트남 삼성 하나에서 나오고 있는 거다. 베트남 정부는 어마어마한 양질의 일자리들을 창출하고, 국가 경제 성장에 큰 기여를 하고 있는 베트남 삼성에 감사할 줄 아는 정부였다. 그간 정부 차원에서 삼성에 수많은 구애를 하기도 했다. 최고위 관계자들이 꾸준히 삼성 경영진에 접촉하며 애정을 표현해왔고, 삼성이 베트남 투자를 확대해주기 요청해왔다. 베트남 삼성 하나만으로도 국가 경제가 이렇게나 발전하는데, 삼성 그룹 전체를 데려오게 되면 한국을 따라잡는 게 불가능한 일이 아닐 것이다.

한편 한국을 떠나기로 결심한 삼성 입장에서는 선택지가 너무나 많았다. 어딜 가든 한국보다는 대접이 좋을 것이기 때문이다. 한국은 전 세계에서 법인세율이 가장 높은 나라 중 하나다. G7 국가 중 한국보다 법인세를 많이 내는 나라는 프랑스뿐이다. 게다가 전 세계가 법인세율을 꾸준히 낮추고 있다. 세계 법인세율 평균은 낮아지고 있는 한편, 한국 법인세율은 거꾸로 상승해왔다. 특히 문재인 정부 출범 이후 그야말로 역주행하고 있다.

앞으로 기업 활동이 더욱 어려워질 대한민국. 반면 다른 선진국들은 대기업들을 자기 나라로 끌어들이기 위해 앞다퉈 각종 혜택과 우대를 약속하고 있다. 대규모 이전의 리스크를 감당하더라도 충분히 매력적인 선택지가 많다. 무엇보다, 자기들을 미워하고, 괴롭히고, 착취하는 나라보다, 자신들을 대접해주고 당당하게 활동하게 해주는 나라에서 경제 활동하는 게 경영 차원에서 더욱 전망이 좋아보이는 건 자명하다.

한국의 여론과 정치는 그제서야 상황의 심각성을 깨달았다. 기업 하나 사라지는 게 문제가 아니었다. 삼성과 같이 국가 경제의 발전과 성장을 주도하는 기업을 잃는 것은 국가 경제를 무너뜨릴 수 있는 심각한 문제다. 대표적인 사례가 핀란드와 노키아의 경우였다. 2000년대 초 핀란드의 경제 성장을 이끌어갔던 회사는 노키아였다. 스마트폰이 등장하기 전 노키아는 전 세계 휴대폰 시장을 주도했다. 1990년대 말부터 2007년까지 노키아는 핀란드 경제 성장의 1/4에 기여했고, 법인세 역시 전체의 1/4을 냈다. 지금 삼성이 한국 경제에 기여하는 비율과 비슷했다. 그런데 스마트폰 경쟁에서 밀리며 노키아는 급격히 추락했다. 그리고 이는 핀란드 경제를 나락으로 추락시켰다. 경제성장률이 급격히 줄어들었고, 실업률이 솟구쳤다.

삼성은 노키아와 달리 세계 시장에서 끈질기게 살아남은 기업이다. 심지어 한국 삼류 정치의 갖가지 방해에도 불구하고 승승장구해왔다. 뿐만 아니라 전 세계 시장을 이끄는 역할을 하고 있다. 특히 삼성전자의 독주는 멎을 기미가 보이지 않고 더욱 성장하고 있다. 미래가 더 기대되는 기업이다.

그런데 한국은 지지와 응원을 보내기는커녕 계속해서 황금알을 낳는 그들의 배를 갈라오기만 했다. 한국 여론과 정치는 절대 인정하지 않으려 하겠지만, 사실 그들도 내심 실감하고 있었다. 삼성이 대한민국에서 사라지면 대한민국 경제는 모터를 잃은 자동차처럼 정지하게 될 거라는 사실을.

삼성이 한국을 떠나겠다는 입장을 밝힌 이후, 현대차, SK 등 그 뒤를 잇는 기업들도 비슷한 태도들을 보이고 있다. 대기업 그룹들이 국내총생산의 84.3%를 담당하고 있다. 이들이 한국을 떠나거나, 경영 포기 등으로 망하게 된다면 한국은 제3세계 국가로 추락할 수밖에 없다.

광화문에는 촛불이 모여들기 시작했다. 기업가들이 해외로 나가기 전 감옥에 가두자며 시위가 열린 거다. 정치, 언론, 문화, 예술계 등을 통해 장기간 주입된 반기업 정서는 하루 아침에 사라지지 않았다. 국민들은 늘 그랬듯 다시 한 번 대기업들을 죄인 취급했다. 국가에서 대기업들의 자산을 전부 압류하고 국유화하자는 주장도 나왔다. 정치인들이 앞장서서 그런 선동에 나섰다. 이를 감히 비판하는 사람들은 적폐 취급을 당했다. 몇몇 친북 성향 정치인은 이참에 북한식 경제를 택하자는 말도 한다. 이를 '개혁'이라고 불렀다.

지난 수 년 간 한국의 경제를 걱정해왔던 세계 전문가들은 그렇게 한 국가가 자살하는 시대적 순간을 관찰하는 드문 학술적 기회를 얻게 되었다.

그리고 우원재 씨는 눈을 떴다. 등에 한껏 맺힌 식은땀은 무언가 악몽을 꿨음을 알리고 있었다. 보는 이가 잠든 줄도 모르고 계속 떠들어대던 TV에서는 이재용 부회장의 구속 소식과 이익공유제 소식이 전해지고 있었다. 물이 끓어 넘치는 듯한 기분이 들어, 그만 TV를 꺼버렸다.

선의가 배신감이 되는 순간

거리에서 낯선 사람들을 상대로 세일즈를 하는 사람들에게 되도록이면 친절하게 대하려고 한다. 그 일이 얼마나 힘든지 직접 해봐서 알기 때문이다. 육체보다 정신이 먼저 소모되는 일이고, 퉁명스러운 사람들과 거절의 연속에서 자괴감 비슷한 걸 느끼게 하는 일이다. 그래서 나 하나라도 가능한 선에서 먹고 살기에 고단함을 느끼고 있을 이 사람들에게 선의를 베풀자는 생각이다. 그런데 종종 이 선의를 이용하려는 사람들을 만날 때가 있다.

식당에 들어와 과자를 파는 노인 외판원에게 과도하게 비싼 과자 하나를 사려 하면, 다른 상품 몇 개를 더 건네며 이거 다 해서 만 원에 가져가라는 둥 흥정을 하고, 이걸 거절하면 거스름돈은 그냥 자기 가지겠다고도 한다. "도를 아십니까"류의 사람이 말을 걸어오길래, 그래도 나름대로 친절하게 답변해주려고 대화 몇 마디 주고받다가 관심 없다 하고 길을 가는데, 수십 미터를 집요하게 따라오며 자신의 목적을 달성하려는 사람도 있었다. 인상을 쓰고 화를 내기 전까지는 놓아주지를 않는다. 설문 조사에 응해달라고 해서 바쁜 시간 쪼개서 얼른 설문을 해줬는데 이번에는 후원 이야기를 한다. 이미 후원하고 있는 곳이 있다고, 미안하지만 후원할 여력이 없다고 말해도 집요하게 달라붙어 다양한 방법을 제시하며 후원을 따내려 한다. 날도 더운데 열심히 전단지를 돌리는 분이 계시길래 가서 받았더니 그 주변에 있던 다른 업자들이 일제히 다가와 전단지 한 뭉텅이씩을 건넨다. 일행한테 건네주라며. 방금 있었던 일이다.

아무리 세일즈의 특성이 그런 거라지만, 적어도 자신에게 선의로 대해준 사람에게는 선의로 보답하는 게 맞다고 생각한다. 당신을 귀찮은 판매원이 아니라 한 인간으로서 대했으니, 상대도 나를 잠재적 구매자가 아니라 한 인간으로서 대해주기를 바라는 거다. 그런데 선의로 대해주면 그냥 착한 호구로 생각하고 이를 이용하려 드는 사람들을 만났을 때, 이게 바로 선의가 배신감으로 돌아오는 순간이다.

이런 사람들을 만나면 화가 난다. 나는 착한 사람이 아니라, 착한 척하는 거에서 만족감을 느낄 뿐인, 사실은 성깔 더러운 인간이라 열을 올리며 몇 마디 쏘아댈 수밖에 없다. 선의가 돌고 도는 세상을 원하는데, 실제 세상은 악의가 돌고 돈다. 선의를 악의로 갚는 사람들에 의해.

인간 관계

인간 관계는 기본적으로 상호 '윈윈'을 추구하는 비즈니스다. 어느 한 쪽이 관계를 통해 무언가를 얻어가는데, 다른 한 쪽이 얻어가는 게 없다면 이 관계는 지속되지 않는다. 알고 지낸 세월의 무게 때문에 우정 내지는 사랑의 이름으로 지속되는 관계라 하더라도, 어느 한 쪽이 심리적 위안감을 얻어가는데 다른 한 쪽은 그렇지 않다면 그 사이는 반드시 어그러지게 되어 있다.

팍팍해 보일지라도, 이게 '현실'이다. 우리 모두는 알게 모르게 그렇게들 살아가고 있다. 이런 이야기를 한다고 해서 '정 없는 사람', '피도 눈물도 없는 사람', '의리 없는 사람' 등으로 굳이 매도할 필요가 없다는 거다. 주는 정이 있으면 받는 정이 있어야 하고, 받는 정이 없는데 주는 정만 반복되면 누구든 지치게 마련이다.

그런데 가끔 이 '인간 관계의 룰'을 너무 근시안적으로 해석하는 사람들이 있다. 누군가의 관계에서 자신에게 아주 조금의 손해라도 있을 것 같으면, 혹은 자신이 얻는 것이 없을 것 같으면 바로 선을 그어버리는 부류의 사람들이다. 분명 계산적이기는 하지만, 똑똑하지는 못한 유형이다. 인간 관계가 비즈니스라면, 여기에는 '투자'라는 개념 또한 존재한다. 지금 당장 내게 이득이 없거나 손해를 보더라도, 이 리스크를 무릅쓰고 관계를 이어가는 '투자'를 해서 대박을 칠 가능성이 존재한다.

어려운 상황에 처한 누군가에게 손해를 감수하고 도움을 건네 그 사람과 남다른 연을 만든다면, 이는 그야말로 엄청난 소득이다. 항상 내 편이 되어줄 사람들, 나를 응원해주고 지지해줄 사람들, 내가 어려울 때 아무 계산 없이 도움을 건네줄 사람들은 대개 이런 관계에서 만들어진다. 그리고 이건 투자의 결과이자 궁극적인 '윈윈'이다.

물론 이 투자가 언제나 성공으로 이어지는 것은 아니다. 개중에는 가끔 돌려줄 줄 모르는 사람도 있고, 뒤통수를 치려 하는 사람도 있으며, 자신만 이기는 구도를 원하는 사람도 있다. 그래서 투자를 할 때는 대상에 대해 잘 파악해야 한다. 주식을 잘하는 사람들이 저평가된 특정 회사의 미래 가치를 볼 줄 아는 혜안을 가졌듯, 사람도 마찬가지다. 나는 이 혜안이 없어서, 내가 손해를 보더라도 감당할 수 있는 수준에서 최대한 많은 투자를 하려고 노력하는 편이다. 그래서 얻은 소득이, 손실보다는 큰 삶을 살아온 것 같다.

군대에서 본 혁명

나는 군 생활을 통해 사회가 바뀌어가는 과정을 봤다. 내무 부조리가 아주 심한 부대가 있었다. 일병 아래로는 하루 네 시간 이상 자는 것이 허락되지 않았고, 밤마다 후미진 곳 어딘가로 집합해 계급순으로 구타를 하는 그런 부대였다. 이곳에 신병이 전입했다.

신병 A는 도무지 납득할 수 없는 이 부대 문화에 극심한 거부감을 느꼈다. 아무리 군대라지만 21세기에 이건 너무하지 않은가? 거부감은 불만으로 표출되었고, 이등병의 불만 섞인 표정은 매를 불렀다. 매를 맞으면 맞을수록 이 부조리한 체제와 선임들에 대한 분노만 쌓여갈 뿐이었다. 신병은 반항하기 시작했고, 부대 분위기는 날이 갈수록 어두워졌다. 부조리에 맞서겠다는 A의 결연한 의지가 동기들, 선임들에게는 피해로 돌아갔다. 오늘 또 쟤 때문에 집합하겠네. 쟤는 도대체 왜 저런담. 그렇게 A는 선임뿐만 아니라, 동기, 후임들의 눈총을 받기 시작했다.

급기야 A의 분노는 자신을 '왕따'시키는 동기와 후임들에게 향했다. 이 부조리한 시스템에 함께 맞서면 되는데, 왜 매 맞으면서까지 여기에 순응하는지 이해할 수 없었다. 결국 A는 마지막 수단을 쓴다. 상부에 내부고발장을 쓴 것이다. 상부에 고발이 접수되고 감찰이 떴다. 부대는 발칵 뒤집어졌다. 내무 부조리에 가담한 선임병들은 죄다 영창에 갔고, 이러한 폐단을 척결해야 한다며 갖가지 방지책이 강구되었다. A는 이제 이 잘못된 시스템이 바뀔 것이라며, 나를 비웃었던 너희는 내게 고마워 할 것이라며 미소지었다. 그렇게 폭풍 같은 기간이 지나가고, 부대는 일상으로 돌아갔다.

바뀐 것은 아무 것도 없었다. 최선임병들이 사라지자, 2인자들, 3인자들이 그 시스템을 이어갔다. 딱히 그들이 나쁜 인간들이라 그런 것은 아니었다. 그저 지금까지 군 생활을 하며 배워온 대로 했을 뿐이다. 그리고 그들에게 A는 거슬리는 부적응자일 뿐이었다. A는 절망했다. 그는 다른 부대로 전출했다.

얼마 후 신병 B가 전입했다. 이전 A와 마찬가지로 군대라는 이유만으로 맞아야 하는 이 환경에 치를 떨었다. 그래서 B는 그 어떤 일이 있어도 자기는 후임들에게 손찌검을 하지 않겠노라고 결심했다. 자기 선에서 이 부조리한 시스템을 바꾸겠다고 다짐한 것이다. B는 그 다짐을 지키기 위해 정말 열심히 노력했다. 후임들의 실수를 대신해 선임들에게 구타당하고, 욕을 먹었지만, 그것을 아래로

내리지는 않았다. 늘 어제보다 오늘이 힘들고 오늘보다 내일이 긴 생활이었지만, 단 한 번도 힘든 기색 없이 최선을 다해 일했고, 그는 이른바 'A급 병사'가 되었다. 그렇게 그는 선임병들에게는 신뢰를, 후임병들에게는 존경을 얻었다.

어느 날부터 의례적으로 행해지던 구타가 B에게는 행해지지 않게 되었다. 선임병들이 그를 고참으로 인정해준 것이다. 그리고 그 시점부터 부대에는 폭력이 사라졌다. B부터 시작해서 그 아래로는 그들이 배운 대로, '어떤 일이 있어도 손찌검만은 하지 않는다'라는 원칙을 지켰다. 결국 B의 뜻대로 시스템이 변한 것이다.

모든 사회는 관성을 가지고 있다. 항상 현 상태를 지속하려는 경향이 있는 것이다. 그 관성은 사회에 물들어가는 개인들로부터 생겨난다. 그래서 여기에 변화를 일으키는 것은 참 어려운 일이다. 사회의 잘못된 것을 바로잡는 이는 A처럼 사회를 등지고 외부에서 돌을 던지는 사람들이 아니다. 그 잘못된 규칙 안에서 적응하고, 변화 의지를 가진 채 생존해서, 그것을 바꿀 수 있는 위치에 올라간 강인한 그 누군가(B)가 사회의 관성을 바꾸고, 나아가 변화를 불러온다.

그래서 혁명은 쉽고, 혁신은 어렵다.

혁명은 문제의 주체를 바꾸고, 혁신은 문제를 없앤다.

섹스 어필

섹스 어필(Sex appeal)은 아주 중요한 소통 요소다. 이는 타인에게 성적인 흥미를 유발하는 행위를 의미하는데, 한국에서는 유독 '천한 것'으로 폄하되는 경향이 있다. 그 원인에 대한 사회과학적 분석은 차치해두고, 이것이 왜 폄하되어서는 안 되는 것인가 생각해보자.

섹스 어필을 사회통념적으로 배격하게 되면, 자연스럽게 섹스 어필에 대한 대중의 인식은 일차원적인 수준에 머무르게 된다. 앞서 언급했듯 섹스 어필은 '소통'의 한 방법이다. 다른 모든 소통 방식과 마찬가지로 여기에도 '격'이라는 것이 있다. 단순히 말하고자 하는 바를 전달하는 것에만 충실한 대화 밖에 할 줄 모르는 사람이 있는 반면, 기품있고 교양있는 대화를 구사하는 사람도 있다. 이처럼 섹스 어필에도 일차원적인 것이 있고, 좀 더 고급스러운 것이 있다.

이 수준을 고양하기 위해서는 다양한 인사이트를 얻는 수밖에 없는데, 지금과 같은 사회 분위기 속에서는 섹스 어필을 보고, 듣고, 경험하고, 논함으로써 실력을 키우기가 힘들다. 그래서 대부분의 섹스 어필이 단순히 '나는 너랑 자고 싶다' 또는 '너 나랑 자자' 정도의 단도직입적인 메시지를 담는 것에 그친다. 상대에게 술을 먹이고 그다지 은근하지도 않은 스킨십을 반복하며 오늘 밤 집에 안 들어가도 된다는 둥 클리셰를 남발하거나, 술에 취한 척 몸을 과하게 기대어 온다거나, 팔뚝이나 허리 같은 곳을 쓰다듬는다거나(실제로 이런 말을 하는 사람을 보면 폭소를 터뜨릴 것 같지만 어쨌든), 다리가 아파서 잠시 쉬었다 가고 싶다고 말한다거나, 결국 대부분의 섹스 어필에 항상 술이 동반되거나(술김에 그러거나 술 취한 상대를 이용하려는 거, 최악이라고 생각한다), 섹스라는 행위 자체에 대한 집착이 동반된다.

섹스 어필을 단순히 '상대와 섹스하기 위한 설득'으로 생각해서는 곤란하다. 섹스는 섹스 어필의 수많은 목적 중 하나일 뿐이다. 그저 잠자리라는 목적을 달성하기 위해 하는 행위들은 동물들이 교미 시기가 다가오면 갖가지 방법으로 짝짓기를 유도하는 것처럼 지극히 일차원적인 수준에 머무른다. 우리가 흔히 섹스 어필이라 잘못 표현하는 이런 행동들은 엄밀히 말하면 '자신의 매력을 발산하는 행위'가 아니라, 그저 '섹스라는 목적 달성을 위한 처절한 몸부림'인 셈이다.

종종 섹스 한 번 하기 위해서 온갖 구차한 구애를 하는 사람들을 볼 수 있다. 주변에서 그런 사람들을 자주 보는데, 이들은 고작 섹스를 위해 자존감을 넘어 존엄까지 버리는 듯한 모습을 보인다. 많은 사람이 '섹스 어필이라 착각하는 구차한 구애 행위'는 개인의 정신 건강에 좋지 않을 뿐만 아니라, 성공률도 그리 높지 않다.

반면 '소통'으로서의 섹스 어필은 타인에게 자신의 성적 매력을 표현하는 행위다. 그 매력은 외모부터 시작해서, 성격, 목소리, 체취, 제스처, 취향 등 상당히 넓은 대상들을 포괄한다. 자신의 얼굴이나 몸매가 매력이 될 수도 있고, 패션 감각이나 전반적인 스타일을 매력이라 할 수도 있다. 나아가 대화를 이끌어가는 화법이나 센스도 매력에 해당하고, 개인의 취향, 태도라든가 분위기 같은 불특정 요소들도 매력에 해당한다.

이렇게 성적 매력을 표현하기 위해서는 먼저 자기 자신에 대해 잘 알고 있어야 한다. 자신의 매력을 정확히 알아야 이를 표현하고, 어필할 수 있는 것이다. 따라서 섹스 어필은 자기 자신에 대한 탐구를 전제한다. 자신에 대해 생각해보고 알아가는 것, 이 얼마나 건강한 행위인가. 자신의 매력적인 모습들을 찾아가며 자존감이 생기고, 자신에 대한 애정이 생기며, 낙관적이고 긍정적인 시야가 생긴다. 그렇게 자긍심과 자신감을 얻게 되면, 어딜 가든 자신만의 색채를 유지하며 매력을 발산할 수 있는 '섹시한 사람'이 된다.

섹시함에도 종류가 많다. 단순히 헐벗은 섹시함은 욕구 배설과 동시에 사라지는 것이다. 한편 매력 자체를 풍겨내는 섹시함은 영원하다. 이런 섹스 어필을 할 줄 아는 사람들이 섹시한 삶을 사는 것은 물론, 섹스도 많이 한다.

 누군가가 천애 고아로 세상에 던져져 남들이 다 누리는 평범한 삶을 성취하기 위해 발버둥칠 때, 다른 누군가는 대기업의 후계자로 태어나 남들이 누리는 평범한 삶을 발 아래에 깔고서 살아간다. 둘은 전혀 다른 세상을 마주한다. 불공평해 보이는가?

 빼어난 외모를 가지고 태어난 누군가는 사람들로부터 쉽게 호감을 살 수 있었던 덕분에 편한 인생을 산다. 한편 흉측한 외모로 태어난 누군가는 평생 차별과 열등감에 시달리며, 사람들의 호감을 얻기 위해 몇 배의 노력을 한다. 대단한 운동 재능을 타고난 누군가는 뛰어난 신체 능력 덕분에 운동 선수로 활약하며 행복한 삶을 산다. 장애를 가지고 태어난 누군가는 신체적인 한계 때문에 좌절로 점철된 삶을 산다. 비범한 두뇌를 지니고 태어난 누군가는 그 두뇌 능력을 이용해 화려한 인생을 산다. 타고난 지능이 남들보다 떨어지는 누군가는 그에게만 유독 복잡하고 어려운 세상 속에서 바보 취급당하기 일쑤다. 이들은 모두 전혀 다른 세상을 살아가고 있다. 불공평해 보이는가?

 맞다. 세상은 애당초 불공평한 것이다. 공평해질 수 없다. 항상 누군가는 다른 누군가보다 더 많은 기회를 얻는다. '운'. 그것은 바로 세상이 기회를 분배하는 방식이다. 그렇다면 우리는 어떻게 해야 할까? 우리에게는 두 가지 선택지가 있다. 자신이 '가지지 못한 것들'을 가진 남들을 바라보며 분노하거나, 자신이 '가지고 있는 것들'을 이용하여 삶을 이끌어나가거나, 주어진 것들을 마치 운명처럼 받아들이고, 이에 순응하며 패배감과 자기 연민에 빠진 노예 같은 인생을 살 것인가, 가진 것들을 이용하여 성취를 이뤄가며 스스로 삶을 이끌어가는 주인 같은 인생을 살 것인가 하는 문제다.

몰라도 괜찮아요

어린 시절, 축구 경기를 보며 선수들의 경기력을 무작정 욕하던 때가 있었다. 어른들이 그러는 게 왠지 멋있어 보였기 때문이다. 그래서 실수 비슷한 장면만 나오면 이때다 싶어 야유를 했다. 정작 뭐가 문제인지는 이해도 못 했으면서 말이다.

한국 정치의 가장 큰 문제는 그 특유의 '체면 차리기' 문화와 정치 담론이 섞이며 형성된 이런 유아적 정치 문화다. 너무나 많은 사람이 잘 알지도 못하면서 정치 평론가를 자처한다. 괜히 한 마디씩 하기 위해서 한 마디씩 얹고, 비판하기 위해서 비판하고, 분노하기 위해서 분노하는 사람이 너무 많다. 그런 사람들이 모여 트렌드를 만들고 이는 사회 분위기가 된다. 그렇게 개개인의 잘난 척, 혹은 허세가 종종 '민심'으로 부풀려진다.

반정부 촛불 시위가 범국민적 유행이었던 2008년 광우병 사태 당시, 남녀노소 가리지 않고 수많은 시민이 거리로 나왔다. 물론 앞뒤 상황을 정확히 이해하고서 정부에 대한 비판을 제기하는 사람은 극소수였다. 대부분이 광우병에 대한 막연한 공포, 정부에 대한 막연한 문제의식, 대통령에 대한 막연한 분노 등을 원동력 삼아 거리로 나섰다. 광장은 쌓여 있던 감정을 배설하는 통로였고, 일탈의 면죄부였으며, '나는 깨어 있다'라는 지적 도덕적 우월감을 느끼게 해주는 마성의 공간이었다. 축구의 룰도 모르는 사람들이 축구 선수를 향해 욕을 해대니 나도 같이 야유를 한 것과 비슷한 경우이다. 당시 왜 촛불을 들었느냐는 인터뷰 질문에 대한 시민들의 답변을 들어보면 절대 다수의 사람이 상황에 대한 피상적인 이해만 가지고 너나 할 것 없이 촛불을 들었다는 사실을 알 수 있다.

정치를 모르는 건 죄가 아니다. 몰라도 괜찮다. 그런데 잘 모르면서 아는 척하는 건 죄가 맞다. 특히 나름대로의 고찰을 통해 스스로 결론을 내리고, 소신을 가지고 목소리를 내는 사람들을 무작정 공격하는 것, 그들이 대중 여론과 다른 목소리를 낸다는 이유만으로 돌멩이를 던지는 것은 미개한 거다. 자신의 무지함을 감추려고 타인을 욕하는 것만큼 무지한 게 또 있을까.

'올바른' 역사 의식?

지성으로 불리던 20대 대학생들을 대상으로 역사 인식 조사를 해 본 결과, 대학생의 39.2%가 6·25전쟁의 발발 연도를 알지 못했다. 62.2%가 근현대사의 주요 사건들을 시기 순으로 나열하지 못했고, 24.5%가 한반도의 역사 순서에 대해 '고조선→고려→삼국시대→조선', '통일신라→삼국시대→고려→조선' 등의 오답을 작성했다. 청소년이나 일반 시민 대상 조사 자료도 뒤져봤는데, 얼추 비슷한 수준이었다. 한국인 전반의 역사 상식 수준이 떨어지는 것은 자명해 보인다.

한편 아이돌 스타들의 역사 인식을 가지고 여러 차례 논란이 일어났다. 어릴 때부터 연습생으로 치열하게 살며 노래와 춤에 청춘을 바쳤을 이들이 안중근 의사를 못 알아봤다고, 역사 상식이 부족하다는 이유로 네티즌들에게 몰매를 맞았다. 그들은 대국민 사과를 해야 했다.

"역사에 대한 인식 부족으로 인해 불쾌감을 느낀 모든 분께 진심으로 사과의 말씀을 드린다."

"진심으로 사죄 말씀드리며 깊이 반성하겠다. 대한민국 국민으로서 부끄럽지 않을 역사관을 갖기 위해 최선을 다하겠다."

대역 죄인이라도 된 듯한 태도였다.

어떤 스타는 광복절 때 욱일기 패턴이 들어간 일본 도쿄 아이콘을 개인 소셜미디어 계정에 올렸다 몰매를 맞았다. 비난의 논리는 간단했다. 우리가 일제로부터 해방된 날에 일제 '전범기'를 올렸다는 것이다. 역시나 이번에도 나치의 하켄크로이츠를 언급하며 전범기가 얼마나 나쁜 건지 목청 높여 가르친다.

우습다. 주위들은 하켄크로이츠 논리로 욱일기를 씹어대지만, 정작 욱일기는 전범기가 아니라 일본 자위대의 공식 깃발이라는 사실에는 관심이 없다. 일본 자위대는 모든 연합 훈련 때마다 욱일기를 달고 나와 여러 국가와 함께 훈련했다. 나치의 '전범기'와는 달리 법률상 아무런 문제가 없고, 국제적으로도 인정받고 있다. 물론 이러한 '팩트'는 욱일기가 한국인에게 가지는 '맥락'과는 별개의 문제인 것이 맞고, 다른 차원의 논의다.

욱일기 패턴을 광복절에 올린 것이 신중치 못한 행동임은 맞다. 하지만, 깃발 그 자체를 올린 것도 아니고, 도쿄 방문 중 도쿄 아이콘을 올리는 과정에서 패턴 일부가 들어갔을 뿐이다. 그런데 이를 두고 반역 죄인이라도 된 듯 비난받는 걸 보고 있기가 씁쓸하다. 물론 스타는 자필 사과문을 게재하며 자신의 '죄'를 시인했다.

영화 〈덕혜옹주〉의 역사 왜곡 문제가 이슈가 되기도 했다. 조선 왕가는 전제 왕권으로 백성의 고혈을 빨아먹다 일제에게 합병되자, 독립 운동은커녕 나라 팔아먹은 돈으로 호의호식하며 일본의 충실한 신민으로서 세계 유람이나 다니던 사람들이다. 일본 내 서열 2위, 천황가 바로 다음이었던 이들을 미화한 것에 대한 비판이 여기저기서 나오고 있다.

그런데 여기에 대고 일제의 잘못된 행동들을 하나하나 언급하며 영화를 옹호하는 여론도 상당했다. 단순한 이유다. 어쨌든 일제를 비판하는 '착한 역사 왜곡'이라는 거다. 사료와 근거 자료를 들이대도 소용이 없다. 진실이 어쨌건 간에 팩트에는 관심이 없고, 역사는 감정의 온도에 충실하게 포장되어야 한다는 무서운 주장이다.

대부분의 사람이 실제 역사를 잘 알지 못하고, 관심도 딱히 없지만, 역사는 '감정'의 문제로 소비되고 있다. 그래서 사실은 본인도 잘 모르면서, 학교 역사 수업 때 졸았던 본인보다 수백 배는 열심히 살며 자신의 재능을 개발한 스타가, 더 이상 '역사 상식'이라고 부르기도 애매한, 많은 사람이 '상식'이라고 떠들기만 할 뿐 실제로는 잘 모르는 역사적 사실에 대한 무지를 드러냈다고 해서 돌멩이를 던져댄다. 한편 사람들의 '감정'에 따라 철저히 왜곡되고 포장된 '가짜 역사'는 그것이 진리인 양, 각종 팩트를 애써 외면하며 찬양되고 있다.

역사 그 자체가 애국심과 동일시 되고 있고, 그래서 역사 문제로 인민재판을 한다. 댓글로 아이돌을 욕하며 자기보다 잘난 듯한 사람을 끌어내리려는 그 저열한 욕구를 배설하는 건 덤이다. 너도 나도 잘 모르지만, 어쨌든 잘 모른다는 이유로 구설수에 오른 사람은 욕을 먹어 마땅하다. 그게 한국에서의 애국이니까. 17세기 세일럼에서 성경 구절을 외우지 못했다는 이유로 마녀라 불리며 장작더미 위에서 불타야 했던 여인들이 떠오른다.

이러한 이유로 돌멩이를 던지는 자들, 정치철학에서는 이런 사람들을 민족주의자, 국수주의자, 극우 등으로 칭한다. 그런데 대한민국의 가장 큰 아이러니, 그러니까 지들도 잘 모르면서 남이 모른다고 까대는 그 아이러니보다 더 심한 모순은 바로 이런 민족주의, 국가주의, 집단주의, 전체주의 등의 광기로부터 개인을 보호하고, 개인이 개인으로서 인정받을 수 있는 자유를 이야기하는 사람들이 '극우'니, '뉴라이트'니, 심지어 '보수'니 하며 레이블링 당한다는 사실이다.

매춘, 어떻게 할 겁니까?

인류 역사상 장사라는 개념이 등장한 이후 단 한 번도 사라지지 않은 것이 '매춘'이다. 설령 법으로 막는다 해도 사라지는 것이 아니라는 말이다. 그럼에도 불구하고 굳이 '체면'을 위해 매춘을 불법으로 대하겠다면, 단속과 적발이라도 제대로 해야 하지 않을까? 거리마다 보이는 게 윤락업소고, 대놓고 호객 행위, 광고까지 하면서 장사를 하는데 이게 어딜 봐서 음성 업종이라는 건가.

한국의 성 매매 시장은 세계 최대 규모다. 지금처럼 말로만 불법이라 할 거면 차라리 합법화하자. 세금 걷고, 행정 관리하고, 성병이나 폭행 등 각종 문제를 당국에서 관리하라. 합법적 비즈니스만 된다면 많은 문제를 해결할 수 있다. 그게 아니라면 법을 확실히 집행하라. 열심히 수사하고 단속해서, 걸리면 죄다 잡아넣어라. 그렇게 법치의 원칙을 확실히 세워라.

인권, 가치관, 윤리, 도덕, 체면 등을 내세우며 불법 딱지 붙여놓고, 정작 성 매매 시장은 세계 최대 규모로 성장하도록 내버려두는 그 뻔뻔한 이중성. 이 나라는 성 매매를 하는 나라라고 인정을 하든가, 거부할 거면 단호히 막아서 매춘 사업이 도저히 양지로 나오지를 못하게 만들든가. 엣헴엣헴 점잔 빼고 젠 체하면서 뒤에서는 온갖 막장질을 일삼던 선비들. 그 천박한 모습이 지금 대한민국의 민낯이다. 국가 차원에서 '나쁜 거'라고 생각하면 제대로 막아라. 그게 아니라면 입으로만 나쁜 거라고 떠들지를 말아라. 개인의 선택이자 자유로서 용인하고, 그게 전체 공동체의 가치를 대변하지 않는다고 못 박아라. 그리고 관리해서 문제를 최소화하라. 그게 국가가 하는 일 아닌가?

동성애자를 무작정 비판하는 것이 당신을 더 도덕적으로 만들지 않는 것처럼, 동성애자를 무조건 옹호하는 것이 당신을 더 지적으로 만드는 것은 아니다. 그런데 인권 옹호론자 특유의 선민 의식적 착각에 빠져서, 내지는 소수자들에 대한 언더 도그마에 빠져서 '아닌 것을 아니라고' 말하지 못하는 사람이 많아 보인다.

나는 성 소수자들이 자신의 방식대로 누군가를 사랑할 자유와 권리를 적극 지지하지만, 성 소수자들의 권리 신장을 위해 개최되었다는 퀴어축제의 행사 방식에는 동의하지 못하겠다.

아직 다양성에 대한 인식이 부족한 대한민국 사회에서는 수많은 성 소수자가 주변의 시선이 두려워 자신의 정체성을 숨기고 살아가고 있다. 이들의 권리 신장을 위해 우리 사회에 필요한 것은 '다양성에 대한 건강한 경험'이다. 그러기 위해서는 성 소수자들은 단순히 성적 취향이 이성애자들과 다를 뿐, 결코 비정상적인 사람들이 아님을 사회로 하여금 인식하도록 하는 것이 중요하다.

그런데 지금 논란이 되고 있는 퀴어축제는 성 소수자들의 정체성과는 상관 없는 음란한 복장, 상품, 공연 등을 그 핵심 코드로 삼고 있다. 도대체 이러한 저급 섹슈얼 퍼포먼스가 성 소수자들의 권리 신장과 무슨 관계가 있단 말인가? 성 소수자들은 단순히 성적 취향이 다를 뿐이지, 결코 이성애자들에 비해 성에 대해 더 문란한 것이 아니다. 백주 대낮에 거리 한복판에서 헐벗고 유사 성행위를 한다거나, 섹스와 관련된 각종 비속어들을 외치며 지나가는 행인들을 불편하게 하는 것은 '성 소수자'의 행동이 아니라 '풍기문란 범죄자' 내지는 '변태'의 행동이다.

이러한 저급 섹슈얼 퍼포먼스가 퀴어축제의 핵심이 되면 대중은 성 소수자들에 대한 잘못된 인식을 가지게 된다. 가뜩이나 종교 단체의 프로파간다에 의해 만들어진 LGBTQ에 대한 오해와 스티그마가 넘쳐나는 대한민국 사회에서, 이를 바로잡지는 못할 망정 퀴어축제가 앞장서서 이를 더 부추기고 있는 것이다.

일부 성 소수자가 대중으로 하여금 성 소수자 전체에 대한 혐오를 느끼게 하고 있다. 이들은 "주변의 시선에 굴하지 않고 자신의 성적 취향을 추구할 자유"에 호소하며 성 소수자의 대표 격으로 저속한 퍼포먼스를 하고 있다. 참으로 불편한 논리다. 성적 취향을 추구할 자유가 곧 '바바리맨'이 될 자유를 의미하는 것은 아니다. 이에 아무리 거창한 수사를 붙여봐야, 자신의 성적 욕망을 위해 타인에게 해를 입힌다는 점에서 풍기문란 범죄 이상이 될 수 없다.

아직 커밍아웃을 하지 않은 게이 친구가 있다. 이 친구는 지금 퀴어축제가 게이들에 대한 잘못된 인식을 전파하는 주범이라며 속앓이를 하고 있다. 동성애에 대한 잘못된 지식을 퍼뜨리며 성 소수자들을 탄압하는 호모포브들이나, 성 소수자들을 위한답시고 자신들의 성적 욕망을 가감없이 드러내 성 소수자들에 대한 사회적 혐오를 일으키는 이들이나, 자기 위주로만 생각하는 편협한 집단들이라는 측면에서 똑같은 수준으로 보인다. 나 역시 섹스를 좋아하지만, 그렇다고 길거리에서 섹스를 부르짖으며 스트립쇼를 하지는 않는다.

퀴어축제와 관련하여 말을 아끼고 있었으나, 조용히 평범한 삶을 살고 있는 게이 친구의 한탄이 계기가 되어 이 글을 쓴다. 그는 길거리에서 헐벗고 원색적인 단어를 외쳐대며 유사 성행위를 하는 사람들이 제정신이 아니라고 생각하고 있었으며, 또 그들이 자신들과 같은 동성애자들을 대변한다는 사실에 분노를 느끼고 있었다.

PART 05

왜 그렇게
일본이 싫어?

몬스터

영화 〈맨 오브 스틸〉에는 흥미로운 장면이 있다. 지구를 희생시켜 자신의 고향 크립톤 행성을 되살리려는 조드 장군과 그를 막아서는 슈퍼맨의 대치. 조드 장군은 같은 크립톤 행성인인 슈퍼맨에게 따진다.

"나는 우리와 같은 크립톤 사람들을 살리기 위해서 이러는 거다, 크립톤 출신인 너는 어째서 나를 막아서고 지구의 편을 드는 거냐?"

그러자 슈퍼맨은 조드 장군에게 돌진하며 말한다.

"당신은 괴물이야."

그러고 보면 〈트랜스포머3〉에서도 그랬다. 오토봇 진영의 지도 자신 센티넬 프라임을 살려낸 옵티머스 프라임과 그 동료들. 그들은 센티넬 프라임이 황폐해진 자신들의 고향 사이버트론을 재건해 줄 것이라 믿었다. 그런데 센티넬 프라임이 지구를 멸망시키는 대가로 고향을 살리려들자 오토봇들은 결연히 맞서 싸운다.

마지막 장면에서 센티넬은 말한다. 자신은 배신한 게 아니라고, 그저 '우리'를 구원하기 위해 최선을 다했을 뿐이라고. 그러자 옵티머스가 센티넬에게 총을 겨누며 말한다. 당신은 우리를 배신한 게 아니라, 스스로를 배신한 거라고. 사이버트론의 구원을 원한답시고 추구하던 가치와 가르침을 배신했다는 말이다.

이 장면들이 유독 머릿속에 강렬히 남았던 이유는, 이 상업 영화들이 던지는 제법 묵직한 메시지 때문이었다. 목적은 수단을 정당화하지 않는다. 행성을, 민족을, 나라를 구하기 위함이라는 거대 선의 목표가 있더라도, 이를 위해 잘못된 수단과 행동을 택한다면 그는 괴물, 그러니까 몬스터이자 빌런이 된다.

과연 한국이었다면 이런 메시지를 담은 영화가 나올 수 있었을까? 글쎄. 일제라는 거악에 맞섰던 사람들을 일방적으로 미화하고, 그들의 과오를 비판하는 목소리는 철저하게 탄압하는 게 이 사회의 분위기다.

'민족'의 독립과 번영을 위해 노력한 김구 선생은 죄 없는 민간인을 살인한 적이 있다. 주막에서 민간인 일본인이 자기보다 먼저 밥상을 받은 것을 보고 분노하여 때려죽였다. 증거 사료가 남아 있다. 그러나 이러한 불편한 진실을 지적하는 학자들은 친일파로 매도되곤 한다. 공은 공이고 과는 과다. 김구 선생의 이면도 받아들이고 비판할 수 있어야 한다. 그러나 한국 대중은 이를 거부한다. 김구 선생은 여전히 완전무결한 선으로 떠받들어진다. 영화와 같은 대중문화 콘텐츠는 그의 영웅성을 미화하는 데에만 앞장서고 있다. 이런 사례가 김구 선생뿐일까.

한국의 입장에서는 슈퍼맨도, 옵티머스 프라임도 모두 반민족 행위를 저지른 민족 반역자다. 이런 분위기 속에서 선과 악 양면성을 지닌 이들은 자신의 악에 면죄부를 받고 점점 더 극단으로 나아간다. 그렇게 몬스터가 잉태된다.

어느 갈릴레오의 죽음

정치인들의 그 가벼운 말들에 두통이 밀려온다. 진실을 연구한다는 학자로서의 사명으로 수많은 노력과 시간을 켜켜이 쌓아올려 내놓은 연구물이, 할 줄 아는 거라고는 그때그때 눈치보며 떠들어대는 것밖에 없는 정치인이라는 인간들의 폭력 앞에 만신창이가 되었다.

책 〈반일 종족주의〉의 머리말에는 이런 글이 실려 있다.

"많은 분이 우리의 시도에 대해 불쾌감을 가질지도 모릅니다. 일본과 대립 중인데 국익에 반하는 일이라고 말입니다. 우리는 학문을 직업으로 하는 연구자로서 그러한 국익 우선주의에 동의하지 않습니다. 국익을 위해서 잘못된 주장을 고집하거나 옹호하는 일은 학문의 세계에선 용납될 수 없다고 생각합니다. 그러한 자세는 결국 국익마저 크게 해칠 것입니다. 우리가 오로지 기대하는 것은 우리가 범했을 수 있는 잘못에 대한 엄정한 학술적 비판입니다. 잘못으로 판명될 경우 우리는 주저하지 않고 우리의 실수를 인정하고 고칠 것입니다. 이 책의 편집과 출간에 임한 우리의 자세는 이것 이상도 이하도 아닙니다."

이 연구물은 실제 사료와 데이터를 바탕으로 뜨겁지도 차갑지도 않게, 그저 있는 그대로 담담하게 역사를 해석하고 있다. 그런 이 연구물에 깔려 있는 학자들의 무거운 신념에 존경을 표하기는커녕 불편하게 느껴진다는 이유로, 내지는 여론이 받아들이지 못한다는 이유로 함께 돌을 던지는 소위 정치 지도자들을 바라보며 갈릴레오 갈릴레이에게 유죄를 언도했던 과거의 망령들이 떠오른다.

그저 진실만을 추구하겠다는 학자들의 용기와 소신이 정치 앞에 난도질당하는 나라, 다수가 불편해 하면 진실을 이야기하는 소수의 목소리가 침묵을 종용당하는 나라, 여론이라는 게 개인의 존엄함을 짓밟고 삼켜버리는 나라, 이런 미개성과 전근대성을 인지조차 못하는 나라를 어떻게 선진국이라고 할 수 있겠나. 이런 나라가 어떻게 자유를 이야기하며, 민주를 이야기한다는 말인가.

갈릴레오 갈릴레이가 "그래도 지구는 돈다"라고 했다던가. 대한민국은 이 말 앞에 부끄러워 해야 한다.

조선과 대한민국의 간극

내가 소위 '좌익의 역사관'을 도저히 이해할 수 없는 이유는 그들의 주장이 앞뒤가 안 맞아서다. 조선 시대에 벌어졌던 각종 비상식과 불합리에 대해서는 너무나 관대하다. 백성들의 재산을 수탈하며 호의호식하던 왕가와 귀족들, 상당수의 백성을 노비라 칭하며 인간 취급도 안 하던 사회와 이를 방치하고, 오히려 이를 통해 이익을 누리던 정권에 대해서는 말 한 마디 없다. 이를 지적하면, 당시 시대상을 보라며, 시대가 그러했으니 당연한 것이라며, "어쩔 수 없었던" 조선 정권을 옹호하기 바쁘다.

그렇다면 당신들이 그리도 증오하는 대한민국 초기 정권들에도 그런 시각을 적용해보라고 말하면 치를 떤다. 국가와 국민이라는 개념도 잘 모르는 사람들 데리고 어떻게든 형식은 갖춰 민주주의를 실시했으나, 시대가 그러해서 발생한 문제들이 있었던 게 아니냐고 물으면 아주 강한 반감을 드러내며 독재를 옹호하지 말라 한다. 조선과 대한민국 건국 시절을 어떻게 동일 선상에서 비교할 수 있느냐는 논리를 펼치며.

그 사이에 일제 시대가 있었다. 일본이 조선을 강제 점령하였고, 그 과정에서 법치, 시민, 인권 등의 개념을 조선에 도입했다. 왕이 지배하던 조선 시대가 근대 국가로 바뀐 계기다. 조선의 반민주적 정권은 괜찮으나 대한민국 초기 정권의 반민주 행위는 용납할 수 없다면, 그 사이에 있는 일제 시대 동안 한반도가 근대 국가로 계몽되었다는 사실을 인정할 수밖에 없다.

그런데 당신이 이를 인정하는 순간, 당신들이 식민사관이니, 뉴라이트니, 친일파니 하며 욕했던 사람들의 생각에 동조하는 것이 된다. 이런 사실을 지적해주면 대개 횡설수설 화제를 바꾼다.

자기 머리로 생각하지 않고, 정답이라고 배운 것을 기계적으로 떠들어대는 것은 게으른 거다. 물론 이런 게으름이나 무지는 개선의 여지가 있다. 정말 나쁜 건, 정작 한 번도 진지하게 고민해본 적도, 공부해본 적도 없으면서, 나름대로의 고민과 연구 끝에 나온 자신의 생각을 이야기하는 사람들을 무작정 극우라며 덮어놓고 비난하는 오만함이다. 이런 류의 싸가지 없는 사람들이 꼭 쥐뿔도 모르면서 상식 수준의 알량한 지식을 가지고 거꾸로 가르치려 들더라.

뉴라이트라는 불분명한 개념으로 비판받으면서도 자신의 소신을 굽히지 않고 연구를 계속하는 모든 학자를 존경한다. 표현의 자유, 사상의 자유, 정치의 자유 그 모든 자유가 대중의 폭력 앞에 너무나 쉽게 억압받는 이 사회에서 그들을 지키는 것은 민주 시민의 의무다.

좌익 역사관이 반민족적인 이유

일제 시대를 조명함에 있어서 일본이 벌인 모든 일을 어떻게든 나쁘게 만드려는 사람들. 내가 이런 단편적인 시각을 비판하는 것은 그것이 대개 일본 그 자체를 절대 악으로 만들고자 하는 민족주의적, 정치적 아젠다를 가지고 만들어진, 과장과 거짓을 뿌리로 두고 있기 때문이다. 무언가 절대 악이 있고 여기에 대항하는 절대 선이 있는, 그런 입체적이지 않은 역사는 역사가 아니라 동화다. 수많은 이해 관계가 얽히고 설킨 현실이 그리 단순할 리 없지 않은가.

무엇보다 불쾌한 건 우리 조상들을 묘사하는 방식이다. 절대 악 일본의 반대 급부로서 우리 조상들을 나약하고, 고통받고, 제대로 된 저항조차 못하며, 그저 빼앗기기만 하는 절대적 피해자로 만든다. 나는 이런 시각이 소위 극우 사관이라 불리는 것보다 훨씬 더

민족 혐오적이라고 생각한다.

우리 조상들은 정말 그렇게 무능력하기만 했나? 일본 순사가 길 가다가 아무 이유 없이 칼질 총질을 해도, 사악한 일본인이 재산은 물론이고 가족까지 잡아가도, 짐승처럼 부려먹고 그 대가를 지불하지 않아도, 그저 당하고 빼앗기고 착취당하기만 했나?

그렇지 않다. 그렇지 않았다는 점을 연구자들이 직접 입수한 자료들로 증명했기에, 나는 책 〈반일 종족주의〉를 높게 산다. 우리 조상들은 왕과 귀족이 나라를 팔아먹고 그 대가로 호화 유럽 여행을 다니는 동안에도, 각자가 제각각의 위치에서 자기 삶을 전진시켜나갔다.

평생 자기 살던 동네 한 번 벗어나 본 적 없는 농사꾼들이 큰 배를 타고 일본으로 넘어가 광산에, 공장에 취직했다. 그렇게 조선 땅에서는 상상도 못할 돈을 벌고 모아서 가족에게 보냈다. 소작농의 자식 누군가는 그 혼란의 시기에 군인이 되어 신분 상승을 위해 노력했고, 머슴의 자식 누군가는 일본에서 기술을 배우며 땅이 없어도 자기 능력만으로 돈을 벌 수 있는 전문가가 되는 꿈을 꿨다. 그렇게 자기들의 인생과 가족들의 생계를 능동적으로 이끌어갔다.

나는 우리 혈관 속에 흐르는 이런 저력이 내 조국 대한민국을 전후 폐허에서 세계를 이끄는 선진국으로 도약하게 한 발판이 되었다고 생각한다. 나라가 사라져도 일본으로, 만주로 가서 삶을 이어온 조상들. 나라가 가난하니까 독일로, 베트남으로 가서 돈을 벌어 온 조상들. 피를 타고 이어져 온 그 생에 대한 투지. 책 〈반일 종족 주의〉에서 조선인 출신들이 일본 등지에서 돈을 벌어 고향으로 부친 기록을 보며 가슴이 뜨거워진 이유다.

그런데 소위 '극우가 아닌 사관'은 이런 일이 없었다고 한다. 우리 조상들은 죄다 자기 의지와 상관없이 끌려가거나 납치되어 미련하게 대가도 받지 않고 일을 했다고 한다. 강제 징용과 강제 노동은 그들이 일본을 절대 악으로 만들기 위해 오랫동안 쌓아온 이야기다. 이를 반박하는 자료가 나와도 그건 다 일본이 조작한 거라고 한다. 머나먼 외국 땅까지 가서 자신과 가족들의 삶을 개척하려 했던 우리 조상들의 명예를 짓밟고 있는 게 누구라고 생각하나?

슬픈 자화상

한국인이 외국에서 인종 차별당했다는 글이 올라오면 언제나 큰 이슈가 된다. 분명 인종 차별은 여전히 존재하고 있고 비판받아 마땅하다. 그런데 인종 차별인지, 아니면 인종적 시각을 떠나 그냥 무례한 건지 구분하기 애매한 행동에도 인종 차별 딱지를 붙여 분노하는 사람들을 종종 본다. 어떤 형태로든 인종 차별로 오해받을 만한 행동조차 용납할 수 없다는 엄격한 태도의 사람들이 인터넷 여론을 지배하고 있다.

그런데 이 엄격한 정의는 일본인 앞에서 180도 바뀐다. 일본에서 일어난 자연 재해로 여러 명이 사망했다는 기사에 낄낄대며 잘 죽었다는 댓글들을 보고 기겁한 기억이 있다. 일본인에 대한 인종적 혐오를 효과적으로 드러내기 위해 상당한 공을 들였으리라 추측되는 댓글들이 누가 얼마나 더 모욕적이고 저열한 표현으로 적개심을 드러낼 수 있는가 서로 경쟁하듯 뒤틀린 창의성을 뽐낸다. 이런 댓글들이 항상 많은 추천을 받고 상위에 떠 있다는 사실이 늘 부끄러웠다.

길을 가다 일본어를 하는 사람이 보이면 지금도 욕설을 하거나 시비를 거는 사람이 그렇게 많단다. 오죽하면 유튜브에서 이슈가 된 적도 있었다. 쪽바리니 원숭이니 인종 비하적 단어는 일상어처럼 느껴질 지경이고, 일본인들은 이렇다 저렇다 하며 그들의 비열하고 야비하고 사악한 본성에 대해 마치 과학적 사실이라도 되는 양 떠들어대는 사람들을 어렵지 않게 볼 수 있다.

일본. 한국에서 이 두 글자는 '프리 패스'를 의미한다. 그 어떤 차별도, 잔혹성도, 부도덕도 다 용서가 된다. 일본이라는 나라는 악의 제국이니까. 어쨌든 우리는 선량한 피해자고 저들은 가해자니까. 우연히 그 나라에서 나고 자란 사람들은 이미 그 사실만으로도 정의의 이름으로 단죄되어야 할 죄인들이다. 그리고 이걸 정의로운 일이라고 믿어 의심치 않는다. 오죽하면 무려 청와대가 언론 앞에서 '토착 왜구'라는 혐오적인 단어를 떠들어댈까. 좋건 싫건, 이게 이 나라의 의식 수준인 게다.

하긴 일본인들에 대한 인종 차별만 심한가? 백인을 제외한 모든 인종에게 차별적인 시선을 던지는 게 대한민국이고, 또 그게 너무나 일상화되어 있어 다들 큰 문제 의식조차 느끼지 않고 있는 게 현실이다. 대한민국에서 욕먹어도 싼 인종 차별이란 백인이 동양인을 향해, 혹은 외국인이 한국인을 향해 하는 무례한 짓만을 의미한다. 국제적 시각에서 보면, 대한민국만큼 인종 차별적인 나라가 또 없다.

당신들이 친일파다

김정은과 대한민국 대통령이 부둥켜안는 장면을 보며 박수 치는 당신들이 한 세기 전 친일파들과 다를 게 뭔가. 호시탐탐 우리 땅을 넘보며 수많은 사람의 목숨을 앗아간 적 앞에서 "정의로운 전쟁보다 나쁜 평화, 비겁한 평화가 낫다"라고 떠들어대며 모든 걸 내주는 정치인들이 한 세기 전 일제에 나라를 팔아넘긴 을사오적과 다를 게 뭔가.

현 시대 최악의 독재자이자 살인마, 유례를 찾기 힘든 전근대적 삼대 세습으로 부와 권력을 독점하고서 북한 주민들을 노예처럼 부리며 나날이 살을 찌우는 사이코패스, 무엇보다, 우리 국민들을 무참히 살해하고서 한 마디 사과조차 하지 않은 국가의 적이 바로 당신들이 "다시 보게 됐다"라며 박수 쳐주는 저 김정은이다. 그와 김씨 일가 정권이 바로 한반도 문제의 원인이자 그 시작이다. 진정한 평화는 그들이 사라지고, 북한의 비정상적 정권이 무너져야 가능한 것이라는 말이다.

정의, 인권, 민주 등 아름다운 언어를 그리 좋아하던 정치인들과 그 지지자들이 어째서 그 언어의 정반대에 있는 악마들을 칭송하는지 모르겠다. 정의와 인권과 민주주의는 타협의 대상이었나. 나쁜 평화, 비겁한 평화로 얻는다는 그 실익 앞에서는 언제든 포기할 수 있는 그런 가벼운 것이었나. 아니, 애당초 그 실익이라는 것조차도 북한 정권을 먹여 살려주기 위한 헛소리 아니던가.

그토록 친일파를 혐오하며, 상대를 친일파로 몰아붙이기 좋아하는 당신들이 사실은 그 누구보다도 친일파와 닮아 있다는 사실을 깨닫는 날이 오기는 할까. 역사로부터 배우지 못하고, 같은 실수를 반복하는 사람들. 역사를 잊은 민족에게 미래는 없다는 경구를 인용하는 것을 그리 좋아하면서 정작 그 뜻에는 관심이 없는 듯한 사

람들. 당신들의 무지와 이중성은 죄다. 그렇게 대한민국에서 정의
는 죽었다.

동해가 부끄럽다

외국인들에게 한국을 소개하는 TV 프로그램이 있다. 드라이브
도중 한 외국인이 바다를 가리키며 "Sea of Japan(일본해)?"이라고
묻자, 한국을 잘 아는 외국인은 당황하며 "East Sea(동해)"라고 정
정해준다. 앞뒤 없이 그저 동해라는 설명에 외국인은 당황해 하지
만 부연 설명은 없다. 동해는 동해다. 그게 한국식이다. 다음 장면
에서 TV 자막과 진행자들은 외국인들이 동해를 일본해로 아는 게
'슬픈 현실'이라고 한다.

한국을 잘 모르는 외국인들에게 일본해를 동해라고 '정정'해주면
십중팔구 당혹스러운 표정을 보일 것이다. 그러면 대개 우리 애국
심 넘치는 한국인들은 일본해라는 명칭은 일본의 제국주의적 야욕
에 의해 만들어진 말이라는 등 기승전 일본 탓, 일본 나쁜 놈 논리
를 펼치며 열성적으로 설명하려 할 것이다.

유감스럽게도, 설득력 없는 주장이다. 우리가 생각하는 동해를
세계인의 'East Sea'로 만들겠다는 생각 자체가 터무니 없기 때문이

다. 지구는 둥글다. 동쪽 바다라는 개념은 기준에 따라 달라진다. 그런데 굳이 우리나라의 동해를 세계의 동해로 만들겠다고 우기면, 전 세계 지도를 한반도를 기준으로 만들라는 말이다.

동해가 오래 전부터 세계적으로 East Sea라 불리며 고유명사화되어 혼란없이 사용되어왔다면 모르겠는데, 지금 전 세계 뱃사람들 붙잡고 East Sea로 가자고 하면 저마다 다른 지역으로 항해할 것이다. 이런 상황에 East Sea라는 이름은 얼마나 혼란스러운가.

서해는 Yellow Sea라 명명되고 남해는 East China Sea라 명명된다. 동해가 Sea of Japan이라 불린다고 난리를 치는 건 아무런 논리가 없는 반일 감정일 뿐이다. 왜 East China Sea에는 분노하지 않는가?

바다 이름이 그렇게 중요하다면, 차라리 Sea of Korea라고 부르자고 주장을 했으면 한다. 아니면 East Korea Sea, South Korea Sea라고 주장을 하라. 이 경우 최소한 외국인들이 이게 뭔 헛소리야 하는 표정은 짓지 않을 것이다.

한국인들이 당연하게 받아들이는 '상식' 중 이런 말도 안 되는 것이 한두 개가 아니다. 스스로 생각하지 않고, 누군가가 가르쳐준 말을 맹목적으로 따르며, 그게 애국이고 정치적으로 옳은 거고 상식이라고 생각하니 이런 일이 벌어진다.

이런 일방적이고 맹목적이고 광신적인 주장에 '다른 관점'을 제시하는 일이 철저히 터부시되는 게 현 사회의 가장 큰 문제다. 무슨 말을 하는지 들어볼 생각도 않고, 친일파, 매국노 등 각종 꼬리표를 붙이고 고개를 돌려버린다. 스스로 생각하는 사람은 없고, 사회가 강요하는 정답만을 추종한다. 한국 정치가 후진적인 이유기도 하다. 그래서 앞뒤 없이 세계에다 대고 그저 동해라고 우기는 우리의 모습이 부끄럽다.

친일파에 관하여

386 운동권 세대를 그 기점으로 본격적으로 퍼지기 시작한 역사관이 있다. '친일파 청산' 문제를 들며 우리나라 정부는 그 시작부터 잘못됐다고 바라보는 '반 대한민국'적 역사관이다.

'미군을 등에 업은 이승만 괴뢰 정부'가 권력을 위해 친일파들과 손을 잡는 바람에 친일파 청산이 제대로 이루어지지 않았다며 대한민국 정부의 정통성을 부정한다. 반면 비슷한 시기에 등장한 북한 정권은 국민의 뜻을 반영해 친일파를 모두 청산했다며 은근 슬쩍 북한을 치켜세우기도 한다.

과연 북한은 친일파를 청산했을까? 해방 이후 김일성 정권 주요 인사를 살펴보면 북한이 확실히 했다는 그 '친일파 청산'이 김일성 정권 정통성을 주장하기 위한 헛소리에 불과하다는 사실을 알 수 있다. 북한 정권이 들어섰을 당시 정계, 교육계, 언론계, 군대 등 북한 내부 갖가지 분야에 친일파가 포진해 있었다.

관련 팩트를 한 번 살펴보자. 정치 및 행정 인사에는 친일파 출신이 상당수 기용되었다. 당시 북한 내 권력 서열 2위이자 김일성의 친동생이었던 김영주는 일제 헌병이었다. 장헌근 북한 임시인민위원회 사법부장은 일제 중추원 참의였다. 정준택 북한 행정 산업국장은 일제 하 광산 지배인 출신이었으며, 일본군 복무자였다. 강양욱 북한 인민위원회 상임위원장은 일제 하 도의원이었고, 한희진 북한 교통국장은 일제 함흥 철도 국장이었다.

언론계? 박팔양 노동신문 편집부장은 친일 기관지 만선일보 편집부장이었다. 정국은 북한 문화선전성 부부상은 아사히 서울지국 기자이자 친일 밀정이었고 일본 간첩 출신이었다. 인민군 인사도 마찬가지다. 이활 인민군 공군사령관과 허민국 인민군 9사단장은 일제 나고야 항공학교 정예 출신이었다.

이는 소위 '친일파'라 불리는 이들의 일부만 서술한 것이다. 당시 북한에서 한 자리 차지했던 사람 중 상당수가 일제를 위해 봉사한 경력이 있는 사람들이었다. 북한은 친일파 청산을 제대로 하지 않았다. 김일성 정권에 힘을 싣기 위해 그런 척만 했을 뿐이다.

1948년 건국 당시 대한민국 주요 인사도 한 번 살펴보자. 이시영

부통령은 상하이 임시정부 재무총장이었다. 북한의 2인자가 일제 헌병이었다는 점과 사뭇 대조된다. 국회의장 신익희는 임시정부의 내무총장이었다. 대법원장 김병로는 항일 변호사였고, 국무총리 이범석은 광복군 참모장이었다. 말고도 대부분의 장관이 항일 운동을 하다가 투옥된 경력이 있는 애국 열사들이었다. 이와 같이 대한민국 정부는 항일 독립 투사들 위주로 구성되었다. 따라서 북한은 친일파 청산을 했는데 남한은 그러지 않았으니 북한이 더 낫다는 식의 논리는 말이 안 되는 것이다.

물론 이승만 정부가 친일파 청산을 완벽하게 하지 못했던 것은 사실이다. 북한과 다를 바 없다. 대한민국 정부 수립 이후 제헌국회는 친일파를 처벌하기 위해 반민족행위특별조사위원회(이하 반민특위)를 구성했었다. 이들은 적극적으로 친일파들을 색출, 검거해 나갔다. 그런데 얼마 후 국회에서 미군 철수, 북한에의 흡수 통일 등을 유도한 프락치 행위가 발각되었다. 반민특위의 핵심 인물들이 연루된 사건이었다. 이 과정에서 반민특위와 경찰의 대립 구도가 생겨나고 이는 무력 마찰로 이어졌다. 결국 1949년 8월에 반민특위는 그 소임을 다하지 못하고 해산되었다. 반민특위까지 만들며 나름대로 노력을 했으나 이들의 해산으로 흐지부지된 것이다.

게다가 국가 경영이라는 현실적인 측면에서 봤을 때, 애당초 친일파는 완벽히 지우는 것이 불가능한 존재들이었다. 일제 강점 기간은 무려 35년에 달했다. 이 35년의 세월 동안, 사회 각 계층에서 '일꾼'으로서 두각을 드러낸 조선인들은 일제에 항쟁하던 애국 열사들이 아니었다. 일제라는 거대한 무력 아래 고개를 숙이고, 일본인이 하라는 대로 따랐던 평범한 사람들이었다.

독립 투사들은 존경받을 만한 위대한 인물들이다. 그러나 총과 칼을 들었던 독립 투사들만으로 나라가 운영되지는 않는다. 해방 직후 아무 것도 가진 것이 없는 대한민국에는 각 분야의 경험과 기술을 갖춘 노련한 '일꾼'들이 필요했다. 이 부분은 일제 치하에서 일했던 이들로 메우는 수밖에 없었다. 〈편견에 도전하는 한국현대사〉의 저자 남정욱 교수의 말대로, 친일파는 기본적으로 테크노크라트, 즉 기술 관료들이었다. 이들을 다 죽여버리면 도저히 나라가 돌아가지 않던 시절이었다.

건국 당시 이루지 못했던 '친일파 청산'이라는 역사적 과제는 어쩌면 실현 불가능한 '이상' 같은 것이 아닐까 생각한다. 친일파는 일제 시대라는 고통의 시대가 만들어낸 불가피한 부산물이다. 이는 지워낼 수 없는 역사의 흉터인 것이다. 한국인으로서 을사오적 이완용 같은 명백한 반민족 행위 인물을 증오하는 것은 당연하지만, 그렇다고 강점기를 살아가야 했던 모든 이에게 필요 이상으로 엄격한 잣대를 들이댈 필요는 없다고 생각한다. 모두가 안중근, 윤봉길이기를 요구하는 것은 잔인한 처사다.

독립 투사들에 대한 존경이 그 당시의 현실에 적응하려는 자들에 대한 혐오로 나타나서는 곤란하다. 이 혐오를 대한민국 정부에까지 확장시키는 것은 더더욱 곤란하다. 숙청하기에는 친일파의 규모가 너무 컸고, 그 기준도 애매했다. 일제 아래서 일했다고 처벌하기 시작하면 그 어마어마한 숫자는 둘째치고, 국가 운영을 할 사람들이 없는 상황이었다. 게다가 부와 권력을 지닌 친일파와 전면전을 치르기엔 정부의 힘이 너무나 나약했다.

1948년 8월 15일 자유민주주의에 기초하여 건국된 대한민국의 시작점을 부정하는 이러한 역사관은 '반대한민국 정서'에 그 뿌리를 두고 있다. 이는 지난 반세기 동안 국민의 인식 한 편을 서서히, 그러나 집요하게 물들여왔다. 이 논리의 끝에는 첫 단추부터 잘못 끼워진 나라이니 뒤집어엎고 처음부터 다시 시작하자는 무시무시한 주장이 있다.

현 질서를 위협하는 이런 위험한 사상은 특정 세력에 의해 퍼뜨려져 왔다. 대한민국 역사와 정부를 부정하며 과격한 사회 운동을 주도하고, 다른 한편으로는 같은 민족 운운하며 북한을 두둔하는 사람들이다. 물론 이들은 미국과 일본과의 교류에도 강력히 반대한다. 반대한민국, 친(종)북, 반미 반일. 이 삼박자를 모두 갖춘 정치 이념 집단을 NL 주사파라 한다. 그들의 계보에, 국가 내란을 주도했던 이석기 전 의원이나, 해산당한 통진당 같은 존재들이 있다.

PART 06

젊은 꼰대의 변

이해할 수 없는 '서민'들의 소비 수준

　나는 진심으로 한국 '서민'들의 소비 수준이 이해되지 않는다. 유학 시절 학비와 생활비를 벌기 위해 회사에 다닐 때, 세금 뗄 거 다 떼고 주당 1천 달러 정도를 벌었다. 커미션도 있었던 터라 월로 계산하면 4~500만 원은 족히 벌었을 거다. 나이에 비해 많이 버는 편이었고, 한국 기준으로 보면 상당한 실수령액이었다.

　그 시절 나는 학비와 집세 -학비는 장학금으로 어느 정도 해결됐는데, 살인적인 집세는 지금 생각해도 끔찍하다- 때문에 항상 절약해야 한다는 생각을 하고 살았다. 자연스레 소비 수준을 낮추고 생활비를 줄였다. 버스와 공짜 페리를 타고 다니며 출퇴근을 했다. 몇 년째 입던 리바이스 청바지에 타겟에서 3~4달러 주고 산 티셔

츠를 돌려 입었고, 저렴한 슈트를 두 벌 사서 직장 생활을 했다. 외식은 특별한 일이 아니면 잘 하지 않았고, 마트에서 저렴한 식재료를 사서 요리하는 것으로 나름 만족스러운 식생활을 즐겼다. 데이트는 대개 집에서 식사를 하거나 스낵과 함께 뭔가를 시청하는 것, 공원으로 피크닉을 가거나, 산책을 하거나, 시티에서 아이 쇼핑을 즐기는 것이었다.

오해할까봐 말하자면, 절대 구질구질함과는 거리가 먼 삶이었다. 팬시한 파티에 초대받을 때면 턱시도를 빌려서 입고, 나름 고급 와인을 사서 가져가기도 했으며, 지인들에게 감동을 줄 수 있을 정도의 선물도 종종 했다. 친구들과 펍에 가서 코가 삐뚤어지도록 술을 마시거나, 생일을 맞은 친구를 스트립 클럽에 데려가기도 했다. 문화 생활에도 딱히 돈을 아낀 적은 없다. 값싼 도미토리 호스텔에서의 백패킹이 대다수였지만, 세계 이리저리로 여행도 꾸준히 다녔다.

분명 내 인생에서 가장 화려하고 찬란했던 시절이었다. 원래 젊음이 그런 것 아닌가. 정신적으로 풍요롭고 행복했으며 물질적으로도 모자람이 없었다. 아니, 젊기 때문에 '당연한 모자람'은 있었다. 수입의 상당 부분을 저축했고 이를 위해 어느 정도 절약하기는 했지만, 딱히 유별나게 궁상을 떨며 자린고비 행세를 한 적은 없다. 주위 내 나이 또래의 직장 동료나 친구들을 둘러보면 다 나처럼 살고 있었다. 당연한 거 아닌가? 평범한 2~30대가 무슨 돈이 있어서 화려한 소비 생활을 즐기겠는가. 생활비 대는 것만 해도 힘에 부치니 적당히 절약하며 살 수밖에. 그렇게 차곡차곡 쌓아서 나이가 들면서 여유로워지는 게 정상이다.

그리고 한국에 돌아왔다. 솔직히 말하면, 처음 며칠은 어이가 없을 정도로 당황스러웠고 나중에는 신경질이 났다. 내 주변 20대만 놓고 얘기해보자. 벌어봐야 얼마나 벌겠는가? 고정적인 수입이라도 있으면 그나마 다행이지, 부모님 집에 살면서, 부모님이 해준 밥을 먹고, 부모님에게 용돈을 받아 사는 20대가 어디 한둘인가. 그런데 소비 수준은 황당할 정도로 높다.

일일이 언급하면 끝도 없다. 이해가 안 되는 비용을 지불하고 머리를 자르는 건 물론이고 염색에 펌에 주기적으로 해가면서 막대한 돈을 쓴다. 남녀를 막론하고 화장품에 들어가는 비용은 또 어떤가? 옷도 마찬가지다. 지금만 해도 너나 할 것 없이 히말라야에서나 입을 법한 수십만 원짜리 고급 점퍼는 다 하나씩 입고 나오더라. 문화 생활은 물론이고 유흥에도 엄청난 돈을 쓴다. 맛집 가느라 쓰는 돈, 술 마시느라 쓰는 돈, 클럽 가서 쓰는 돈, 모텔 간다고 쓰는 돈 등등.

세계적으로 봤을 때 이렇게 젊은 나이에, 이렇게 화려한 소비 생활을 하는 나라가 또 있을까? 중동의 부국을 제외하고서 말이다.

물론 그게 본인 돈이건, 부모 돈이건 자기들이 쓰겠다는데 그걸 가지고 뭐라고 할 생각은 없다. 다만 본인들의 소비 생활이 수입에 비해 비정상적이라는 건 좀 알았으면 좋겠다. 2~30대에 그 정도 소비 생활을 하면서 미래에 대한 설계가 가능하려면 최소 얼마를 벌어야 하는지 현실적으로 생각해본 적이 있는 건가?

다른 나라에 비해 높은 커피값을 기꺼이 지불하고서 습관적으로 카페에 앉아 최신형 스마트폰으로 맨날 헬조선 타령하는 사람들. 최소한 불쌍한 척, 피해자인 척은 하지 말아야 할 것 아닌가? 본인들의 소비 수준과 삶의 질을 환경에 맞춰서 낮추고, 근검 절약할 생각은 왜 하지 않는 건지 모르겠다. 내로라하는 대기업 수준의 월급을 꼬박꼬박 받는 사람은 분명 사회 소수인데, 왜 상당수의 젊은 세대는 자신의 삶을 그 수준에 맞추려 하는 건가?

물론 모든 2030을 일반화하는 것은 아니다. 정말 알뜰살뜰 미래를 위해 투자하며 열심히 사는 젊은이도 많다는 것을 알고 있다. 내가 문제 의식을 느끼는 건, 자신의 화려함을 되돌아볼 생각은 하지 않고, 자기 연민에 빠져서 맨날 환경 탓, 나라 탓, 남 탓하며 이 사회 전체를 부정적으로 몰고 가는 사람들에 대해서이다. 그런 이들이 미래를 향해 나아가려는 많은 이에게 절망과 피해 의식을 전파한다.

이런 말을 하면 십중팔구 '꼰대의 잔소리'라는 반응을 보인다. 글쎄, 버는 것에 맞춰서 소비할 생각은커녕, 저축은 나 몰라라, 남들 할 거 다 하고, 즐길 거 다 즐기면서 입으로는 나라 탓, 환경 탓 떠들어대는 철부지들에게 쓴소리해서 돌아오는 게 '꼰대'라는 반응이라면 기꺼이 감수하겠다.

히틀러를 뽑은 건 민중이다

1932년 독일, 히틀러를 필두로 한 나치당이 두 차례의 총선에서 최다 득표를 한다. 히틀러는 그렇게 독일의 수상이 되었다. 1933년 3월에 열린 총선에서도 나치당은 압승을 거뒀다. 다음 해 히틀러는 독일의 총통이 되었다. 나치 독일의 탄생은 지극히 민주적이었다. 그 어떤 쿠데타나 음모도 없었고 오로지 독일 민중의 '민의'로 탄생한 것이었다.

히틀러가 등장하기 전, 제1차 세계대전 패전 이후 독일의 정치와 경제 상황은 몹시 혼란스러웠다. 독일의 민중은 고된 생활 속에서 불만을 느끼고 있었다. 히틀러와 나치는 이러한 민중의 마음을 움켜쥐는 방법을 알고 있었다. 사람들에게 분노할 대상을 지목해준 것이다. 사람들을 자극하고 선동해서 현 체제에, 타 국가에, 유대인에, 기타 등등에 분노하게 만드는 것은 그리 어려운 일이 아니었다. 분노는 거대한 여론이 되었고, 그 거대한 여론은 사회 전체로 퍼져나가 시대 정신이 되었다. 히틀러는 그렇게 민중을 나치라는 이름 아래 모았다. 그는 반복해서 민중에게 각인시켰다. 우리의 단결된 목소리가 곧 독일의 뜻이요, 구국의 길이요, 정의라고.

공분감과 정의감 그리고 그 민의라는 것에 취한 거대 여론이 나치 독일 전체주의의 시작점이 되었다. 독일 민중의 대다수가 나치즘의 이상에 취했고, 나치즘의 행동 방식이 절대 선이 되었으며, 이를 비판하는 소수자들은 철저히 묵살당했다. 광기의 시대는 그렇게 시작되었다.

히틀러 집권 당시 지지율이 90%에 이르렀다는 기록이 있고, 유대인들에게 투표권이 있었음에도 투표에서 나치당이 96%의 득표율을 기록하기도 한다. 히틀러가 수세에 몰렸을 때 그를 위해 눈물을 흘리던 독일 민중의 모습은 여러 역사 다큐멘터리에서도 묘사된다.

나치가 유럽을 집어삼키며 온갖 악행을 저지르던 때에도 독일 민중의 획일화된 여론은 변함없었다. 유대인을 포함해 반나치즘을 이야기하는 소수의 사람은 제국의 적으로 간주되어 철저히 탄압받았다. 탄압의 시작점은 물론 절대 다수 독일 민중의 자발적인 감시와 신고였다. 나치에 반감을 가졌던 이도 상당수 있었던 것으로 파악되지만, 다수의 민의에 의해 침묵을 종용당했다.

"그것은 최고의 시기였다, 그것은 최악의 시기였다, 지혜의 시대이기도 했고, 바보들의 시대이기도 했고, 믿음의 시대였고, 불신의 시대였다, 빛의 계절이었고, 어둠의 계절이었다, 희망의 봄이었고, 절망의 겨울이었다, 우리는 모든 것을 갖고 있었고, 아무것도 갖지 못하기도 했다, 우리 모두는 천국으로 향하고 있었고, 또 반대로 가고 있었다."

찰스 디킨스의 소설 〈두 도시 이야기〉를 여는 첫 문장이다. 이 소설은 프랑스 혁명 이야기를 다루고 있다. 귀족들의 착취를 더 이상 견디지 못한 시민들이 일으킨 프랑스 혁명이 어떻게 광기에 젖어들었는가를 보여주는 작품이다. 사회에 대한 분노에 사로잡힌 군중은 귀족들을 무자비하게 죽이며 피의 숙청을 시작했고, 이는 마침내 혁명을 시작한 시민들 스스로 제어할 수 없는 광기의 수준에 도달하게 된다. 그렇게 공포가 지배하는 시기가 찾아온다.

"명백하게 자기들을 위해 설계된 줄로만 알았던 세상이 이렇게나 빨리, 비틀어 짠 듯 메말라가고 자신들을 압박해 오다니 놀랍기만 했다."

사회를 뒤집어엎어도 변한 것은 없었다. 특히 개인에 대한 존중이 없는, 그저 적에 대한 증오에 사로잡혀 개인을 묵살하며 일으킨 혁명은 또 다른 탄압과 압제와 폭력과 공포와 증오를 양산했다.

2008년 광우병 사태는 내 머릿속에 선명하게 새겨진 문신과 같다. 나는 대통령이 국민을 해괴한 질병에 노출시키려고 한다는 망상에 사로잡힌 주변 사람들 사이에서 고독했고, 이해할 수 없는 것들에 대해 묻는 것이 이단의 영역에 속하게 되는 사회가 무서웠다. 다수의 생각에 따라 움직이는 것이 아니라 독립된 개인으로서 생각하고 행동하고 싶었을 뿐이었는데, 하나로 단결된 군중 속에서 그들과 다른 생각을 하는 것은 그 자체로서 죄가 된다는 사실을 깨닫게 되었다. 어쩌면 '전체주의'라는 것은 하나의 '체제'가 아니라, 모든 체제가 앓을 수 있는 일종의 '질병'이 아닐까 하는 생각을 하곤 했다. 그 무렵 나는 에드먼드 버크를 읽기 시작했다.

J.S 밀은 〈자유론〉에서 '다수의 독재'에 대해 엄중하게 경고한다. 나는 다른 생각, 다른 의견, 다른 행동을 철저하게 억압했던 광우병 군중으로부터 '다수의 독재'를 경험했다. 그런 나로서는 여기에 일종의 트라우마를 가질 수밖에 없었다. 그 이후 나는 획일화된 모든 여론에 필사적으로 저항하는 사람이 되었다. 거대한 여론이 발생하면 반자동적으로 이와 다른 관점에서 사태를 조명하고자 했고, 다른 목소리를 내는 사람이 있음을 알리고자 열심히 외쳐댔다. 다양성과 균형이 사라지는 순간 광우병은 언제든 부활할 것임을 알고 있었기 때문이다.

어쩌면 나는 좌우 정치 싸움에는 크게 관심이 없는지도 모르겠다. 생각해보면 내가 있고자 하는 곳은 개인과 다수의 싸움이다. 개인의 권리와 자유를 지키고 싶고, 다수로부터 비롯된 모든 형태의 폭력에 저항하고 싶고, 언제나 다른 목소리를 내는 이단아이고 싶다. 그래서 좌든 우든, 자기들과 생각이 다르다는 이유만으로 상대를 억압하려 하는 모든 '깨어 있는 시민들'에게 비판의 날을 세운다. 자기들과 생각이 다르면 곧 악이라는, 이상한 도덕적 잣대를 가진, 좌성향으로 깨어 있는 다수의 시민과 자주 부딪치는 이유이기도 하고. 개인들의 자유와, 그로부터 비롯된 다양성이 보장되지 않는 민주주의는 결코 민주주의가 아니다. 비슷한 다수가 그들과 다른 소수를 말살하는 야만적인 사회일 뿐이다.

소셜미디어 시대에 홀로서기

소위 말하는 '관종'을 멀리하려는 이유는 그들이 대체로 불안한 사람들이기 때문이다. 관종들은 충족되지 못한 무언가를 불특정 다수의 관심과 인정으로 채우려 한다. 자존감의 결핍을 보상받으려는 건데, 인정받고 싶고, 칭찬받고 싶고, 스스로에게 만족하고 싶은 욕구에 항상 목말라 있다. 이는 채워지지 않는 갈증이다. 자기 스스로가 자신을 인정하지 못했기에 생기는 갈증. 있는 그대로의 자신과 마주하고, 이를 받아들여야 한다.

타인의 시선과 상관없이 독립된 개인으로서 자아를 확립한 사람들이 성숙한 사람들이다. 반면 내면이 단단하지 못한 사람들은 타인들로부터 위로를 찾으려 하기에 '관종'이 된다. 자신의 콤플렉스를 다른 사람들의 얼굴 앞에 들이대며 연민과 공감을 강요하거나, 반대로 자신이 되고 싶은 누군가를 연기하며 인정 욕구를 채운다. 그러나 이를 반복할수록 욕구 불만은 더 심해진다.

자기 자신으로부터 도망칠 수 있는 사람은 없다. 그래서 관심병자들, 그러니까 진짜 자기 자신과 마주하지 못해 타인으로부터 자신을 찾으려는 사람들의 말로는 비참하다. 점점 더 심한 중세에 시달리다 결국은 자기 자신에 대한 욕구 불만에 잡아먹힐 수밖에 없다. 그 과정은 너무나 지저분해서 자기 자신뿐만 아니라 주변 사람들까지 피해를 입게 된다.

소셜미디어를 통한 '자기 전시'가 일상화되면서 이런 사람들이 늘어났다고 생각한다. 자기 혐오를 가장한 자기 위로부터 자기애처럼 보이는 자기 혐오까지. 이들이 하루빨리 있는 그대로의 자신을 받아들이고, 이를 사랑할 수 있기를 바란다. 남이 도와줄 수 있는 게 아니다. 스스로를 구하는 수밖에.

결국 중요한 건 자긍심과 자존감이다. 자기 스스로를 있는 그대로 받아들이지 못하고, 불특정 다수로부터의 칭찬에서, 관계에서, 시선에서 자신을 찾으려는 사람들은 언젠가 자기가 만들어 낸 콤플렉스에 잡아먹힐 수밖에 없다. 본인이 숨기고 있는 결핍에 대해 다른 사람은 다 속여도 자기 자신은 속일 수 없으니까. 내 삶에 떳떳하고 내가 살아온 발자취에 긍지를 가지는 것이 홀로 서는 인간을 만든다. 그런 사람들만이 타인을 매료시키는 카리스마를 내뿜는 것이다. 우리가 이토록 열심히 살려는 이유는 나 자신으로부터 떳떳하기 위해서가 아닐까.

여성들이여 분노하라

대한민국 여성들이여 분노하라. 당신을 위해 자꾸 지갑을 여는 저 마초들에게 분노하라. 그래도 돈은 남자가 내야지라는 낡은 사고방식을 행동으로 옮기는 나 같은 미개한 남자들에게 불쾌함을 표현하라. 더치페이하는 남자들은 찌질하다며, 남자가 돈을 쓰는 것이 당연하고, 여자는 남자에게 경제적으로 의존하는 것이 마땅하다고 생각하는 여자들을 페미니즘의 이름으로 비판하라.

이 땅의 모든 여성의 자존심을 위해 분노하라. 성에 따라 존재의 가치가 달라진다고 생각하는 모든 관념에 맞서라. 여성을 약자로 전제하는 그 모든 사회적, 개인적 억압에 저항하라. 여성은 신체적으로 나약하다며 '배려'라는 이름으로 행해지는 '무시'에 화를 내라. 가방을 대신 들어주겠다는 사람들, 빈 자리가 나면 먼저 앉으라는 사람들, 심지어 주차장도, 계단도, 귀갓길 조차도 '약자로서의 여성'을 위해 따로 만들어야 한다는 그 모든 낡아빠진 생각에 이의를 제기하라. 남성보다 신체적으로 월등한 여성도 많이 존재하며, 나를 '개인'이 아닌 '여성'으로 대하는 제스처를 거부하겠노라고 선언하라. 배려는 '여성'에게 하는 것이 아니라, '약자'에게 하는 것임을 명백히 하라.

그 시작은, 페미니즘의 이름을 팔아대며 오히려 여성성을 보호와 차별의 대상으로 만드는 '가짜 페미니스트'들에게 분노하는 것이다. 그들이 바로 여성을 약자와 동일시하는, 페미니즘의 적이다. '나는 여성이니 특별히 대우받아야 한다'라고 주장하는 그 모든 성차별주의자에게 분노함으로써 대한민국은 성 평등에 다가갈 수 있다. 남성과 여성, 성별에 따라 다른 대우를 하는 이 사회 분위기가, 성별 렌즈를 넘어서 남성과 여성을 개인으로 대접할 수 있을 때, 그때 페미니즘은 완성된다.

　집단 속에서 자기를 찾으려는 사람들이 있다. 사회에 떠도는 문제 의식을 공유함으로써 분노, 슬픔, 절망 등에 동조하고, 그 집단적 감정 속에서 자신의 존재를 확인하려 하는 사람들. 부족한 자존감은 무리와 함께하는 것으로써 보상받고, 쌓여온 욕구 불만적 응어리들은 무리가 공유하는 감정을 통해 배설된다. 이런 사람들은 항상 이슈를 갈구한다.

　이들은 모두 아큐의 그림자를 품고 있다. '정치꾼'들과 '기레기'들은 이 아큐들의 수요를 충족시키기 위해 열심이다. 인스턴트 식품처럼 쉽고, 자극적으로 만들어진 이슈는 삽시간에 나라 전체로 퍼져나간다. 조금만 생각해보면 제기된 문제 의식이 앞뒤가 안 맞는 조야한 프레이밍의 산물이라는 사실을 알 수 있는데, 사람들은 번번이 속는다. 아니, '속기를 원한다'. 아큐들에게 사실 여부는 중요치 않다. 문제 의식을 통해 그저 함께 분노하고, 슬퍼하고, 절망하고, 소리칠 수 있다는 것이 중요하다. 이를 통해 무언가를 바꾸는 것에도 관심이 없다. 당연히 이슈가 지겨워지기 시작하면 새로운 문제를 찾아나선다.

　짧은 시간에 얼마나 많은 이슈가 창조되고 소비되고 대체되었는가. 매번 그림자와 같은 문제와 위기에 의해 사회 전체가 떠들썩했다. 그리 길지 않은 시간이 지나고 나면 여론의 관심은 금세 새로운 이슈로 떠나가버리고, 뻔뻔스러울 정도의 무관심한 태도로 기존의 문제들을 외면한다. 참으로 유감스러운 사실은, 이러한 소모적인 이슈들에 의해 열심히 살고 있는 사람들의 정서가 피폐해지고, 경제가 침체되고, 살만한 나라가 마치 지옥처럼 느껴지게 된다는 것이다. 매번 축제를 벌이는 아큐들과, 굳이 문제를 만들어서 장사를 하는 기레기들과, 시끄러울 때마다 등장해서 호시탐탐 권력을 탐하는 정치꾼들이 바로 소시민들의 진짜 적이다.

나태가 괴물을 만든다

'슬랙티비즘(Slacktivism)'이라는 말이 있다. '나태함'을 뜻하는 Slack과 '행동주의'를 뜻하는 Activism이 합쳐진 단어다. 이 단어는 페이스북과 같은 소셜미디어에 유행하면서 자주 언급되기 시작했다. 실제로는 아무런 행동도 하지 않으면서, 온라인 공간에서는 사회 참여적인 인물인 양 행동하는 것이 슬랙티비스트(Slacktivist)의 전형적인 예다. 이들은 사회에 문제 의식을 제기하는 특정 소셜미디어 게시물에 그저 '좋아요'나 '리트윗'을 누르는 것만으로 무언가 대단히 가치있는 일을 했다는 착각에 빠진다. 손가락 몇 번 까딱거리는 것으로 사회 정의가 구현될 것이라 생각하고, 본인이 공감을 표하고 있는 주장을 제대로 이해하지도 못하면서 지지를 표한다. 그 일환으로 정리되지 않은 분노를 댓글 창에다 토해내는 이들도 있다.

이러한 슬랙티비즘은 결국 '스스로 더 나은 사람이 된 듯한' 만족감을 주는 '자기 만족적 행동'이자, 소셜미디어상에서 남들에게 잘 보이고 싶은(look-at-me culture) '자기 과시적 행동'이다. 그저 자기만을 위한 이기적인 행동인 것이다. 특정 가치를 추구하고 목표를 실현하기 위해 적극적으로 행동하는 액티비즘이 아니기에 대개 지속적이지도 않고, 실재적이지도 않다. 문제는 이러한 행동들이 단순히 '영양가가 없는 것'을 넘어서서, 사회에 직접적인 해악이 될 수도 있다는 점이다.

애당초 슬랙티비즘의 본질은 '나태함'이다. 여기에는 비단 육체의 나태함뿐만 아니라, 정신의 나태함도 포함되어 있다. 자신의 행동이 정당한 것인가를 스스로 생각해보지 않는다. 이렇게 타성에 이끌려 무리를 만든 슬랙티비스트들은 나태한 손가락질로 거대한 힘을 행사하게 된다. 그리고 이 거대한 힘은 대개 거대한 폭력으로 변질되는 위험한 것이다.

생각없이 누른 당신의 '좋아요'가 누군가를 향한 부당한 마녀 사냥의 일부분이 될 수 있다. 그런 '좋아요'가 거대한 여론을 만들고, 이는 늘 제물을 원하는 괴물이기 때문이다.

댓글란을 닫아라

대다수 사람이 온라인에서 뉴스 기사를 읽을 때 제목과 댓글만 읽는다는 통계가 있다. 대한민국 사회가 병들어가는 이유 중 하나가 아닌가 싶다. 포털사이트에 진입한 언론들은 특정 진영에 호소하는 자극적인 제목으로 클릭을 유도하고, 댓글란은 기사의 프레임에 따라 유도된 분노를 배설하는 사람들로 넘쳐난다. '보도'가 아니라 '정치'를 위해 기사를 쓰는 언론이야 하루 이틀 문제가 아니라지만, 포털사이트 기사 댓글로 인해 발생하는 병폐는 분명 새로운 현상이다.

수많은 사람이 기사 제목을 보고 클릭한 후, 본문을 생략하고 그대로 스크롤을 내려 댓글을 읽는다. 한국 정치에서는 다른 사람들이 어떻게 생각하느냐가 중요하기 때문이다. 추천을 제일 많이 받은 상위 댓글들을 보고 자신의 생각을 검열한다. 혹 내가 이들과 다른 생각을 하지는 않았는지, 어떤 게 '정답'인지를 찾는 거다.

그렇게 사람들이 소위 '베스트 댓글'을 통해 자기 검열을 하는 과정에서 정치적 소수자의 의견은 철저히 배제되고 온 사회가 전체주의에 물들어간다. '다른 생각'을 용납하지 않고 '틀린 생각'으로 치부해버리던 사건들은 어렵지 않게 찾아볼 수 있다.

댓글란을 잡으면 여론을 잡는다는 건 상식이 되었다. 그래서 좌우가 댓글란에서 피 터지게 싸우고 있다. 주요 이슈나 기사가 있을 때마다 그곳 좌표를 퍼 나르며 우리 편을 동원한다. 조직적 추천과 조직적 반대. 이제 댓글란은 거창한 민주주의 공론의 장이 아니라, 더 많은 사람 데려다가 핏대 세우며 큰 목소리 내면 이기는 저잣거리 건달들의 미개한 싸움판이 되었다. 의견의 다양성 따위는 사라진 지 오래고, 이편 아니면 저편에 서서 상대에 대한 밑도 끝도 없는 분노만을 배설하는 공간. 그렇게 하나둘 광기에 물드는 사람이 늘어갈수록 이 사회는 더욱 더 병들어간다.

이미 정치는 온 국민이 스마트폰으로 즐기는 스포츠다. 자기 편이 지는 걸 받아들이지 못하는 훌리건들의 스포츠이다. 중증 정치병에 걸린 이 아픈 나라에 필요한 처방은 무엇일까. 뉴스를 접한 사람들이 '추천 수가 주는 권위'에 의해 영향을 받거나 자기 검열을 하지 않도록 하는 것. 그래서 특정 진영의 '분노'로부터 자신만의 온전한 '생각'을 지킬 수 있도록 하는 것. 기사 댓글란을 폐쇄해버리는 그런 극약 처방이 조금이라도 도움이 되지 않을까.

* 이 글을 쓴 얼마 후, 드루킹 일당의 댓글 조작 사건이 세상에 드

러났다. 이 사건을 계기로 네이버를 비롯한 포털사이트들은 댓글 기능을 일정 부분 제한하기 시작했다.

늙는 건 죄가 아니다

　젊은 당신들이 '무식하다'라고 욕하는 사람들. 아저씨, 아줌마부터 할아버지, 할머니까지, 너무나 쉽게 업신여김의 대상이 되는 이분들의 모습이 바로 세월이 지난 후 당신들의 모습이다.

　예절, 품행, 상식 따위는 시간이 흐르며 발전해온 것이다. 당연히 세대가 지나가고 세월이 흐름에 따라 인식은 확대되고 새로운 가치가 발견된다. 새로운 세대는 그 시대 정신에 맞춰 교육받는다. 반대로, 세월이 흘러 새로운 상식을 교육받지 못한 늙은 세대도 존재하는 법이다. 대부분의 늙은 세대는 그들 나름의 상식에 따라 살아온 이들이다. 그래서 젊은 세대가 자신들의 시대에 만들어진 잣대로 늙은 세대를 함부로 평가해서는 안 된다. 특히나 '모르는 것'을 '나쁜 것'으로 연결하는 도덕적 질타는 더더욱 삼가야 한다.

　나이 든 이들의 무지는 죄가 아니다. 이해심과 선의를 바탕으로 한 교정의 대상일지언정 혐오와 질타의 대상이 되어서는 안 된다는 말이다. 이 정도 일반적인 이해심도 없이, 편협한 머리에 새겨진 알량한 잣대로 타인을 함부로 재단하고 평가하는 그 오만함은 당신을 무지한 인간보다 더 아래인, 부도덕한 인간으로 만든다는 사실을 명심하기를 바란다.

SNS 정신 질환

　배낭 여행을 하다 한국인들을 만나서 잠시 동행을 한 적이 있다. 그들은 어딜 가든 휴대폰 카메라부터 들이대며 엄청나게 사진을 찍어댔다(굳이 한국인이라 쓴 이유는, 유독 한국인 20대 여행자들로부터 자주 발견되는 행동이었기 때문). 잘 나온 사진 하나 건지려고 여행 내내 초조해 하고 고생하는 모습이었다. 두 눈 내버려두고 굳이 카메라 렌즈로 장관을 담아내려 하는 게 이해가 안 됐는데, 그게 결국 SNS에 멋진 사진 올려서 자랑하기 위한 애처로운 노력이었다는 사실을 알게 되었다.

　페이스북 담벼락을 보면 내가 이렇게 잘 나간다, 이렇게 유능하다, 이렇게 행복하다라고 작위적으로 전시하려는 사람들이 종종 보인다. 자신의 커리어, 지위, 부 따위를 어필하기 위해 아주 필사적으로 노력하고 있다는 게 노골적으로 느껴진다. 그만큼 자존감이 떨어지는 사람들이다. 행복한 사람, 유능한 사람, 자신의 성취를 인정받는 사람은 굳이 SNS를 통해 그러한 것들을 구걸할 이유가 없다.

내면이 단단하지 않으면 개인으로 존재할 수 없다. 타인의 평가와 기준에 휘둘리며 채워지지 않는 인정 욕구 때문에 자신을 끊임없이 괴롭히는 사람들을 보며 딱한 기분을 느낀다. 이게 다 SNS의 폐해라고 생각한다. 자신을 전시하는 이 공간에서, 너무나 많은 사람이 자신의 결핍에 고통스러워 전시용 인격을 창조하고 있다. 그 어떤 비하의 의도도 없이 나는 이게 정신 질환의 일종이라 생각하며, 앞으로 큰 사회 문제가 될 거라 생각한다.

결국 내가 시간날 때마다 어쭙잖은 글을 끄적여 페이스북에 올리는 것도 지적 허영과 인정 욕구의 일환이겠지. 스스로 자신을 인정하지 못하고, 타인으로부터 '좋아요'를 통해 인정받으려는 이 애처로운 욕구. 따봉은 중독이다.

찌질하게 보이는 게 무서워서

학창 시절 교복 바지를 줄이는 게 유행이었다. 멀쩡한 바지통을 최대한 타이트하게 수선해서 스키니진처럼 입는 것 말이다. 당연히 입을 때도, 입고 있을 때도 불편하고, 결정적으로 교복 재킷과

와이셔츠 아래의 꽉 끼는 바지는 정말 우스꽝스러워 보였다. 그럼에도 이 이상한 유행은 빠른 속도로 퍼져나갔다.

"얼마나 타이트한 바지를 입었느냐"가 "나는 이만큼 잘 나간다"의 척도가 되었기 때문이다. 당연히 주변 친구들은 너나 할 것 없이 바지를 줄여 입고선, 서로의 바지통을 비교하고, 어딜 가면 더 예쁘게 줄인다더라, 저긴 아예 소재를 스판으로 해준다더라 따위의 가십을 이야기하며 하나의 문화를 형성했다. 멍청하게 보일 정도로 꽉 낀 바지를 입은 아이들은 소위 '쿨한 아이들' 대접을 받았고, 일반 바지를 입은 아이들은 그냥 평범하고 흔한 '찌질이' 취급을 받았다.

어느 날, 항상 이런 유행에 민감하게 반응하며 겉멋 부리기를 좋아하던 녀석 하나가 문득 내 바지를 지적하며 얘기했다.

"통 좀 줄여라. 찌질하게 그게 뭐냐. 쪽팔려서 같이 못 다니겠다."

냉소가 나오는 순간이었다. 그 우스꽝스러운 바지를 두고 자기들 딴에는 '멋있다'라고 생각하는 것이 도저히 이해가 안 되었다. 그러나 자기들이 좋다는데 굳이 참견할 바가 아닌 것 같아 말을 아끼고 있던 내게, 그 꼬라지의 바지를 입지 않았다고 '찌질하다'라며 면박을 주려한 것이다. 독설로 받아쳤던 기억이 난다. 도대체 자존감이 얼마나 떨어지면 남들이 멍청하게 바지 줄인다고 해서 너도 똑같이 바지를 줄여야만 하고, 고작 그 바지 줄인 거 하나 가지고 네가

"찌질하지 않은 사람"이라는 안도감을 느끼고 있는 거냐 이 찌질 아. 이런 말을 했던 것 같다.

다음 학년으로 올라가자, 이번에는 바지통을 늘려서 '통바지'로 만드는 게 유행했다. 한껏 바지를 줄이고 다니던 아이들은 부모님을 졸라 새 바지를 구입해야만 했다. 이번에는 하나 같이 바람결에 바지를 펄럭이고 다니며 자신이 폼 난다는 착각에 빠지고 있었다. 하나 같이 재빨리 바지를 교체해서 본 적은 없지만, 그때까지도 타이트한 바지를 입고 다니는 녀석이 있었으면 틀림없이 촌스럽다며 구박을 받았을 터다.

학창 시절의 그 유행 -어처구니 없는 교복 바지에서부터, 히말라야에서나 입어야 할 고급 패딩에 이르기까지-의 본질은 결국 '집단'이 강요하는 '기준'이다. 그 사회적 기준은 개인의 선택이나 자유 따위를 존중하지 않는다. 그렇게 개인성이 상실된 사회. 개개인이 사회가 강요하는 어처구니 없는 기준들에 맞추어가기 위해 발버둥치는 사회. 유독 이런 경향이 강한 사회. 이게 바로 한국 사회의 특징이라고 생각한다. 우리는 모두 자신에게 맞지도 않는, 심지어 좋아하지도 않는 '교복 바지'에 자신을 우겨넣으며 살고 있다. 찌질해지는 것이 두려워서. 찌질하게 보이는 것이 무서워서. 그렇게 헬조선이 탄생했다.

인터넷은 특정 개인을 악마화하는 유용한 수단이다. 그래서 소셜 미디어에서 유명세를 타는 건 정말로 불행해 보인다. 오프라인이 었으면 충분히 그러려니 하고 넘어갈 수도 있는 생각, 발언, 행동 이 온라인에서는 매우 심각한 문제로 대두되고, 심지어는 어떤 발 언이나 글을 맥락으로부터 잘라내 문제 삼기도 한다. 아주 까다롭 고 엄정한 기준으로 개인을 평가하고, 그 누구도 자유롭지 못할 도 덕 수준을 요구한다. 인터넷에서 유명인의 영역에 들어가는 순간, 실질적으로 인권이 박탈되었다고 보는 것이 맞다. 법적으로 문제 가 없어도 이른바 '국민정서법'을 거스르는 순간 인민재판을 맞이 하고, 사법 절차 없이 심판을 받는다.

그래서 대부분의 사람이 인터넷에서 침묵한다. 익명일 땐 그 어 느 곳보다 자유로운 공간이라지만, 자신의 이름을 걸고 무언가를 말하기에는 너무나 무서운 공간이다. 소신을 가지고 자신의 생각 을 말했다가 '공공의 적'이 된 사람이 어디 한둘인가.

나는 인터넷에 의해 악마화된 사람들을 볼 때마다 마음이 아프 다. 또 그럼에도 불구하고 끝까지 목소리를 내는 그들에게 존경심 을 느낀다. 그건 대단한 용기라고 생각한다.

인터넷에서 유명한 특정 인물에게 돌 던지기 좋아하는 사람들은 깜짝 놀랄 거다. 인터넷에서 '만들어진' 이 개인들이 실제로 만나면 자기와 다를 바 없는 사람들이라는 사실에. 자신과 똑같이 감정이 있고 인격이 있으며, 말이 통하는 대상이라는 사실에. 뭐만 하면 욕먹는 걸 스스로 알기에, 이 '공공의 적'이 오히려 남들보다 더 윤리적이고 도덕적으로 살려고 노력한다는 사실에.

　나는 이런 사람들을 존중하고 응원한다. 여론이라는 괴물에 맞서는 개인이 된다는 건 위대한 일이니까. 적어도 다수의 품에서 개인을 대상으로 돌을 던지고 있는 저들보다는 용감한 사람들이니까. '다수에 의한 독재'에 저항하는 이런 사람들이 있어야 민주주의가 제대로 작동하니까.

이 세상 모든 꼰대를 위하여

　'꼰대'. 나는 이 '꼰대'라는 게 굳이 그렇게 미움받아야 할 대상인가 항상 의아했다. 꼰대에게 당했던 썰, 꼰대 자기 점검 테스트, 꼰대가 되지 않기 위해 기억해야 할 몇 가지 등등. 이 공공의 적과 관련해 쓰인 다양한 스펙트럼의 글들을 보며 거부감을 느끼곤 했다. 굳이 저렇게 빡빡하게 굴 필요가 있나 싶어서다.

　누군가의 말이나 행동을 평가하기 위해서는 반드시 대상의 '의도'

를 고려해야 한다고 생각한다. 물론 세상에는 수많은 종류의 꼰대가 있지만, 꼰대질하는 대다수의 사람은 그 발언이나 행동이 대개 '선의'에 기반한다고 생각한다. 어쨌든 네가 잘 됐으면 하는 마음에, 조금이라도 더 챙겨주고 싶은 마음에, 답답하고 아쉬운 마음에 (가끔 어떻게든 자기가 이렇게 잘났다는 걸 드러내고 싶어서, '조언'을 가장한 '자기 자랑'을 하는 사람들이 있는데 이런 부류의 꼰대질은 남을 위한 선의가 아니라, 자기 과시욕에 취해 헛소리하는 거니까 욕먹어도 싸다.).

물론 이러한 선의가 받아들이는 이의 입장에서는 폭력으로 다가올 수도 있고, 주제 넘는 참견으로 다가올 수도 있다. 그렇다면 그 관계를 재정의하기 위해 '꼰대질'했다고 판단되는 상대에게 예의 갖추고 말하면 된다. 당신의 선의는 고맙지만 불편하다고. 혹은 나는 당신의 생각에 동의하지 않는다고. 적어도 이렇게 직설적으로 말해주는 게 뒤에서 꼰대질한다고 씹어대는 것보다 훨씬 낫다고 생각한다. 딴에는 좋은 의도로 말한 사람에게 군이 모질게 대할 필요는 없지 않나? 물론 저렇게 말했는데 버럭 화를 내며 꼰대질을 한층 강화한다면 그건 문제가 있는 사람이다. 아무튼 꼰대질이 개인에 대한 폭력이라면, 개인에게 "그러한 행동은 꼰대질이다"라며 겁을 주는 것도 폭력이다. '꼰대가 되지 않기 위한 몇 가지 지침' 따위의 글이 돌아다니고 있는 걸 보면서 실소가 나오는 이유다.

꼰대질과 조금이라도 비슷한 '참견 행위'에 알레르기를 보이는 사람들이 '개인주의자'를 자처한다면, 그건 개인주의에 대한 오독이다. 개인주의자는 개인이 추구하는 가치와 권리를 존중하고 개인과 개인의 다름을 인정하는 사람들이 아니던가. 내가 선호하지 않는, 나와는 '다른' 방식으로 나에 대한 정을 표현하는 선한 사람들을 도가 넘는 악의로써 대한다면 그건 그냥 사회성이 부족하거나, 예의가 없는 게 아닐까.

꼰대건 뭐건 간에 결국 개인의 표현 방식의 차이일 뿐이라고 생각한다. 개인주의 성향이 강한 서구 문화를 생각해보라. 커피 사러 가면 생전 처음 보는 점원이 오늘 하루 어땠느냐고 묻고, 출근하면 직장 동료가 지난 주말에 뭐했냐고, 하루 종일 집에만 있으면 어떡하느냐고, 나랑 다음에 하이킹이라도 가자며 대화를 시작한다. 정원 관리하고 있으면 옆집 아저씨가 넘어와서 풀은 이렇게 깎는 거라며 가르치기까지 한다.

선의를 가지고 내 삶에 참견하려는 사람들에게 고마움을 느낀다. 설령 그 방식이 내 마음에 들지 않더라도 말이다. 자기 먹고 살기도 각박한 세상에 나한테 신경 써서 관심을 가져주거나, 조언을 해주거나, 가르침을 주려는 사람들에게 '주제 넘는 행동에 대한 분노'를 느끼는 것보다는 '고마움'을 느끼는 게 맞다고 생각한다. 무엇보다 그런 사람이 많은 사회가 건강한 사회라고 생각한다.

지금도 행여 자기가 꼰대질 하고 있는 게 아닌가 싶어서 꼰대 욕하는 게시물들 살펴보며 몇 번이고 반성하고 있는 정 많고 착한 이 세상 모든 꼰대를 응원한다.

프랑스 혁명, 에드먼드 버크, 그리고 젊은 보수

"무기를 들어라 시민들이여! 너희의 군대를 만들어라. 나아가자, 나아가자! 더러운 피를 물처럼 흐르게 하자!"

프랑스의 국가 라 마르세예즈(La Marseillaise)의 가사 일부분이다. 이 곡은 1789년 프랑스 혁명 당시에 지어진 곡으로 한동안 금지되었다가, 1870년부터 프랑스의 국가로 노래되고 있다. 자유와 평등을 부르짖는 프랑스 혁명 정신을 잘 담고 있는 곡이라고 평가되는데, 가사를 보면 알겠지만 상당히 폭력적이다.

혁명의 조짐이 보이던 1789년 파리의 어느 날 밤, 시민들은 무기고를 습격하여 무장을 갖춘다. 이윽고 그들은 구체제의 상징이었던 바스티유 감옥으로 쳐들어갔고, 대규모 전투 끝에 감옥은 시민들의 손에 함락된다. 파리의 봉기 소식은 순식간에 전국으로 퍼져나갔고, 지방 곳곳에서 영주의 성이 습격당한다. 혁명이 시작되었다. 인권선언문이 낭독되고, 시민들은 왕과 귀족에 대항해 총칼을 들었다.

　한편 외국인의 입장에서 프랑스 혁명을 주의 깊게 지켜보던 한 사람이 있었다. 훗날 보수주의의 아버지라 불리는 영국의 정치철학자 에드먼드 버크였다. 1776년에 있었던 미국 독립 혁명을 열렬히 지지했던 그는 프랑스 혁명이 미국 독립 혁명과 같은 수순을 밟기를 기대했다. 그러나 에드먼드 버크는 이후 프랑스 혁명이 전개되는 과정을 보며 경악한다. 분노에 찬 군중에 의해 혁명이 지나치게 급진적이고 과격한 양상을 띠기 시작한 것이다. 그는 1790년 〈프랑스 혁명에 관한 고찰〉이라는 글을 통해 프랑스 시민들을 비판했다.

　이후 버크의 우려는 현실이 되었다. 프랑스 혁명의 영광 그 이면에는 잔혹한 숙청과 부당한 범죄가 숨어 있었다. 혁명군들은 혁명의 적으로 간주된 성직자와 귀족들을 갖가지 잔혹한 방법으로 살해했고, 강간했으며, 약탈했다.

　특히 마리 앙투아네트와 관련된 일화는 유명하다. 혁명군은 1793년 7월 왕비 마리 앙투아네트의 여덟 살 난 왕자 샤를을 붙잡아 왕비와 격리한다. 혁명군은 왕자로 하여금 왕비에게 불리한 진술서를 쓰도록 협박했고, 왕자는 독방에 갇혀 세뇌 교육을 받아야 했다. 어린 왕자에게 억지로 술을 먹이기도 했다. 결국 같은 해 10월, 마리 앙투아네트는 왕자 샤를과 근친상간을 했다는 죄명으로 처형당했다. 혁명군에 의해 조작된 진술로 실시된 재판이었다. 왕비는 사형에 앞서 삭발당한 채 짐 마차에 태워져 파리 시내를 한 바퀴 돌며 치욕을 당했다. 이후 그녀는 목이 잘렸고 시민들은 정의가 실현되었다며 환호했다. 마리 앙투아네트는 실제로 친절하고 검소한 여인이었으나, 혁명군들에 의해 그녀에 관한 이야기가 조작되어 천하의 퇴폐 귀족으로 역사에 기록되었다는 학자들의 주장이 있다. 왕비가 처형되고 나자 쓸모가 없어진 샤를 왕자는 독방에 갇혀 고통스러워하다 결국 1795년 고작 열 살의 나이로 폐렴과 영양실조로 사망했다.

이 모든 일이 혁명 이후 급진파가 중심이 된 혁명 정부 아래서 이루어진 일이었다. 혁명 정부의 지도자 로베스피에르는 혁명을 지킨다는 명분으로 공포 정치를 시작했다. 18세부터 40세에 해당하는 모든 남자를 징집하여 '혁명의 적'들을 찾아 나서게 했다. 1년 동안 약 50만 명이 투옥되고, 3만5천 명이 처형당했다. 물론 이 중에는 귀족과 성직자뿐만 아니라 새로 탄생한 혁명 정부에 대해 의구심을 표하는 이들, 혁명군이 혁명 과정에서 저지른 잘못들을 비판하는 이들 등도 포함되어 있었다. 자유와 평등을 부르짖으며 시작된 혁명은 이렇게 또 다른 억압과 공포로 귀결되었다.

에드먼드 버크가 제시한 보수주의는 바로 인간의 이러한 면을 경계하고 있다. 보수주의의 신념 그 가장 깊은 곳에는 '인간의 불완전성'에 대한 믿음이 있다. 인간은 완벽하지 않기에 언제든지 실수를 할 수 있고 잘못된 판단을 할 수 있다. 감정에 휘둘리기 쉬운 존재이며, 악의 유혹에 약하고 어리석기까지 하다. 즉 인간은 불완전하다. 그래서 보수주의자는 사람들이 정의라 굳게 믿는 것을 통해 급진적인 변화를 추구하려는 순간을 가장 경계한다. 사회의 개선은 인류가 오랜 시간 이성을 통해 쌓아 올린 사회 구조와 법치주의를 통해 천천히, 신중하게 진행되어야 한다고 주장하는 것이다.

젊은 보수가 늘고 있다. 많은 사람이 그 이유를 궁금해 한다. 이에 관해 고민할 때면 나는 늘 에드먼드 버크와 프랑스 혁명을 떠올린다. 내 연배의 사람들은 정치적 가치관이 형성되는 시기에 광우병 시위라는 중대한 사건을 목도했다. 끓어오르는 혈기에 시위에 직접 참가한 친구들도 있을 것이고, TV를 통해 시위를 바라본 친구들도 있을 것이다. 이후 광우병 시위가 얼마나 터무니 없었던 것인가를 깨닫고 나서 프랑스 혁명을 바라본 에드먼드 버크의 감정과 비슷한 것을 느꼈을 것이다.

이후 세월호 사고가 터졌다. 광우병 사태를 통해 인간이라는 존재의 민낯을 바라본 젊은이들은, 이제 세월호 시위를 지켜보며 감정적인 사람들이 정의감으로 한데 뭉치면 어떠한 악이 발생할 수 있는지를 깨달았다. 그 중심에 인간의 불완전성을 정치적으로 이용하려는 세력의 선동이 있다는 사실에 이를 갈았다. 즉 이들은 자유시장 등과 같은 우익적 가치관에 공감해서 젊은 보수가 된 것이 아니다. 인간의 불완전성을 목격함으로써 문자 그대로의 보수주의 자가 되었고, 또 진보 진영의 감성 정치에 대항하고자 우익의 스탠 스에 들어온 것이다. 소위 '국민미개론'이 유독 젊은 보수 사이에서 큰 공감을 끌어내는 이유라고 생각한다.

만일 이러한 내 생각이 맞다면, 지금 젊은 보수들은 진보 세력의 급진적인 투쟁 일변도 정치를 적대하기에 국민의힘 후보를 뽑는 것이지, 대한민국 우익의 정치 가치에 동조해서 그들을 뽑는 것이 아니다. 제1야당 국민의힘은 지금 우익 스탠스에 있는 젊은 보수들 을 상대로 자유시장에 대한 가치관을 설파하여 보수 정당의 정치 철학에 동조시켜야 한다. 그래야 훗날을 기약할 수 있는 것이다.

유감스럽게도 지금 국민의힘은 정치철학적 중심이 없는 기회주 의로 재미를 보고 있고, 또 이를 그만둘 생각이 없어 보인다. 근시 안적이라고 생각한다.

PART **07**

삶이 그대를
속일지라도

별 다섯 개

　미국에서 '우버'를 이용하다 보면 종종 그런 기사를 만날 때가 있다. 간단한 음료와 다과류를 준비해놓고, 리무진을 탄 듯한 서비스를 제공하려는 사람들. 친절하게 안부를 물어오는 기사와 유쾌한 스몰 토크를 하다가 도착할 때쯤 되면 기사는 어김없이 말한다.

　"즐거우셨다면 별 다섯 개 부탁드려요."

　물론 지금껏 어떤 기사를 만나든 항상 별 다섯 개 평점을 주곤 했다. 하물며 이렇게 훌륭한 기사를 만났는데 무슨 악감정이 있어 별점을 깎겠는가. 그럼에도 즐거운 대화와 함께한 여정이 별 다섯 개를 당부하는 부탁으로 끝날 때는 어쩐지 복잡한 심경이 들곤 했다. 기사에게 불편한 마음이 든다기보다는 나 스스로에게 불편한 마음이 드는 거다. 아, 내가 가벼운 마음으로 편하게 주고받은 그 대화들이 어쩌면 기사에게는 썩 달갑지 않지만 별 다섯 개를 받기 위해 해야만 하는, 그런 사무적 행위였구나 싶은 거다. 개인적 인간 관계라 생각했던 것이 사실은 사무적 서비스 행위였다는 사실을 깨닫는 순간, 스스로를 돌이켜보지 않을 수 없다. 서비스의 사용자라는 갑의 입장에서 나의 지루하기 짝이 없는 잡담은 소위 갑질이었을 수도 있겠다.

잠시 한국에 들어와서 '타다'를 이용하며 같은 생각에 빠지곤 했다. 분명 훌륭한 서비스다. 큰 SUV는 덩치가 큰 나 같은 사람을 태우기에도 넉넉하고, 좌석에는 충전기도 구비되어 있다. 택시 기사들이 말이 너무 많다는 불만들이 종종 나와서인지 타다 기사들은 말을 걸지 않는 한 침묵을 지킨다. 그렇게 조용하고 쾌적한 환경에서 이동하다 목적지에 도착하면 자동으로 결제가 되고 창이 뜬다. 별 몇 개짜리 여정이었냐고 묻는.

어제 문득 타다 기사님께 물었다. 별점의 영향을 얼마나 받으시냐고. 별점에 따라 인센티브를 받고, 별점이 깎이면 벌이에 꽤 차이가 난다고 한다. 그래서 물었다. 별점 때문에 힘들지 않느냐고. 간혹 기사의 서비스와는 관계없는 요인들, 예를 들어 차가 막힌다거나, 네비게이션의 경로와 승객이 원하는 경로가 다르다든가 하는 일 때문에 종종 별점을 깎는 일이 있다고 한다. 승객이 말을 걸어와서 대화를 이어가다 간혹 마음에 들지 않는 말을 했다고 불쾌해 하는 경우도 있다고 한다. 되도록이면 침묵을 지키는 이유라고 한다. 어떤 승객이 어떤 별점을 줬는지 알 턱이 없으니, 기사 입장에서는 그저 승객이 하차하고 나서 본인에게 호의를 가지고 있기를 바랄 수밖에 없다.

그런 말을 들으며 생각했다. 내 손가락이 별 개수를 결정하는 한, 타다 차량에서 내 몸은 편할지언정 마음은 불편할 거라고. 애당초 승객과 기사는 서비스 사용자와 제공자의 입장이다. 이 일시적 계약 관계에 갑을 관계는 분명하다. 그런데 이 별점 시스템이란 건 서비스 계약 관계를 넘어서 내가 개인적 영역이자 동등한 두 개인의 영역이라고 생각했던 대인 관계에까지 갑을의 입장을 우겨 넣는다. 그런 상황에서 사적인 시시콜콜한 이야기를 주고받으려 하는 건 서비스 제공자에게 일종의 감정 노동을 시키는 것이다.

물론 사람마다 개인차가 있을 것이다. 나처럼 가벼운 잡담을 즐기지 않는 사람은 생각이 또 다르겠지. 그런데 나는 술 마시고 집에 돌아가는 길에 다양한 사람들을 관찰하고 또 그들의 이야기를 들어온 택시 기사들의 이런저런 이야기 듣는 걸 좋아한다. 종종 나랑 생각이 다른 사람도 있고 다소 예의에 어긋난 언행을 하는 사람도 있지만, 사실 안 그런 대인 관계가 어디 있나. 그런데 별점이라는 무시무시한 인센티바이저-디센티바이저 때문에 철저한 을의 위치를 유지해야 하는 타다 기사님들에게 그런 걸 기대하는 건 내 갑질이다.

운전보다 사람이 훨씬 힘들다고 한다. 타다 기사의 말이다. 오죽하겠나 싶더라. 1초도 안 되는 시간으로, 고작 주머니 속 스마트폰과 손가락 끝으로 타인의 생계까지 위협할 수 있는 게 오늘날이다. 그리고 사악한 사람들은 그런 옹졸한 권력으로 사악한 일들을 한다.

영국 드라마 〈블랙 미러〉에 그런 에피소드가 있다. 가까운 미래에 모든 사람이 AR 렌즈를 통해 소셜미디어에 상시 연결되어 있고, 서로가 서로를 별점으로 평가한다. 별점이 높은 사람들은 상류층의 혜택을 누리고, 별점이 떨어진 사람들은 사회의 변두리로 밀려난다. 거창한 네오 러다이트 따위를 외치려는 게 아니다. 그저 어색한 침묵이 흐르는 타다 차량 속에서 나는 별 몇 개짜리 인간일까 고민해보는 것뿐이다.

캠핑 예찬

소로우의 〈월든〉을 읽고서 산으로 향한 기억이 있다. 처음 홀로 하는 야영이었다. 친구들과 어울려 텐트를 치고 고기를 구워 먹는 그런 일상적 유흥보다는, 소로우가 월든 호숫가에서 기록한 생각들을 곱씹어보고자 시도한 일종의 실험이자 명상이었다.

소로우는 2년간 외딴 호숫가에 살며 육체 노동으로 생활을 이끌어갔다. 그렇게 삶과 자연과 세상을 날 것 그대로 경험하며, 거꾸로 우리 사회의 껍데기들에 대해 생각했다. 문명 아래 침전된 불순물들을 사회에서의 단절이라는 거름망을 통해 관찰한 거다. 나도 짧게나마 야영을 통해 그의 시선을 빌려보고 싶었다.

처음 불을 피우기 위해 고생했던 기억이 아직도 생생하다. 나이프와 페로스틱을 잡고 한참을 고생하다 손에 물집이 잡히고 나서야 첫 불씨를 피워냈다. 물론 잘 살려내지 못해서 금세 꺼져버렸다. 기본적인 도구를 갖추고도, 현대 문명의 도움 없이는 이런 평화로운 숲속에서조차 살아남지 못하겠구나 하는 생각이 들어 절망했다. 브리즈번 근교의 그리 크지도 않은 산이었건만, 너무나 거대하게 느껴졌다. 그만큼 나 자신이 작고 초라해졌다. 자연의 준엄함 앞에 쭈그려 앉아 낑낑대며 실패를 거듭하다 보면, 세계 속 내 존재의 무가치함을 새삼 실감한다. 그렇게 한없이 작아진 내 존재가 더 이상 작아지지 않는 순간, 성장이 시작된다.

몇 시간이나 지났을까. 몇 번의 불씨를 더 죽인 다음, 그제서야 요령이 생겨 잔가지 더미에 불을 옮길 수 있었다. 한없이 작고 약한 불씨가 시간과 노력 그리고 경험을 통해 거대한 불꽃으로 피어올랐다. 처음으로 불을 피운 거다. 동물을 최초의 인간으로 각성시켰다는 불. 수천 년 전부터 내려오던 가장 기본적인 그 기술조차 이리 어렵고 또 위대한 것이다. 우여곡절 끝에 피워올린 불꽃을 보며 몸속 가장 깊은 곳에서부터 뿌듯함을 느꼈다. 그제서야 홀로 선 기분이었다.

그때 느낀 그 특별한 감각 때문에 나는 지금도 종종 캠핑을 한다. 자연 속에서 제한된 도구를 들고 하는 캠핑은 도전의 연속이고 배움의 연속이며 성취의 연속이다. 소로우는 아마도 이런 2년간의 경험을 통해 스스로를 단련하고 성숙시켰을 것이다. 그 기록이 〈월든〉일 터. 그렇게 그는 홀로 선 개인의 위대함을 경험으로부터 이야기할 수 있는 지성이 되었다.

지금도 불을 피워낼 때마다 그런 생각을 한다. 언젠가 나도 소로우처럼 긴 시간 호숫가에서 살아보고 싶다고. 호숫가에서 침잠하며 깊어지고 싶다고. 개인이 품고 있는 잠재성, 그 잠재성을 직시하고서 얻는 자긍심, 그런 각성한 개인들이 인류 역사를 통해 치열하게 쌓아온 문명, 일상 속에 무뎌진 감각으로 마주할 수 없는 그 문명의 위대함을 찬미할 수 있는 깨달음. 나같이 평범한 사람이 이런 통찰을 얻기 위해서는 몸으로 고생하고 느껴야 한다.

명품을 좋아한다. 내가 이 말을 하면 많은 사람이 오해를 하곤 한다. 허영심과 과시욕을 채우기 위해 유행에 따라 비싼 물건들을 구매한다는 그런 뉘앙스가 느껴지니까. 정확히 말하면, 나는 '물건의 품질'을 좋아하는 거다. '물건의 브랜드'가 아니라.

명품을 찾는 사람은 너무나 많은데, 명품을 감상할 줄 아는 사람은 너무나 적다. 특히 한국인이 그렇다. 유별날 정도로 유행에 민감한 소비 문화의 영향이라고 생각한다. 한국 사람들은 소위 명품이라 불리는 물건을 구매함에 있어, 그 물건의 품질이 주는 개인적 만족감보다는, 그 물건의 가격, 브랜드, 유행 등 사회적 의미에 더 집중하는 경향이 있다. 이런 풍토에서 번성하는 사업 모델이 두 가지 있다. 소위 짝퉁이라 불리는 명품 브랜드 모조품 장사, 그리고 공격적 마케팅을 통해 유행을 만들어 제품을 팔아먹는 트랜드 장사. 제품의 품질 대신 구매자의 허영에 호소하는 방식이다.

대개 가난한 나라나 가난에서 벗어난 지 얼마 안 된 나라에서 이런 사업 모델들을 자주 볼 수 있다. 유독 브랜드 로고를 크게 넣은 제품들, 유행에 맞춰 비슷비슷한 형태로 여러 브랜드에서 찍어냈다가 다음 시즌에 한꺼번에 사라지는 제품들, 전문적으로 만들어져 등급이 매겨진 짝퉁 제품들, 이런 물건들이 거리에서 보이는 빈도에 따라 그 나라의 경제 문화적 수준을 짐작할 수 있다. 그저 상징 자본을 위해 명품을 구매하는 사람들. 소유한 물건이 지위로, 계층으로, 소속감으로 대변되는 사회. 그만큼 개인의 경제적 지위와 사회적 지위가 불안하다는 말이다. 허세와 과시는 대표적인 방어 기제라고 하지 않는가.

이런 소비 문화는 장기적으로 구매자에게 해가 된다고 생각한다. 품질이라는 가치에 대한 대중적 이해가 발전하지 않는 상태에서, 그저 '비싸다', '유명하다', '유행한다'가 그 자체로 구매를 결정하는 주요 요소가 된다면 판매자는 그 수요에 맞춰 상품을 만들기 때문이다. 그러다보니 외국 브랜드인 척, 국산 브랜드와 비교해 상당한 프리미엄을 붙여 판매하고 있지만 실은 토종 한국 의류업체인 회사도 있다. 브랜드 이름만 빌려다 쓰는 것이다. 원단, 재료, 마감 등만 봐도 가격 대비 품질이 떨어진다는 인상을 지울 수 없다. 그럼에도 상당한 인기를 끌고 있다. 이런 성공 사례들이 있다보니 비슷한 기획 제품들만 쏟아진다. 국산품에도 분명 명품이라 부를 만한 것들이 있는데, 이런 좋은 품질의 상품들을 찾는 게 나날이 어려워지고 있다.

명품의 진가를 알기 위해서는 물건의 품질을 감상할 수 있는 안목을 가지고 있어야 한다. 이 물건 하나가 만들어지기 위해 거쳤을 수많은 시행착오, 전문가들의 시간과 노력, 미와 실용의 이상적 균

형을 갖춘 디자인에 대한 치열한 고민, 최상과 최적의 사이에서 찾아낸 재료와 이에 부끄럽지 않은 기술, 완벽을 좇는 완성도를 위해 아주 작은 부분까지 세심하게 신경을 쓴 마감. 내 눈 앞에 있는 물건이 어떤 가치를 품고 있는지 제대로 이해하기 위해서는 경험이 필요하고, 공부가 필요하고, 이를 통한 안목이 필요하다. 재화의 가치를 제대로 알지 못하고 그저 소비하는 데 의미를 두는 건 낭비에 불과하니까. 모두가 코노소어(Connoisseur)가 되어야 한다는 말이 아니다. 다만 굳이 발렌타인 30년을 마실 거면 캡틴큐랑 구분 정도는 하자는 말이다. 그저 상표 때문에 마시는 사람이 많다 보니, 캡틴큐에 스티커와 가격표만 바꿔서 팔아먹는 장사치들이 늘고 있다.

다시 말하지만 나는 명품을 좋아한다. 물욕이 강하고, 물질주의적인 속물이다. 습관처럼 내 손에 들려 있는 물건들에 투자된 가치를 감상하곤 한다. 그렇게 하루하루 내 주변 물건들에 세월과 추억을 쌓아가다 보면 마치 내 신체의 일부처럼 느껴질 때가 있다. 손때나 색바램 같은 정직한 시간의 흔적들은 결함이 아니라 켜켜이 새겨진 무늬다. Patina라고도 한다. 그런 물건들에 어떤 브랜드 로고가 붙어 있는지가 무슨 상관인가. 다만 나와 삶을 나눌 수 있는 품질인가 아닌가가 중요할 뿐이다.

'좋아요' 뽕

하나 확실한 건, 소셜미디어는 자의식을 비대하게 키우는 경향이 있다는 거다. 게시글의 대상이 실제 지인이 아니라 불특정 다수에 맞춰져 있다면 더욱 그렇다. 그래서 그릇이 작은 사람에게 소셜미디어는 독이다. 이 그릇이라는 게 별 게 아니다. 자기 반성, 자기 경계 그리고 주제 파악을 할 수 있느냐 없느냐로 그 크기가 정해진다. 이게 안 되는 사람, 즉 그릇이 작은 사람은 불특정 다수로부터 쏟아지는 관심에 취해 분별력을 잃게 된다. '좋아요'에 취해서 망가지기 시작한다는 거다.

가장 위험한 단계가, 소셜미디어 상의 관심을 가지고 자신을 정당화하기 시작하는 단계다. 자신의 의견이 무조건 옳다고 생각하게 된다. 정답이 없는 문제를 논하는데 자신의 의견이 정답이라 믿어 의심치 않는다. '좋아요'가 많이 달리고, 조회 수가 많이 찍히니까. 그렇게 편협한 자기 세계에 갇혀버리는 거다. 그 신기루 같은 관심들이, 마치 자신이 잘나서, 똑똑해서, 옳아서 쏟아지는 대중의 지지라고 착각한 거다. 그렇게 폭주하며 점점 불쾌한 인간이 되어버린다. 중증의 경우 심지어 이걸 권력이라고 생각하기도 하는데, 이런 경우 다 큰 어른이 인터넷에서 일진놀이를 하는 민망한 장면까지 연출하게 된다.

문제는 이 놀이에 끼고 싶은 사람들이 일종의 마음의 병을 앓고 있는 당사자들을 더욱 부추긴다는 거다. 유희 삼아서 그런다. 뭔가 논란이 벌어지고, 싸움이 나고, 드라마가 생기면 항상 뛰어들어 사건의 중심에 있는 사람들을 더욱 극단으로 몰아가곤 한다. 물론 이들에게 필요한 건 그저 무료한 일상을 달래줄 팝콘각 노가리 소재일 뿐이다. 그렇게 끼 많은 인간들은 광대로 전락하고, 개개인의 비극은 대중의 희극이 된다. 그럼에도 나날이 이런 무대 위로 기꺼이 올라가려는 게 이른바 '인플루엔서'라는 건지도 모르겠다. 무언가 더 나은 사람이 된 듯한 착각에 빠지고 싶어서이다.

SNS로 망가지는 수많은 사람을 보면서 나도 행여 저리 되지는 않을까, 아니 어쩌면 저리 된 게 아닐까 두려움을 느낀다. 그래야 마땅하다. 나는 광대가 되고 싶은 생각이 없고, 나를 광대로 만들고자 하는 사람들을 경멸한다.

찐따가 좋다

'인싸'와 '아싸'라는 말이 있다. 사람들과 잘 섞여 어울리는 인기인 '인사이더'와 사람들과 어울리지 못해 혼자 노는 '아웃사이더'를 뜻한다. 아싸와 유사한 속어는 '찐따'쯤 될 것이다. 사실 인싸와 아싸로 사람들을 구분하는 건 아직 철이 덜 든 학창 시절에나 통용되던 개념이다. 그런데 소셜미디어의 대중화로 이제는 청년, 중년, 장년 할 것 없이 인싸와 아싸를 이야기한다.

페이스북이나 인스타그램을 보면 절실하게 인싸가 되고 싶어하는 사람이 많이 보인다. 인기가 있거나 영향력이 있어 보이는 사람들과 어울리려 하고 이들을 추앙한다. '좋아요'라는 수치화된 관심이 일종의 권력이 된 소셜미디어의 특성이라고 생각하지만, 여전히 사춘기가 한창인 10대들을 보는 것 같은 인상은 지울 수 없다.

스마트폰 스크린 속 세상이 내 삶을 지배하는 시대가 왔다. 일상의 단편을 화려하게 치장해 전시하는 게 일반화된 시대. '좋아요'를 갈구하는 인정 욕구 속에서 다들 인싸가 되기 위해 발버둥치는 것만 같다. 자기 자신에게 행복한 삶을 살기보다는, 소셜미디어에 보여주기 위해 행복한 척하는 삶을 살려는 것 같다. 소셜미디어에 넘쳐나는 수많은 글과 사진 중 게시자의 진짜 모습을 담고 있는 건 몇이나 될까.

모두가 인싸가 되고 싶어 가면을 쓰고서 자신의 '쿨'함을 보여주기 위한 허례허식에 젖어 있을 때, 멀리서 자신의 삶을 덤덤히 살아가는 아싸들이 좋다. 이런 이들을 찐따라 칭하며 비웃고 경멸들 하지만, 진짜 자신의 삶을 충실하게 살아가고 있는 건 차라리 이런 찐따들이다. 청소년기 무리 근성을 벗어나지 못한 인싸들. 자존감이

낮고, 유약하고, 때로는 야비한 이런 이들과 어울리기보다는 자기 자신에게 솔직하고 충실한 이들과 어울리는 게 더욱 즐거운 건 당연지사다.

성인들이 어린 학생마냥 개개인의 삶과 개성을 존중하지 못하고, 인싸와 아싸라는 편협한 경계를 기준으로 세상을 바라보고 있는 현 시대가 안타깝다. 하지만 그럼에도 꿋꿋하게, 소박해 보이지만 누구보다도 충실하게 자신의 삶을 살아가는 찐따들을 보며 위안을 얻는다. 찌질한 건 당신들이 아니다. 자신의 가치를 타인과의 관계에서 찾으려 하는 자존감 낮은 인싸들보다 당신들은 훨씬 더 멋지고 매력적인 사람들이다. 나는 이런 찐따가 되고 싶다.

자발적 캐스트 어웨이

왜 굳이 그런 고생을 하러 가느냐고 묻는 사람들이 있다. 길도 없는 숲속을 헤쳐나가고, 전화도 안 돼 다치기라도 하면 목숨이 위험한 그런 오지로의 모험. 낮에는 움직이느라 힘들고, 밤에는 곰이나 늑대, 코요테를 걱정하며 쪽잠을 자야 하는 고행. 사냥이나 낚시를 해서 배를 채우고, 그마저도 실패하면 통조림이나 육포 따위를 아껴가며 먹어야 하는 허기진 여정.

이런 이야기들을 해주면 이해가 안 된다는 얼굴을 하고서 물어온다. 도대체 왜 그런 생고생을 하느냐고. 그럴 때마다 영화 〈캐스트 어웨이〉의 한 장면을 이야기해준다. 무인도에서 살아 돌아온 톰 행크스가 호텔 방을 둘러보며 생각에 잠기는 장면이 있다. 풍족한 음식들, 버튼을 누르기만 하면 불이 나오는 라이터, 언제든지 빛을 얻을 수 있는 전등, 인간의 삶을 개선한 수많은 도구. 그는 무인도 생활 전 너무나 당연하게 여겨왔던 일상의 조각들을 새삼스럽게 바라본다.

바로 그런 거다. 문명에서 벗어나 홀로 서는 순간, 그제서야 인간은 진정으로 개인이 된다. 평소 우리 삶을 이루는 '당연한 것들'에서 떨어져 혼자가 되는 거다. 그 과정에서 인류가 쌓아온 이 문명의 위대한 산물들에 대해 깨닫게 된다. 또 홀로 선 인간이란 자연 앞에 얼마나 작은 존재인가를 깨닫게 된다. 자기중심적 시점이 세계로 확장되는 순간이다.

유치한 반물질주의 따위를 이야기하는 게 아니다. 우리가 누리는 것들로부터 일시적으로 멀어짐으로써 그 가치들에 대해 다시 한번 생각하고, 감사하게 되는 체험을 이야기하는 것이다. 일상적인 것들의 소중함을 느끼는 것. 이런 경험은 내 삶에 대한 만족을 불러온다. 내가 누리고 있는 것들의 가치를 진정으로 깨닫게 될 때, 그때 우리는 더욱 행복한 소비를 할 수 있게 된다. 그렇게 삶의 동력은 더욱 강해진다.

힘든 여정이 거듭될수록 나 스스로에 대한 자존감과 자신감을 얻게 된다. 오지에서 세계의 광활함을 느끼고, 문명의 위대함을 느끼고, 나아가 개인의 존엄함을 느끼게 되는 것이다.

문명이 닿지 않는 자연이라는 거대한 고립 속에서 지혜와 의지로 삶을 이어가는 개인이란 실로 담대한 존재다. 생존한다는 것이 바로 이런 것이다. 생존이라는 삶의 본질은 우리의 일상 속에서 잊혀진 감각이다. 그 야성을 되찾음으로써 타성에 젖은 '살아지는' 삶에서 벗어나, 진정으로 자신이 '살아가는' 삶을 얻게 된다.

육체와 정신은 연장과 마찬가지로 반복 속에 무뎌진다. 이런 경험을 통해 날카롭게 날을 갈아줘야 한다.

나의 SNS 원칙

내가 페이스북을 비롯한 소셜미디어에서 절대 하지 않는 것이 있다. 특정 인물을 지칭하여 비난하는 것이다. 욕을 먹는 대상이 보이지 않도록 글을 쓰고, 자신의 주위 사람들을 통해 비난 여론을 조성해 소위 '조리돌림'하는 것. 이것이 인터넷을 통해 할 수 있는 최악의 양아치 짓이라고 생각한다.

공익을 위해 객관적 관점으로 공인을 비판하는 것과 자신의 감정적 이유로 개인을 비난하고 그에 대한 공격을 유도하는 건 전혀 다른 차원의 행동이다. 개인에게 문제 의식을 느끼면 공개적으로 비판하라. 굳이 드라마를 만들고 싶지 않다면, 대상을 지칭하지 않고 맥락을 가지고서 저격하라. 그저 싫어서 앞뒤 없이 마냥 비난하고 싶은 거라면 머릿속으로나 하라. 당신이 그 사람이 보이지 않는 곳에서 야비하게 입을 놀리는 순간 당신은 당신이 그토록 싫어하는 그 사람보다 저열한 인간이 되는 것이고, 주위 사람들과 그를 까내리며 히히덕거릴 때 누군가는 그런 당신들의 유아적 모습에 냉소를 보낸다.

인터넷으로 온갖 위선을 떨어대도, 이런 행동 하나하나에 스크린 뒤에 숨긴 당신들의 추악함과 찌질함이 드러나는 법이다. SNS에서 그 대단한 고담준론들 나누기 전에, 말의 무게를 깨닫고 인간에 대한 최소한의 예의는 지킬 줄 아는 그런 어른부터 되시길 바란다.

이 세상 모든 느림보에게

NASA에서 태양계 탐사를 위해 추진한 보이저(Voyager) 계획. 이를 위해 우주 탐사선 보이저 1호와 보이저 2호가 만들어졌다.

1977년 보이저 탐사선들은 우주로 쏘아 올려졌다. 재미있게도 보이저 1호보다 2호가 먼저 발사되었다. 보이저 2호는 8월 20일, 1호는 9월 5일에 발사되었다. 나중에 발사된 탐사선에 1호라는 별칭이 붙은 이유가 있다. 보이저 1호가 2호보다 더 빠르게 비행하도록 설계되었기 때문이다. 1호는 더 좋은 궤도를 타고 날아가 보름이나 먼저 발사된 2호를 금세 따라잡았다. 그렇게 2호를 앞지른 1호는 1979년 3월 최초로 목성을 통과한다. 보이저 2호보다 4개월이나 빠른 기록이었다. 1호는 별 무리 없이 남은 임무를 마치고 현재는 태양계의 끝자락에 도달했다.

학자들은 이 위대한 탐사선에 찬사를 보낸다. 세계에 대한 인간들의 인식을 넓히고 기존의 상식을 뒤바꾼 비행선이기 때문이다. NASA는 인류 역사상 가장 빨리, 그리고 가장 멀리 날고 있는 보이저 1호에게 '성간 비행'이라는 새로운 임무를 맡겼다. 태양계를 넘어 아직 그 누구도 보지 못한 미지의 세계를 탐사하는 개척자의 임무를 맡긴 것이다.

보이저 1호는 외계 생명체와 조우할 가능성을 두고 각 나라의 인사말과 지구의 사진, 소리 등을 담은 '골든 레코드'를 품고 있다. 인류는 우리의 메시지가 보이저 1호를 통해 외계로 전달되기를 바라고 있다.

　보이저 1호는 더 좋은 조건과 지름길 덕분에 보이저 2호보다 늦게 출발했음에도 불구하고 2호를 금방 앞질렀고 역사를 만들며 인류의 기대를 한 몸에 받고 있다. 한편 보이저 2호는 어느새 잊혀버렸다. 사람들이 '보이저 호'에 대해 이야기할 때면 그것은 1호에 관한 이야기이지 2호에 관한 이야기가 아니다.

　그런데 보이저 2호를 측은히 여긴 건 내 주제 넘는 건방이었다. 보이저 2호는 비록 1호보다 느렸지만 차근차근 자신의 임무를 수행했다. 보이저 1호가 목성과 토성을 거쳐 태양계 가장자리를 향해 날아가는 동안, 1호보다 9개월 늦게 토성에 도착한 2호는 끈질기게 다음 태양계 행성을 향해 날아갔다. 5년 후 2호는 1호가 지나친 천왕성에 도달했고, 다시 3년 후 해왕성에 도달했다.

　현재 인류가 가지고 있는 천왕성과 해왕성에 대한 지식은 보이저 2호에 의해 얻은 것이다. 보이저 2호는 다섯 개로 알려졌던 천왕성의 위성이 사실은 열 개임을 알렸고, 해왕성의 북극 4,850km 상공에까지 접근해 여섯 개의 위성을 새로 발견했다. 각종 기상 현상을 관측한 것은 물론이고, 해왕성 위성의 정체를 알림으로써 태양계 생성의 비밀을 푸는 실마리를 제공했다.

　보이저 2호는 정체를 알 수 없는 신호를 관측하거나 통신 장애를 겪기도 하고, 기체 문제를 호소하기도 했다. 그렇게 각종 우여곡절을 겪으며 계속 나아가고 있다. 가장 빨리, 가장 멀리는 아닐지라도, 자신의 임무를 수행하며 계속해서 항해하고 있는 것이다. 고독 속에서.

기한보다 더 오래 임무를 수행한 보이저 2호는 지구를 떠난 지 40년이 되는 2017년에 태양계의 자기권이 미치는 범위인 헬리오스피어를 넘어 그 바깥 공간에 있는 헬리오포즈에 도달했을 것이다. 비록 1호보다는 늦었지만, 1호와는 전혀 다른 방향으로 태양계 바깥을 향해 전진한 것이다. 출력이 완전히 정지했을 2020년까지 보이저 2호는 계속 나아갔을 것이다. 2호의 가슴 속에도 1호와 같은 '골든 레코드'가 담겨 있다.

보이저 2호는 저 멀리 우주에서 이 세상 모든 느림보를 응원했던 것이다.

원칙에 관하여

군대에서 훈련소 조교를 할 때의 이야기다. 조교 중에 유독 정이 많은 친구가 있었다. 아니, 정확히 말하면 이 친구는 정이 많은 것이 아니라 정을 숨길 줄 모르는 것이었다. 조교가 되기 위해 훈련을 받을 때, 선임들이 가장 먼저 하는 소리가 '절대 훈련병들 앞에서 웃지 마라'였다. 웃음뿐 아니라, 분노, 짜증, 피로 등 그 어떤 감정도 드러내지 않도록 교육받는다. 실제로 '조교모'는 다른 모자에 비해 챙이 두 배 가까이 길다. 조교들의 눈을 가려 훈련병들이 감정을 읽지 못하게 하기 위함이다.

그런데 이 친구는 감정을 숨기지 않았다. 훈련병들 앞에서 종종 웃음을 보이는 것은 물론, 마음에 드는 특정 훈련병들에게 친근한 감정을 드러내기도 했다. 많은 선임이 그러한 행동을(군대 방식으로) 꾸짖고 나무랐지만 쉽게 고쳐지지 않았다. 선임들이 보지 않을 때 훈련병들과 노닥이며 친근한 관계를 유지했고 그것을 즐겼다. 또 적당히 훈련병들의 사정을 봐주기도 했다. 예컨대, 휴식 시간에만 허용되는 화장실 이용을 본인 재량껏 훈련 도중 허용한다거나, 마땅히 얼차려를 부여해야 할 상황에 훈련병의 사정을 고려하여 봐주는 것 등이다.

당연히 이 친구는 훈련병 사이에서 최고의 인기를 누리는 조교가 되었다. 다른 조교들은 전부 무뚝뚝하고 쌀쌀맞은데, 이 조교는 인간적으로 다가와 자신들과 농담도 주고받고 친근하게 대해주니 얼마나 좋았겠는가. 게다가 앞뒤 상황을 고려하며 적당히 '유도리' 있는 모습을 보여주기도 했다. 그렇게 훈련 1~2주차까지 이 조교는 '천사 조교'라 불리며 250명 훈련병에게 연예인과 같은 사랑을 받았다.

그런데 시간이 흘러 훈련 강도가 점점 세지자 이 친구는 훈련병들에 대한 통제력을 잃기 시작했다. 이 조교가 통제를 할 때면 훈련병들이 풀어지는 것이다. 훈련은 힘들고 몸은 지치는데, 자신들과 친한 조교가 통제를 하니까 편한 마음으로 훈련에 임하는 것이다. 사고로 이어질 수 있는 위험한 훈련들이 계속되는데 훈련병들이 긴장이 풀려버렸다. 결국 주간 행군 중에 문제가 터져버렸다. 이 조교가 통제하는 소대에서 가장 많은 낙오자가 나온 것이다. 적당히 걷다가 힘이 들면 주저앉아버렸다. 자신들을 인간적으로 대해주는 조교가 옆에 있으니 어떻게 적당히 봐주겠지라는 생각이 들었을 터다.

이 친구가 맡은 소대는 그렇게 '문제 소대'가 되었다. 가장 말썽을 많이 일으키고, 가장 소란스럽고, 가장 빨리 지치고 포기하는 소대가 된 것이다. 문제들이 수면 위로 올라오기 시작하자 이 친구에게 선임들과 간부들의 질책이 쏟아졌다. 당연히 이 친구는 큰 실망감과 배신감을 느꼈다. 나는 훈련병들에게 그렇게 잘해줬는데 훈련병들은 나를 이렇게 배신하느냐는, 그런 분노를 느꼈을 터다. 그 이후부터 이 친구는 도가 지나친 행동을 반복하기 시작했다. 심한 욕설은 물론이거니와 규정에 어긋나는 지나친 얼차려를 부여하기도 했고, 심지어는 폭력까지 사용했다. '천사 조교'라 불리던 그 친구는, 본인 감정에 따라 정신이 왔다갔다 하는 '또라이 조교'로 불리게 되었다. 결국 그의 폭력 행위는 상부에 보고되었고, 그는 조교 임무를 박탈당하고 영창에 가게 되었다.

나는 '원칙'이라는 것에 대해 생각할 때면 항상 이 기억을 떠올린다. 원칙에서 벗어나 온정주의로 훈련병들을 대한 순간부터 이 친구는 조교로서 자격을 잃은 것이다. 원칙에서 벗어나 '유도리' 있게 행동했던 그는 더 큰 혼란을 불러왔고, 결국 그 혼란에 대하는 방식마저 원칙에서 벗어난 쪽을 택해 완전히 몰락해버렸다.

분명 원칙이라는 것은 때때로 답답해 보인다. 상황에 따라 타협할 필요도 있어 보이고, 적당히 무시할 필요도 있어 보인다. 하지만 이를 끝까지 지켜나가는 것이 장기적으로 더 큰 성공을 이끌어 낼 수 있다.

거북이

나는 원래 머리가 나쁘다. 그래서 무언가를 새로 배울 때 남들보다 시간이 많이 걸린다. 첫 아르바이트를 시작하고 일주일이 되던 날을 기억한다. 너는 왜 이렇게 일 배우는 게 느리느냐며 점장에게 호되게 야단을 맞았다. 그 이후로 뭐든지 새로 배우는 게 있으면 메모를 했다. 머리로 기억하는 대신 메모장이 기억하게 했다. 그 다음부터는 메모장한테 배우고, 메모장이 시키는 대로 했다.

총명한 사람들은 무슨 일을 하든 빨리 적응을 하는 것 같았다. 어떤 아르바이트를 하든, 어떤 회사에 가든 마찬가지였다. 나는 늘 그 뒤를 쫓는 기분이었다. 행여 내가 앞선 사람들의 발목을 잡지는 않을까 미안한 마음이 자주 들었다. 다행히 시간이 지나고 나면 저 앞에 달리고 있던 친구들도 정지하게 된다. 기본적인 업무를 다 배우고 일에 적응한 시점이다. 조금 늦더라도 언젠가 시간이 흐르고 나면 같은 자리에 서게 되었다.

거북이로 사는 것이 나쁜 것만은 아니다. 느리게 가야만 보이는 것들이 있다. 업의 본질이다. 나는 어떤 일을 하건 이 일을 왜 해야 하는지부터 이해해야 한다. 일의 메커니즘을 완전히 이해하지 못한 채 업무를 하려면 머리가 나빠서 그 흐름을 따라가지 못한다(어쩌면 남들이 얼핏 보고 깨닫는 일의 프로세스를 나만 못 깨닫는 건지도 모르겠다.). 그래서 업무의 전체 그림을 먼저 익히려 하고, 원리와 순서를 배우고 나서 내가 하는 일들을 익힌다. 대신 이 과정을 겪고 나서 남들을 따라잡으면, 응용된 일들을 처리하는 데 가속도가 붙는다. 간혹 남들을 앞서나갈 때도 있다.

무엇보다, 머리가 나쁘고 둔한 사람들은 대개 끈기가 있다. 여기서 끈기는 삶의 방식일 뿐 노력의 결과 따위가 아니다. 머리가 나

쓰면 몸이 고생한다. 자꾸 몸이 고생하다 보면 당연히 체력이 남들보다 좋아진다. 그래서 거북이들은 느리지만 멀리 갈 수 있다. 세상 모든 거북이가 좌절하지 않고 꾸준히 걸어나갔으면 좋겠다. 혹시 모두가 지쳤을 때도 굴하지 않고 끝까지 나아가면 언젠가 토끼들에게 선망의 대상이 되는 날이 올지도 모를 일이다. 이건 내게 던지는 메시지이기도 하다.

노력해도 안 되는 세상이라고들 비웃지만, 나는 할 수 있는 게 노력 말고는 없다. 가끔 교만해지고 게을러질 때가 있는데 나는 그때마다 주제 파악을 다시금 해본다. 노력이라도 하지 않으면 따라갈 수 없다.

나의 이상형

섹시한 사람들이 있다. 마치 아웃포커스 기법이 사용된 듯 주위는 흐릿한데 혼자서 선명한 빛을 유지하는 사람들이다. 어디를 가든 돋보이는 이러한 유형의 사람들은 '척추(spine)'를 가지고 있다. 이 사람들의 등 골격 구조가 특별하다는 말이 아니다. '줏대', '신념', '소신' 등을 얼버무려 '척추'라 표현했다. 이 사람들은 흐릿흐릿 엇비슷한 사람들 사이에서 유독 강렬한 색채를 지니고 있다. 그래서 잘 생기고 못 생기고를 떠나, 마주 대하는 것만으로 사람을 홀리는 듯한 매력을 풍긴다.

내가 인간적 매력을 느끼는 이러한 유형의 사람들은 몇 가지 공통점을 가지고 있다. 가장 대표적인 것이 '긍지'. 긍지는 곧 '무언가를 믿음으로써 가지는 당당함'이다. 그 믿음의 대상은 자신의 능력, 행동, 신념 등 다양한 것이 될 수 있다. 중요한 것은 무언가에 확신을 가지고 있을 때만이 나올 수 있는 그 당당함의 아우라가 특별함을 만든다는 것이다.

또 다른 공통점은 '선함'이다. 옳음을 추구하고, 타인을 배려하며, 친절을 베풀 줄 아는 사람에게서 일종의 '여유'를 느낀다. 그 사람의 그릇이 커서 온갖 불의와 악의가 넘쳐나는 세상의 풍랑에도 불구하고 꿋꿋이 선의를 유지하고, 이를 실천할 수 있다는 생각이 든다. 사실 그리 거창한 것도 아니다. 바쁘고 지치는 일상 속에서 타인에게 도움의 손을 건넬 수 있는 사람들, 타인의 입장에서 생각할 줄 아는 사람들, 타인의 기분을 위해 항상 웃음으로 대하는 사람들 등. 이런 일상 속의 선한 사람들이 바로 이 '선함을 추구할 여유'가 있는 사람들이다. "Nil magnum Nisi bonum(선함이 없으면 위대함도 없다)"이라는 말이 있다. 그 어떤 성취도 선한 의도가 그 바탕에 없었다면 위대해질 수 없다는 말이다.

마지막으로 떠오르는 공통점은 '똑똑함'이다. 줏대 있는 사람들은 자신만의 확고한 분야를 지니고 있다. 그것이 학문이건, 전문 기술이건, 일이건 간에 꿋꿋하게 한 분야의 길을 걸어온 사람이 많다. 이런 사람들은 똑똑하다. 특정 분야에 대한 다양한 경험과 지식은 물론이고, 범부가 가질 수 없는 통찰을 지니고 있다. 학력 수준을 떠나, '지혜롭다'라는 말이 어울리는 사람들이다.

그의 뒤통수

학창 시절, 유난히 작고 조용한 친구가 있었다. 교실 맨 앞줄 끄트머리에서 졸곤 하던 이 친구는 개학하고 한참이 지났는데도 이름을 기억하기가 어려운 그런 존재감 없는 학생이었다. 소심한 성격 탓인지 다른 친구들과 잘 어울리지 못하던 그 친구를 보며 주제 넘지만 어쩐지 안쓰러운 마음이 들었다.

언젠가 쉬는 시간에도, 점심 시간에도 혼자 덩그러니 앉아 있는 그 친구를 보고 영 마음이 좋지 않아 먼저 다가가 말을 걸었다. 긴장한 기색이 역력한 얼굴로 내 의중을 살피던 그에게 시덥잖은 일상 이야기를 건네며 말문을 텄다. 그렇게 가끔 먼저 농담도 걸고, 친구들과 같이 놀 때 그를 불러 무리에 끼워 넣기도 하면서 그와 나름 친해졌다 생각하게 되었다. 어쩌면 감히 그를 나보다 아래라 생각하고 베푼 값싼 동정심이자 주제 넘는 우월 의식의 일환이었을 지도 모르겠다.

그의 취미이자 특기이며 유일한 즐거움이 게임이라는 사실을 알게 되었고, 그와 함께 온라인 게임을 했던 기억도 난다. 나는 반에서 색깔이 없던 그 친구에게 자신감을 불어넣어주고자 그 친구가 대단한 '게임 고수'라 떠벌리고 다녔고, 그 아이를 찾는 반 아이들은 차츰 늘어났다. 지금 돌이켜보면 참 오만한 일이었지만, 철이 없던 나는 거기서 이상야릇한 뿌듯함을 느끼곤 했다.

그런데 어느 날, 담임 선생님으로부터 그 친구 문제로 호출을 받게 되었다. 선생님은 내가 그 친구를 괴롭히고 있다고 생각하고 있었다. 이유인즉, 그 친구가 선생님과 개별 상담을 하는 과정에서 놀림과 괴롭힘 때문에 학교 생활이 힘들다고 말했다는 것이다. 선생님은 가담자들의 이름을 물었고, 그 친구는 못된 아이 몇몇과 함께 내 이름을 이야기했다. 소심하고 왜소한 아이들을 괴롭히던 그런 녀석들과 같은 선상에 놓였다는 사실도 충격이었지만, 내가 도왔다고 생각했던 그 친구가 나를 괴롭힘의 주체로 받아들이고 있었다는 사실이 더 큰 충격이었다. 선생님은 내게 항변의 기회조차 주지 않고 야단을 쳤다. 선생님 눈에 나는 반장이면서 왕따를 주도하는 그런 못난 놈이었다.

그 사건 직후 나는 그 친구에게 달려가 윽박지르며 따져댔다. 어떻게 내게 그럴 수가 있느냐고, 내가 얼마나 잘해줬는데 무슨 나쁜 감정이 있어서 그러느냐고, 내가 너를 괴롭히기라도 했느냐고. 일종의 보상 심리와 배신감이 뒤섞인 분노였었다. 그 친구는 눈길을 피할 뿐 아무 말이 없었다. 한껏 움츠러든 그를 보며 분노와 연민 사이에서 갈피를 못 잡던 나는 그냥 물러나기로 결심했다. 그 다음부터 그를 철저히 투명 인간 취급했다. 그는 그렇게 반에서도 다시 투명 인간이 되었다. 아니 어쩌면 진짜 왕따가 된 건지도 모르겠다. 자초지종을 들은 내 친구들이 그에게 분노했고 나는 그 분노를 방치했으니까. 언제나처럼 교실 구석에 덩그러니 앉아 있던 그의 뒤통수를 한 번씩 흘끔거리며, 저 못난 놈이 도대체 왜 그랬던 걸까 고민했던 기억이 난다. 여전히 분노와 연민 그 사이 어딘가에 있는 기분을 느끼며.

그렇게 몇 해가 지나면서 나는 철이 들었던 것 같다. 그 친구의 뒤통수를 떠올릴 때마다 내 실수들이 하나둘씩 보이기 시작했으니까. 감히 위에서 아래로 그 친구를 내려다본 것부터가 내 실수이자 잘못이었다. 어쭙잖은 동정심으로 건넨 도움은 사실 그 친구를 위한 것이 아니라 내 유아적 자존감을 위한 것이었다. 도움을 요청한 적 없는, 아니 애당초 힘들어하지도 않았던 그 친구를 제멋대로 약자라 생각하고, 철저하게 내 사고 중심으로, 내 방식으로 손길을 건넸다. 그를 고수님이라 치켜세우며 떠들던 것이 그 친구에게는 부담이었을 수도, 놀림이었을 수도, 괴롭힘이었을 수도 있었다. 그렇게 원치 않는 관심과 장난 속에서 그의 평화롭던 세계는 파괴되었다. 그를 내 관점으로 정의하고, 연민하고, 내 세계로 억지로 끌어들이려 한 것이 내 죄였다.

사람은 누구나 자신의 세계에 갇혀서 산다. 그래서 타인을 완전히 이해할 수 없다. 관계라는 것이 그리도 어려운 이유다. 내가 내 세계의 방식으로 다른 사람들을 대할 때 항상 조심해야 하는 이유다. 내 평범한 말, 행동, 사고 방식이 타인에게는 상처로 다가올 수 있다. 그렇다고 이를 일일이 예방할 수도 없는 노릇이다. 우리가 기껏해야 할 수 있는 건, 이렇게 가끔 나를 돌아보며 매무새를 정리하는 정도가 아닐까.

망상 놀이

내 흑역사 중 하나다.

초등학교 여름방학 때 한 달 가량 캠프에 간 적이 있다. 시골 어딘가에 있는 대학교 기숙사와 강의동을 빌려서 수련회 개념으로 운영하던 캠프였는데 정말 할 게 없었다. 일정이 끝나면 네 명씩 배정된 기숙사 방에 처박혀서 무료한 시간을 때워야만 했다. 스마트폰이 있던 시절도 아니고, 딱히 다른 할 게 있는 것도 아니고, 그저 이런저런 얘기를 하며 시간을 죽이는 수밖에 없었다.

그러던 중, 여학생들이 머무는 기숙사에서 도난 사건이 일어났다. 뭐가 없어졌다고는 하는데 그게 뭔지 기억은 안 나고, 아무튼 그 도난 사건으로 학생들이 웅성거리기 시작했다. 선생님들은 다음날 학생들의 귀중품들-기껏해야 천 원짜리 몇 장 들어 있을 지갑이었겠지만-을 일괄적으로 수거했다. 혹시 또 모르니 항상 소지품을 잘 챙기라는 당부와 함께. 그 날, 무슨 생각이었는지 나는 친구들에게 헛소리를 했다.

"우리 캠프에 몰래 침입한 도둑놈이 있는 것 같아."

무료함을 달래기 위한 일종의 놀이였다. 그 날, 천방지축 네 명이 모여 있던 우리 방에서는 범인에 대한 갖가지 망상이 펼쳐졌다. 그건 우려와 공포로 가장한 즐거움이었다. 우리는 흥미진진한 상상의 나래를 펼치며 있지도 않은 도둑놈을 너무나 선명한 존재로 탄생시켰다. 다음 날, 그리고 그 다음 날에도, 우리는 계속해서 대화를 이어나갔고, 각종 무기(!)를 만드는 등 도둑놈이 우리 방에 침입할 시 공격하기 위한 작전을 세웠다.

어느 샌가 우리의 이 재미있는 놀이는 다른 방으로, 나중에는 캠프 전체로 퍼져나갔다. 우리가 했던 이야기들이 돌고 돌며 캠프에 참가한 학생 전체가 공유하는 놀이가 된 것이다. 그런데 이상한 일들이 벌어지기 시작했다. 여러 방에서 물건이 사라졌다는 신고들이 나오기 시작했고 전부 도둑놈의 소행이라고 말했다. 심지어 어느 방에서는 야밤에 도둑놈이 몰래 들어오는 걸 봤다는 주장까지 나왔다. 상상 속 존재가 어느 샌가 실체를 가진 존재가 된 것이다.

캠프 전체가 동요하기 시작했다. 고작 초등학생들 용돈 훔치려고 밤마다 기숙사에 침입하는 도둑이 있다는 주장들. 정말 터무니 없는 이야기였지만, 아이들 전체가 불안을 호소하니 선생님들 입장에서는 조치를 취할 수밖에 없었다. 결국 선생님들은 수위 아저씨를 불러 아이들을 설득하기로 했다. 아이들을 모아놓고 도둑 같은 건 없다는 수위의 설명을 듣게 한 것이다.

물론 아이들이 들을 리가 없었다. 나를 포함한 몇몇 아이에게 상상 속 도둑은 '존재한다고 믿기만 하면' 너무나 재미있는 놀잇거리였고, 그 놀이에 빠져들면 들수록 진짜 실체가 있는 것처럼 느껴지는 존재였다. 물론 다른 몇몇 아이에게 이 도둑은 '진짜'였다. 주변 친구들 모두가 존재한다고 주장하고 있고, 또 심지어 실제로 도둑을 봤다고까지 하는 친구도 있었으니 안 믿는 게 더 어려웠을 것이다. 도둑의 존재를 믿어 의심치 않는 아이들에게 수위의 말은 헛소리에 불과했다. 그날 밤 아이들은 선생님, 수위 등 '어른들'이 도둑과 한패라는 말을 주고받았다.

결국 수위는 아이들의 주장을 진지하게 받아들이는 '척'하기로 했고, 실제로 도둑이 창가로 침입해서 물건을 훔치는 것을 봤다고 주장하는 아이들의 방에 가서 '조사'를 하는 모습을 보여줬다. 엘리베이터를 타고 올라가야 하는 층수였던 걸로 기억하는데, 아이들은 도둑이 밧줄 같은 걸 잡고 올라왔다고 말했다. 영화나 만화 따위에 자주 나오는 갈고리와 밧줄을 든 도둑. 그 상상 속 클리셰가 반영된 것이었겠지. 수위 아저씨는 창틀 등을 꼼꼼히 조사하며 말했다. 밖에서 들어올 수 없는 구조라고. 그가 이것저것 논리를 들이대며 설득력 있게 말을 했던 걸로 기억한다. 사태가 수습되려고 하자, 철없던 꼬맹이 우원재가 또 사고를 쳤다.

"저기 로프를 건 흔적이 있는데요!"

창틀 어딘가를 가리키며 그럼 저 흔적은 뭐냐는 취지로 반론을 펼쳤다. 아무렇게나 갖다 붙인 거였는데, 재미있는 건 아이들 모두가 내 주장에 동조했다는 것이다. 아마도 그들 눈에는 진짜 로프를 건 흔적 같은 게 보였을 것이다. 그러자 수위 아저씨가 나를 쳐다보며 네가 주모하는 애 같으니 잠시 따라오라는 말을 했다. 타이르거나 야단을 치려 하셨겠지. 따라가면 안 된다는 걸 직감한 나는 아이들을 등에 업고 수위 아저씨에게 퍼붓기 시작했다. 왜 내가 불리한 증언을 하니까 데려가려고 하는 거죠, 무슨 목적이 있는 거예요, 따위의 어처구니 없는 반박들. 당연히 아이들은 나를 변호하며 수위 아저씨에게 맞섰다. 거짓말이 아니라, 정말로 엉엉 울면서 나를 지키려는 아이도 있었다.

　그 사건 이후 수위 아저씨는 선생님께 상황을 인계하고 방을 빠져 나갔고, 선생님은 우리를 타이르며 각자 방으로 돌려보냈다. 그날 밤, 나는 죄책감을 느꼈다. 수위 아저씨나 선생님들께 미안한 마음도 컸고, 무엇보다 내가 재미로 한 거짓말이 이렇게 거대해졌다는 게 몹시 괴로웠다. 그 다음 날부터는 더 이상 도둑 얘기를 안 하기로 결심했다. 도둑 얘기가 나오면 화제를 돌리려 애썼고, 또 다른 재미있는 놀잇거리를 찾아내 친구들의 관심을 돌렸다. 그렇게 며칠이 지난 후, 아이들은 더 이상 도둑 얘기를 하지 않았다. 도난 사건도 더 이상 발생하지 않았다. 기억은 잘 안 나지만, 우리는 다른 놀이에 빠져들었던 것 같다.

　이제는 더 이상 그런 놀이를 하지 않는다. 나이가 들며 그게 잘못된 거라는 걸 깨달았기 때문이다. 믿는 척하며 즐기는 사람들에게는 재미있는 일이지만, 그 거짓말을 진지하게 믿는 사람들과 그 거짓말을 수습해야 하는 사람들에게는 거대한 갈등을 주는 일이고 또 피해를 주는 일이다.

　어른이 됐으면서도 이 놀이를 끊지 못하는 사람이 많아 보인다.

프라하의 비눗방울

* 이 이야기는 픽션이다.

여기 한 사내가 있다. 체코 변방의 가난한 집안에서 태어난 사내의 삶은 순탄치 않았다. 어머니는 어릴 때 집을 나갔고, 아버지는 사내가 몰래 첫 술을 마실 때쯤 폐렴으로 숨졌다. 그가 다른 건 몰라도 담배는 피우지 않는 이유다. 세상에 홀로 남게 된 그는 고향을 뜨기로 결심했다. 오래 폐병을 앓던 아버지의 죽음은 이미 예전부터 각오한 것이었지만, 동네 곳곳에서 느껴지는 상실과 고독은 늘 마음을 어지럽혔다.

사내의 인생에서 가장 행복했던 기억은 그가 아주 어릴 적 아버지, 어머니와 함께 비눗방울 놀이를 하던 때다. 기분이 좋을 때면 어머니는 세수와 설거지를 하고 남은 물에 비누를 풀었고, 아버지는 막대기에 줄을 엮어 비눗방울을 불었다. 오후의 햇살에 반짝이며 떠다니는 비눗방울을 보고 있노라면 그 모든 근심 걱정이 사라지는 것 같았다. 어린 사내는 방울을 쫓았고, 그의 부모는 행복하게 미소짓고 있었다. 어렴풋이 남아 있는 이 아름다운 기억이 이제는 고통스럽게 느껴진다는 것이 이상했다. 비눗방울처럼 아주 잠깐 날아오르다 금세 터져버린 행복이었다.

사내는 허물어져가는 집을 싼값에 팔고 살림을 정리했다. 그 돈으로 아버지의 장례를 치렀다. 아버지가 생전 한 번도 가져보지 못했던 새 정장을 사서 입히고, 관 속에는 그가 그렇게 좋아하던 담배 몇 갑을 넣었다. 남은 돈으로는 지인들에게 거나하게 술을 샀다. 약간의 여행 경비가 남았다. 사내는 프라하로 떠났다. 별다른 이유는 없었다. 새 삶을 시작하기 위해 그가 아는 가장 큰 세상으로 향했을 뿐이다.

대도시의 삶은 혼란스러웠다. 어딜 가든 모르는 사람들이었고, 생전 처음 외국인들도 봤다. 모두가 바빠 보였다. 처음에는 프라하의 아름다움에 압도되어 아무 것도 할 수 없었다. 모든 공간이 탄사를 자아내도록 만들어진 것 같았다.

그러나 언제까지고 이방인으로 있을 수는 없는 노릇이었다. 사내는 후미진 골목에 있는 여관에 방을 얻고서 일을 구하러 돌아다녔다. 남루한 행색의 사내가 가게에 들어올 때마다 종업원들은 당황했다. 그가 부랑자인 줄 알았으리라. 일자리를 구하러 왔다는 사내의 말에 가게 주인들은 자리가 다 찼다는 말만 했다. 이러느니 진짜 부랑자들처럼 돈 많은 관광객들에게 구걸을 하는 것이 낫겠다는 생각이 들기도 했다. 그렇지만 새 삶을 그렇게 망치고 싶지는 않았다. 슬슬 돈 걱정이 될 무렵, 운이 좋게도 한 식당의 주방에서 일을 얻었다. 별다른 교육을 받지 못했던 그가 할 수 있는 일은 기껏해야 설거지를 하는 것이었고, 그는 그걸로 만족했다. 한껏 쌓인 더러운 접시들을 닦으며 무언가 보람을 느꼈다.

식당의 사장은 자주 정치 이야기를 했다. 돈도 많고, 많이 배운 사장이 하는 말들은 사내가 알아듣기에는 많이 어려웠지만, 그는 조금이라도 더 배우기 위해서 귀를 기울였다. 사장은 다른 종업원들과 달리 자기 말을 들어주는 사내가 기특했다. 사장이 자신의 지식을 뽐내기 위해 어려운 얘기를 할 때마다 종업원들은 한 귀로 듣고 다른 귀로 흘리는 눈치인데, 이 모자라는 사내는 머리를 긁적이면서도 열심히 듣고 있는 것이다. 그에게 맥주 한 잔을 사주고 이런저런 얘기하는 일이 잦아졌다. 사장이 필요했던 것은 자기가 똑똑한 사람이라는 기분이 들 정도로 마음껏 떠들어대고 잘난 척할 수 있는 말 상대였다.

한편 사내는 혼란스러웠다. 처음에는 똑똑한 사장의 말이 다 맞는 것 같았는데, 또 다른 사람들의 말을 듣고 보니 사장이 틀린 것 같기도 한 것이었다. 예를 들어, 사장은 난민이 많으니 잘 사는 나라들이 이들을 도와야 한다고 했다. 당연한 말이라며 고개를 끄덕였는데, 나중에 다른 종업원이 정반대의 이야기를 했다. 난민이 잘 사는 나라에 가려고 자꾸 유럽에 들어오면서 우리 일자리가 줄어든다는 것이었다. 또 무서운 범죄도 잦아졌다고 말했다. 그러고 보니 그 말도 맞는 것 같았다. 같은 이야기를 놓고도 이렇게 다른 말들을 하니 사내는 도저히 갈피를 잡지 못했다. 그런데 사장도, 다른 사람들도 하나 같이 말했다. 정치 때문에 이 나라가 이 모양이다, 사람들이 힘들고 불행하다. 그들은 아무 생각도, 행동도 없이 살고 있는 사내를 훈계했다.

어느 날 사장은 알코올 중독자인 대통령을 규탄한다며 시위에 나섰다. 사장은 사내에게 함께 가자고 청했다. 사내는 자기는 배운 게 없어서 도저히 정치를 모르겠다며 거절했다. 그러자 사장이 불같이 화를 냈다. 평소 자기 말을 군말 없이 잘 따르던 사내가 갑자기 다른 태도를 보이자 기분이 나쁜 것이었다. 나라 돌아가는 데에는 아무 관심도 없고 빈둥거리기만 하는 너 같은 개자식 때문에 이 나라가 이 모양 이 꼴이야. 사장의 고함은 사내의 머릿속에 날카롭게 박혔다.

사내는 미안한 마음이 들었다. 사람들은 나에게 많은 것을 해줬는데 나는 무엇을 돌려줬나. 아무 생각 없이 살면서 남들에게 폐만 끼치는 사람이 됐다는 생각에 마음이 심란해졌다. 그렇지만 배운 것도, 가진 것도 딱히 없는 그가 뭘 할 수 있을까. 사장처럼 무언가 대단한 일을 위해 투쟁하고 싶은 마음도 있었다. 하지만 도저히 이해가 되지 않는 것들에 따라나서서 조롱당하고 싶지는 않았다. 사내는 처음으로 자기도 공부를 해서 똑똑했으면 좋았을 텐데 하고 생각했다.

시간이 흘렀다. 프라하의 삶들은 똑같았다. 여유있는 사장은 또 무언가를 위해 투쟁하고 있었고, 다른 종업원들은 고단한 삶과 투쟁하면서 사장을 씹어댔다. 사내의 삶도 똑같았다. 아침에 출근해 하루 종일 주방에서 일을 하고 밤에 집으로 돌아왔다. 달라진 게 있다면 설거지에 요령이 생겼다는 것과 퇴근을 하고 나서 집에 가기 전, 나름의 방식으로 세상을 조금 더 나은 곳으로 만들고 있다는 것이었다.

그는 프라하의 광장에서 비눗방울을 불었다. 가진 것 없는 그도 낡은 통과 막대기, 줄 정도는 구할 수 있었다. 주방에서 설거지를 한 물로 비눗물을 만들고 매일 저녁 광장으로 향했다. 그리고 어릴 적 그의 아버지가 그랬듯 커다란 비눗방울을 불어냈다. 아이들은 까르륵대며 비눗방울을 쫓고 어른들은 행복하게 미소지었다. 오색찬란한 빛을 내며 광장을 떠다니는 비눗방울은 아름다웠다. 광장의 모두가 행복했다. 사내가 할 수 있는 건 그 정도였다.

롤플레잉 게임

롤플레잉 게임을 할 때, 나는 항상 '정석'을 고집하는 편이었다. 직업에 따라 능력치는 어떻게 찍어야 하며, 어떤 기술을 배워야 가장 효율적인 캐릭터가 되는지 알려주는 육성법, 직업 공략, 가이드 등을 꼼꼼히 읽고서 게임에 임했다. 소위 말하는 '망캐'(망한 캐릭터) 또는 '잡캐'를 만들기 싫어서였다. 정석에 따라 열심히 캐릭터를 키우다 보면 언젠가 '고수'가 되어서 즐겁게 게임을 할 수 있으리라 생각하며 '렙업'에 열중했다.

그리고 대개의 경우 나는 게임을 금방 접어버렸다. 당연하다. 재미가 없었으니까. '정석'에 따라서 캐릭터를 육성하는 것은 지루함의 반복이었다. 그나마 '언젠가 내 캐릭터가 강해지고 나면 재미있어지겠지'라는 생각에 플레이를 하다가도, 어느 순간 '도대체 내가 이 게임을 왜 하고 있는 거지?' 싶은 기분이 들며 흥미를 잃어버린다. 미친 듯이 사냥을 해서 초고속으로 캐릭터를 키울 만큼 성실한 타입도 아니고, 그렇다고 '만렙'을 반드시 찍고야 마는, 목표 의식이 강한 성격도 아니다 보니, 그냥 적당히 플레이하다 지쳐서 그만두게 되는 것이다.

이런 일들이 반복되자 더 이상 '정석'에 신경을 쓰지 않게 되었다. 그냥 내가 지금 하고 싶은 것들을 하면서 '잡캐'가 되건 '망캐'가 되건 최대한 즐겁게 플레이하는 것에 열중했다. 커다란 도끼를 들고 최전방에서 싸우는 마법사가 되어보기도 하고, 후방에서 열심히 동료들의 피를 채워주는 전사가 되어보기도 하면서 내 멋대로 게임을 즐겼다. 그제서야 롤플레잉 게임을 하는 것이 재미있다고 느끼게 되었다. 갑자기 게임을 접게 되더라도 후회 같은 건 남지 않았다. 정석 캐릭터를 키우려고 했을 때는 게임을 접는 순간 목표했던 지점에 도달하지 못했다는 아쉬움이 늘 남았었는데, 잡캐나 망캐를 키우다가 게임을 그만둘 때는 항상 재미있게 잘 놀았다는 기분이었다.

게임의 정석은 '즐겁게 하는 것'이다. '잘 하는 것'이 아니다. 그래서 내 '잡캐'와 '망캐'들은 그 어떤 캐릭터들보다 훌륭하게 플레이했다. 조악한 비유지만 나는 인생도 비슷하다고 생각한다. 내가 언젠가 갑작스러운 죽음을 맞이하게 되었을 때, '행복하게 잘 살았다'라는 기분이 들었으면 좋겠다. 이렇게 살다 보면 언젠가는 행복해지겠지라고 스스로를 기만하며 행복을 유보하는 삶을 살고 싶지 않다.

물론 미래를 위해 투자하는 것 역시 현재에 존재하는 행복이다. 다가올 미래에 대한 기대감, 그리고 이를 위해 최선을 다해 살아가는 데에서 오는 보람과 만족감, 성취감 등은 분명 '현재'의 나를 행복하게 하는 것들이다. 나는 스피노자가 말한 '사과나무 한 그루'가 이런 의미였다고 생각한다. 다만, 지금 미래를 위해 하고 있다고 생각하는 '투자'에 확신을 느끼지 못해서 끊임없이 불안감을 느끼면서도 그 반복된 일상을 깨고 나오는 것이 두려워 애써 현실을 외면하는 것이, 나름대로 '노력'하고 있다며 자위하는 것이, 그리고 그것에 대한 당연한 '보상'으로써 행복이 주어질 것이라고 스스로를 속이는 것이 '불행한 현재의 삶'이라고 생각한다. 너무나 많은 사람이 그렇게 살아가고 있다.

문방구의 기억

아주 어렸을 때 집 근처 문방구에서 불량 식품을 훔치다 걸린 적이 있다. 무슨 생각이었는지, 당시 100원 정도 하던 불량 식품 몇 개를 훔쳐서 주머니에 넣었던 걸로 기억한다. 들키지 않을 거라 생각했는데 갑자기 문방구 주인이 내 손을 덥석 잡고서 호통을 쳤고, 눈앞이 아득해지는 기분을 느꼈다. 주인은 내게 무릎을 꿇게 했고 나는 울면서 잘못했다고, 다시는 안 그러겠다고 빌었다. 시간이 조금 지나고, 장사에 방해가 될 거라 생각했는지 주인은 나를 집으로 보내며 물건을 훔쳤으니 5만 원을 가져오라는 말을 했다. 사형대에 올라가는 죄수마냥 힘없이 집으로 돌아가는 길에, 행여 경찰이 나를 쫓아오고 있는 게 아닌가 겁이 나서 주위를 두리번거렸던 기억이 난다.

집에 도착한 나는 부모님께 비밀로 하고 이 사건에서 도망치기로 결심했다. 그 이후 문방구 근처에는 얼씬도 하지 않았다. 하필이면 문방구가 아파트 단지의 입구에 위치해 있었기 때문에 항상 먼 길을 돌아가야만 했다. 처음 며칠은 행여 경찰이 집 문을 두드리지 않을까 조마조마하며 잠을 설쳤고, 그 다음 며칠은 길거리에서 문방구 주인을 만나지 않을까 공포에 떨어야 했다. 그런데 어느 정도 시간이 지나자 그 불안함이 일상이 되어버렸다. 그냥 덮어놓고 체념한 채로 산 것이다. 항상 먼 길을 돌아가는 나를 보면서 이상하게 생각하는 가족과 친구들이 있었지만, 크게 신경 쓰지 않는 눈치였다.

그리고 몇 달쯤 지났을까? 결국 사건이 터졌다. 외식을 마치고 집으로 돌아가던 길에, 부모님이 차를 문방구 근처에 세우더니 심부름을 시키는 것이다. 얼른 가서 뭘 사오라는 요청이었는데, 부모님은 사색이 된 얼굴로 꼼짝하지 않고 있는 나를 보며 이상한 낌새를 눈치챘다. 부모님의 추궁에 나는 결국 어떤 일이 있었는지를 실토했다. 실망감이 역력했던 부모님의 표정을 기억한다. 어머니가 말했다.

"그래서 그렇게 평생 도망다니면서 죄인으로 살 생각이었니?"

어머니는 내게 차에서 내려 문방구 주인에게 가 다시 한 번 정중하게 사과를 하라고 했다. 나는 눈물을 펑펑 쏟아내며 차에서 내렸고, 문방구로 들어가 주인을 만났다. 괴물과 마주하는 기분이었다. 그 몇 달 동안 문방구 주인은 내 머릿속에서 공포 그 자체였기 때문이다. 나를 기억하지 못하던 주인은 잠시 후 몇 달 전 작은 사건을 떠올리고는 왜 돈을 가져오지 않았느냐며 호통을 치기 시작했다. 숨이 멎는 기분이 들었다. 그는 돈을 가져오지 않으면 경찰을 부르겠다며 나를 문방구 밖으로 끌고 나갔다. 그리고 차 밖에 서서 그 광경을 지켜보고 있는 부모님을 발견했다. 주인은 당황했고 부모님은 내게 이리 오라고 손짓했다. 아버지는 내게 주인이 뭐라고 했는지 설명하라고 했고, 나는 돈 5만 원을 가져가야 한다고 말했다. 아버지는 지갑을 열어 내게 5만 원을 건넸다. 가서 제대로 용서를 구하고 오라는 말과 함께. 주인에게 가서 돈을 넘기고 다시 한 번 사죄를 하자, 부모님 앞에서 멋쩍어진 주인은 돈을 받고서는 '다음부터는 그러지 마라' 정도의 말을 하고서 나를 돌려보내줬다. 내가 차에 타자 부모님이 가서 주인과 대화를 나눴던 걸로 기억하는데, 어떤 말을 주고받았는지는 아직도 모른다. 이후 집으로 가서 부모님께 크게 혼이 나며 길고 긴 설교를 들었다. 도둑질보다 문제를 저지르고 도망친 것에 대해서 더 크게 혼이 났던 걸로 기억한다.

지금 생각해보면 '작은 해프닝'이었지만, 어릴 적 내게 이 사건은 아주 거대한 일이었다. 그리고 여기서 얻은 교훈이 아마도 내 가치관에 상당히 큰 영향을 미쳤을 거다. 이 사건 이후로는 뭐든지 '매듭'을 지으려 한다. 문제에서 도망치지 않으려 하고, 덮어놓고 시간이 해결해주기를 바라지 않는다. 내가 저지른 잘못과 마주하고 여기에 책임을 지려고 노력한다. 그렇게 매듭을 지어야 그 문제에서 빨리 벗어날 수 있다는 사실을 깨달았기 때문이다. 문제에서 도망치면 문제뿐만 아니라 나 스스로에게 쫓기게 된다.

가끔 답답할 때가 있다. 소위 말해서 '똥을 싸고 도망치는 사람들' 때문에. 단순히 사무적인 부분이라면 좀 나은데, 인간 관계에서 이러는 사람들을 대하면 괜히 신경질이 난다. 사과를 하고 용서를 구하는 그 과정과 마주하는 것이 두려워 이를 무작정 덮어두는 건 정말 비겁하고 멍청한 짓이라고 생각한다. 그 껄끄로움을 앞으로 평생 지고 갈 것 아닌가. 마주하는 그 순간은 힘들더라도 그 이후에는 평화가 찾아온다.

군대 일기

책장을 정리하다가 군대 훈련병 시절에 썼던 일기 '수양록'을 찾았다. 생각 없이 첫 장을 펼쳤다가 그 자리에 서서 한참을 읽었다. 재미있는 구절이 몇 개 있다.

2010년 10월 8일

요새는 '시간의 축'이 바뀐 것 같다. 생활 패턴이 180도 달라졌기 때문일까. 여섯 시에 기상하고 22시에 취침하는 이 괴이한 생활에는 적응했는데, 아직 이 곳에서 시간이 흐르는 방식에는 적응하지 못했다.

오전이 너무나 길다. 반면 해가 진 이후의 시간은 너무나 짧다. 주요 일과가 주로 해가 떠 있는 시간에 몰려 있어서 그런지는 몰라도, 하늘 빛이 어둑어둑하니 보라색으로 물들어가면 괜한 안도감이 든다. 밀도 높은 시간은 다 흘려보냈다는 기분. 오늘 하루도 무사히 넘어가는구나. 하늘에 드리우는 어둠처럼 피로감도 서서히, 그러나 집요하게 몰려온다.

초저녁, 사회에서는 이제 막 본격적인 무언가를 시작하던 시각이다. 바깥에서 통용되던 시간 개념은 철저히 재구축되어 이제는 초저녁이 하루를 되돌아보는 시각이 되어버렸다. 사회와 군 부대를 나누는 것은 철조망이 아니다. 우리는 다른 세계에서 다른 시간을 살아가고 있다.

2010년 10월 9일

일상 속에서 '즐거움'을 만드는 것은 아주 중요한 작업이다. 예를 들자면 '맛스타' 같은 것. 배식을 하는데 맛스타라도 나오면 꼭 대단한 선물이라도 받은 것처럼 기분이 좋다. 내일은 종교 활동 시간이 예정되어 있다. 군대의 종교는 재미있다. 무신론자에게조차 베풀 줄 안다. 그 자비로움 덕에 나는 초코파이와 콜라로 일주일 동안 행복할 수 있다. 맛스타와 다르게, 이렇게 '약속된', 내지는 '예정된' 즐거움은 하루, 한 주, 한 달의 원동력이 된다.

2010년 10월 13일

훈련도 그리 나쁜 것만은 아니라는 생각이 든다. 이색적인 경험을 할 수 있을 뿐더러, 가만 생각해보면 그 내용도 퍽 흥미로운 것들이다. 의욕을 가지고 임하자. 훈련이라는 개념을 타율적인 것에서 자율적인 것으로, 수동적인 것에서 능동적인 것으로 바꾸자. 내 태도만 바꾼다면, 결국 훈련이라는 것은 어렸을 적 친구들과 했던 군인 놀이, 전쟁 놀이와 다를 바 없다.

2010년 10월 14일

하루 종일 기분이 나쁘다. 쉽게 혈압이 오른다. 무릇 사람의 감정이란 복잡해서 일관성을 유지하기 힘들다. 그럼에도 불구하고 나는 하루종일 짜증스러운 감정을 품고 있었다. 시쳇말로 엿같은 날이다.

사실 이런 날에는 왜 기분이 더러운지 원인조차 모르면서 화를 내고, 짜증을 내는 경우가 많다. 어쩌면 사람의 감정은 용량이 정해져 있는 탱크 같아서, 짜증이 넘칠 때 쯤이 되면 쏟아내줘야 하는 건지도 모르겠다. 하루 종일 저녁에 받을 인터넷 편지만 생각하며 버티고 버텼는데 그것조차 취소되었다. 가뜩이나 꿍해 있는데 조교가 불러서 질책한다. 왜 소대가 이렇게 시끄럽냐고. 우라질, 선생이 학생들 성적 안 나온다고 반장 뭐라고 하는 꼴이다. 아서라, 저 친구도 기껏해야 내 나이 또래일 건데 선임한테 한 대 맞고 와서 괜히 나한테 투정부리는 거겠지. 나는 누구한테 풀어야 하나.

2010년 10월 22일

어쩌면 모든 공포감이라는 것은 실체가 없는 것이 아닐까. 실체가 있는 현재의 무언가에 의해 조성되는 것이 아니라, 미래에 있을 어떤 불특정, 불확실 요소에 의해 조성되는 것이 바로 공포감인지도 모른다. 복잡한 이야기를 조악한 문장들로 풀어내려니 영 헷갈린다.

뭐, 쉽게 예를 들자면, 오늘 실시했던 '화생방'. 화생방 가스실에 들어가면 스멀스멀 피어오르는 가스처럼 공포감이 서서히 이성을 마비시킨다. 사실 솔직하게 얘기하면, 당시 가스실의 '현재'에서 느꼈던 고통은 그리 크지 않았다. 고작 그 정도의 통증으로 공포감이 조성될 리는 만무하다. 다만 그 고통이 시간이 흐름에 따라 점점 더 강해질 것이고, 가스실에 갇힌 채 도무지 버틸 수 없을 것 같은 고통 속에서 몸부림치게 될지도 모른다는 생각이 나를 미치게 만들었다. 즉 일어나지 않은, 불특정한 미래의 상황에 의해 공포감을 느낀 것이다.

가만히 생각해보면 이는 참으로 웃기는 일이다. 정작 일어나지도 않은 상황에 대한 걱정이 이성을 덮쳐 그것이 반드시 일어날 상황인 양 착각하게 되고, 그로 인해 패닉같은 공포에 빠지게 된다. 미래의 환영, 수많은 가능성의 일부분이 현재의 심리 상태에 강력한 영향을 미친다. 극단적인 예였지만, 생각해보면 우리는 일상에서 이런 실체 없는 공포와 자주 맞닥뜨린다.

화생방이 어땠냐고? 허무했다. 환영은 현실이 되지 않았다. 화생방 이후 눈가에 맺혔던 눈물은 따가움에 의한 것이라기보다는 내 나약함에 대한 슬픔이자, 허무함에 대한 일종의 자조였을지도.

＊**사족** : 웃기는 소리다. 이후 훈련소 조교가 되어 종종 방독면 없이 가스실에 들어갔었는데, 그때마다 숨질 뻔했다. 지금 이 글은 훈련병 입장에서 방독면 쓰고 고작 1분 들어갔다 나온 거 가지고 장황하게 써놓은 거다.

2010년 10월 23일

펜을 들고 수양록을 펼치면 많은 생각이 들곤 한다. 무언가를 쓰고는 싶은데, 막상 쓰려 하면 그럴싸한 소재가 떠오르지 않는다.

군 생활에 대한 생각들을 열거하는 것은 진부하고 무의미하다. 생각해보면 일기라는 것은 기록하고 싶은 것이 있는 날에 써야 진짜 의미를 지닐 수 있는 것 아닌가. 이런 고민을 쓰고, 주제를 찾기 위해 무작정 펜을 놀리는 것이 과연 제대로 된 일기 쓰기일까? 일기를 쓰지 않으면 얼차려를 준다는 이 강압적이고 황당한 방식에도 의문을 느낀다.

하긴 또 다른 관점에서 생각해보면 이러한 고뇌 역시 '생각하기'의 일부다. 무엇이 일기 쓰기의 정론인가, 내지는 어떠한 주제가 일기 쓰기에 적절한 것인가를 고민하는 것 역시 나쁘지 않은 지적 탐구다.

지금 문득 괜찮은 주제가 떠오른 것 같다. 수화기 건너편에서 들리는 여자친구의 목소리가 어쩐지 이상하다. 어색하다고 해야 하나. 묘한 위화감이 든다. 목소리도, 말투도, 영 이상하다. 머릿속에서 수없이 반복 재생한 과거의 목소리들이, 수화기 건너편에서 울리는 현재의 목소리와 일치하지 않는다.

과거의 일상이 어색해진다. 무언가 특별한 것들로 바뀌어 간다. 한편 새로운 일상이 나날이 편해져 간다. 매일 밤 낯설기만 했던 천장이 반갑고, 어색한 얼굴들로부터 정을 느낀다. 슬픈 일이다.

소주

술을 꽤 하는 편이다. 다만 소주는 최대한 자제한다. 취함의 여부를 떠나 다음 날 항상 지랄맞은 숙취를 동반하기 때문. 맛도 썩 좋지 않다. 소주예찬론자들의 심기를 건드릴 수 있는 표현이지만, 특히 그 더러운 듯한 뒷맛이 끔찍하게 싫다. 소주에 안주를 먹느니, 그 돈으로 데킬라, 보드카, 위스키를 마시자는 편. 사실 나중에 계산서를 보면 차라리 양주 한 병 마시는 게 더 싸게 친다.

아무튼, 소주에 대해 이렇게 완고한 태도를 지니고 있음에도 가끔 술자리의 마력에 넘어가 벌컥벌컥 들이킬 때가 있는데, 딱 어제가 그랬다. 게다가 처음 마셔본 '자몽에이슬'의 달달함도 한 몫 했다. 세상에, 이런 게 왜 이제야 나왔나 싶을 정도. 기분 좋게 마시다가 시간이 늦어 귀가했다. 취기가 전혀 없었던 터라 다음 날 숙취 걱정도 없었다. 그리고 오늘 아침, 눈을 뜸과 동시에 든 생각. KILL ME NOW. 지금 하는 생각이지만, 소주라는 게 꼭 '나쁜 남자' 같다. 다음 날 아침 엿같은 기분으로 후회할 걸 알면서도 매번 넘어가게 되는……. 아니, 근데 내가 왜 이런 기분을 이해하고 있는 거지.

작별 인사

나는 작별 인사에 서투르다. 특히 이 사람을 평생 다시 볼 일이 없다는 것을 직감적으로 알고 있을 때 더욱 그렇다. 예컨대, 다른 곳으로 이직하는 직장 동료에게 작별 인사를 건넬 때. '다음에 또 보자', '술 한 잔 하자' 따위의 상투적인 인사를 건네지만 속으로는 이미 알고 있다. 저렇게 보내고 나면 서로 연락 한 통 없이 지내다가, 가끔 페이스북에서 생일 알림이 뜨면 어색한 축하 메시지나 남겨두고, 그것조차도 한 해 두 해가 지나면 거시기해져서 씁쓸한 마음으로 생일 알림을 무시하게 되며, 그렇게 차츰차츰 서로를 잊어가게 될 것임. 그렇다고, "안녕, 잘 살아. 아마도 다시는 볼 일이 없겠지만, 진심으로 네 모든 일이 잘 풀리길 기원할게. 그동안 고마웠어. 영원히 안녕" 따위의 정신나간 인사를 건넬 수는 없다. 그냥 조만간에 다시 만날 것처럼 덤덤하게 인사하는 거지. 사실 난 이런 인사가 참 싫다.

택시 기사

작별 인사 이야기를 꺼낸 건 어제 만났던 택시 기사 때문이다. 연희동에서 명동까지, 그리 긴 거리가 아니었음에도 택시 기사와 흥미로운 대화를 나눴다. 원래 새벽은 특별한 시간이라 정신이 말짱할 때는 하지 않을 법한 말들을 하게 만드는 경향이 있다. 감성이

폭발하는 시간대여서 그런지, 졸음 때문인지는 잘 모르겠지만 아무튼 생전 처음 본 사람과 진솔한 대화를 나눴다. 대화가 한창 무르익을 무렵, 원망스럽게도 택시는 벌써 목적지에 도착해 있었다. 계산을 하고 아무렇지도 않게 "수고하세요" 하고 문을 나서려는 순간 직감했다.

'세상에, 내가 저 처음 보는 아저씨를 또 만나고 싶어하잖아'.

어떻게 생각하면 아주 인간적인 감정이다. 처음 만난 사람과 대화가 잘 통해서 친구가 되고 싶은 거다. 그런데 좀 더 생각해보면 몹시 이상한 생각이기도 하다. 처음 보는 사람과 또 만나고 싶어지고, 대화가 즐겁고, 친구가 되고 싶은 감정이라니. 뭔가 초등학생 때나 가질 수 있을 법한 그런 감정.

아무튼 택시 기사에게 "저기요, 이상하게 생각하시겠지만 참 마음에 들어서 그러는데요, 제가 원래 이런 사람은 아니고요, 혹시 휴대폰 번호 좀 알려주실 수 있을까요?"라고 말하는 것이 정상의 범주에 들어가기는 어려운 행동이라는 사실은 명백했고, 나는 기사님께 작별 인사를 할 수밖에 없었다.

"수고하세요."

그렇게 즐거운 대화를 나누고, 고작 "수고하세요"라니. 그리고 다시는 볼 일이 없다니.

걱정

참으로 믿음직한 동료 이 모군은 요즘 내가 술 마시러 간다고 할 때마다 꼭 걱정 어린 말을 해준다.

"여자 조심하라."

최근 여자 때문에 훅 가버리는 사람을 많이 봐서인지 영 불안한가 보다. 여자 문제로 말썽을 일으킨 적도 없고, 나름대로 착한 남자로 잘 살아왔다고 생각하는데, 이런 조언을 들을 때마다 혹시 외부에 비치는 내 행실에 문제가 있나 싶다. 뭐, 어쨌든 누군가가 나를 걱정해준다는 것은 참으로 고마운 일이다. 이 글을 쓰며 과거를 생각해봤는데, 행여 누군가가 나를 엿먹일 마음으로 노이즈를 만들면 사실 여부를 떠나 일방적으로 매장당할 수 있겠구나 싶은 생각이 들었다. 다행스럽게도 지금까지 연이 닿았던 여자 중 나에게 악의를 가지고 있을 법한 사람은 없는 것 같다.

소심병

현실주의자, 비관주의자를 자처하고 있지만, 사실 인간 관계에 있어서는(아마도) 긍정적인 마음가짐을 가진 편이다. 누군가가 설령 내 기분을 상하게 하는 행동이나 말을 한다손 치더라도, 그 사람에게 나를 해하려는 악의가 없었다면 무덤덤하게 넘어가려고 노력한다. 그리고 그러한 행동이나 말에 선의가 전제되어 있다면 이를 표현하는 방식을 떠나 감사한 마음으로 받아들이는 편이다. 그러나 모두가 이러한 마음가짐을 가지고 있지는 않을 터다. 내가 선의로 한 행동, 말이 누군가의 기분을 상하게 했을 수도 있다는 생각을 자주 하곤 한다. 이건 사실 한 매체의 편집장으로서 대중 앞에서 떠들어대며 생긴 소심병이다. 선의로 어떠한 이야기를 해도, 그 방식이 특정 사람들의 마음에 들지 않는다면 악의가 되돌아오게 되어 있다. 이렇게 되면 감정적으로 피곤해진다. 행여 의도치 않게 다른 사람들의 기분을 상하게 하지는 않았는지, 부쩍 조심스러워지는 요즘이다.

PART 08

지구는 평평하다?

마이크 휴즈

미국 캘리포니아 샌 버나디노 카운티의 사막 한복판. 여기 한 남자가 비장한 각오로 서 있습니다. 그의 이름은 마이크 휴즈. 옆에는 그가 직접 만든 로켓이 있습니다. 마이크는 이 로켓을 타고 우주로 나가겠다는 목표를 가지고 이곳까지 왔습니다. 64세의 이 남자가 우주로 나가려는 이유, 그건 바로 지구가 평평하다는 것을 직접 증명하기 위해서입니다.

마이크는 지구가 사실은 둥글지 않고 평평하다고 주장하는 Flat Earther, 즉 지구평면론자입니다. 지난 몇 년 간 그는 열정적으로 지구평면론을 주장해왔습니다. 전 세계 과학자들과 항공 우주 기관이 모종의 목적으로 사람들을 속이고 있지만, 자신이 진실을 밝혀내겠다고 외쳐왔습니다.

많은 사람이 그런 마이크를 비웃었습니다. 하지만 마이크는 기죽지 않고, 묵묵히 자신의 로켓을 만듭니다. 사람들의 만류에도 불구하고 발사를 시도했고, 고도 1875피트까지 올라갔다가 귀환하는 등 성과를 이루기도 했습니다.

그리고 마침내 2020년 2월 22일. 다시 한 번 발사에 도전하는 마이크 휴즈. 그간 수많은 시행 착오를 겪어온 마이크였지만, 포기하지 않고 여기까지 왔습니다. 이번엔 만반의 준비가 되었습니다. 이제 직접 만든 로켓을 타고, 더 높은 곳을 향해 날아가는 것만 남았습니다. 우리가 살아가는 이 세상이 진짜 어떤 모습을 하고 있는지 알기 위해, 우주를 향해.

마이크는 직접 만든 로켓에 탑승합니다. 현장 주변에는 그를 응원하는 사람들과 동료 지구평면론자들이 모여들었습니다. 사람들의 기대와 걱정 속에 카운트다운이 시작됩니다. 우주를 바라보는 마이크의 눈에는 흔들림이 없습니다. 그리고 로켓이 발사됩니다. 창공을 가르며 날아오르는 마이크 휴즈. 사람들은 환호합니다. 그가 해냈습니다.

지구평면론자들의 꿈을 안고 올라가는 로켓. 그런데 무언가 이상합니다. 발사 몇 초만에 착륙용 낙하산이 펼쳐졌습니다. 마이크는 빠른 속도로 지상을 향해 떨어집니다. 우주를 향해 나아가던 마이크 휴즈는 결국 그렇게 사망합니다.

그 날, 마이크 휴즈의 사망 소식이 전해지며 다양한 반응이 나옵니다. 누군가는 비웃었고, 누군가는 안타까워했으며, 또 누군가는 슬퍼했습니다. 많은 사람에게 마이크는 그저 괴짜에 지나지 않았지만, 적어도 지구평면론을 주장하는 사람들 사이에서 그는, 영웅이었습니다. 진실을 좇던 영웅의 죽음에, 플랫 어스 커뮤니티는 거대한 슬픔에 잠깁니다.

지구는 평평하다?

"지구는 평평하다."

이른바 '플랫 어스'를 주장하는 사람들. 대다수 사람은 이런 이야기를 들으면 농담으로 받아들입니다. 코페르니쿠스의 지동설이 정론으로 받아들여진 후, 지난 수백 년 간 '지구는 둥글다'라는 명제는 상식으로, 또 진리로 받아들여져 왔기 때문입니다. 이미 셀 수 없이 많은 과학적 증명이 있었고, 또 증거가 있었습니다.

설령 지구가 둥글다는 '사실'에 대한 과학적 이해가 없는 사람이더라도, 그간 각종 매체를 통해 반복적으로 접해온 지구의 모습은 늘 둥글었습니다. 그렇기 때문에, 대부분의 사람에게 지구가 평평하다는 주장은 너무나 황당하고 터무니 없는 말로 들리게 마련입니다.

그런데 지구가 평평하다는 주장을 하는 사람들, 그 숫자는 우리가 생각하는 것 이상으로 많습니다. 2019년, 미국 인구의 2%가 "지구가 둥글지 않을 수도 있다"라고 생각한다는 조사 결과가 나왔습니다. 이는 600만여 명에 해당하는 숫자입니다. 그리고 최근, 지구평면론자들, 즉 플랫 어서들의 활발한 온라인 홍보 활동으로 플랫 어스에 동조하는 사람들은 빠른 속도로 늘어나고 있습니다.

이들은 해마다 컨퍼런스를 개최하며 그 세를 과시하고 있습니다. 미국 각 도시에서 매년 열리고 있는 플랫 어스 국제 행사들은 물론, 전 세계 각국에서 열리는 행사들에 상당한 인파가 모입니다. 2018년에는 한국 서울에서도 행사가 개최된 바 있습니다. 국내외 250명의 인원이 참석했다고 합니다.

소셜미디어로 넘어가면 규모가 더 커집니다. 유튜브에는 플랫 어스와 관련된 셀 수 없이 많은 영상이 있고, 수백만의 조회 수를 기록한 영상도 다수 있습니다. 페이스북에는 플랫 어스와 관련된 수많은 페이지와 그룹이 있고, 수십만의 팔로워를 보유하는 곳들도 있습니다. 트위터, 인스타그램, 틱톡 등 플랫 어서들은 다양한 플랫폼에서 활동하며 플랫 어스를 홍보하고, 자료를 공유하고, 커뮤니티를 만들어가고 있습니다. 도대체 어떻게 이렇게 많은 사람이,

'지구는 평평하다'라는 다소 황당한 주장을 추종하게 되는 걸까요?

에코 체임버

에코 체임버. 이른바 '울림방 현상'. 전문가들은 최근 급격하게 증가하고 있는 음모론들이 바로 이 에코 체임버 때문이라고 평가합니다. 에코 체임버란 우리가 미디어를 통해 정보를 접함에 있어, 기존에 본인이 가지고 있던 생각, 신념, 편견 등을 반영하는 정보만을 되풀이해서 받아들이게 되는 현상을 말합니다. 특히 소셜미디어의 출현으로 이 에코 체임버 현상은 매우 강력해졌습니다.

조금 쉽게 설명해볼까요? 우리는 매체를 통해 소식을 접할 때, 본인의 성향과 잘 맞는 매체를 택하는 경향이 있습니다. TV, 신문, 라디오와 같은 기성 매체를 선택할 때, 또 소셜미디어에서 구독이나 팔로우를 할 때를 생각해보시면 되겠습니다. 이 과정에서 나 자신의 편향성을 강화하는 똑같은 의견들이 메아리치듯 반복됩니다. 마치 울림방처럼요.

이 현상은 온라인상에서 특히 두드러집니다. 유튜브, 페이스북, 트위터와 같은 소셜미디어는 알고리즘을 통해 이용자가 선호하는, 즉 이용자의 생각과 잘 맞는 게시물만을 보여주도록 설계되어 있습니다. 그 과정에서 이용자들은 점점 자신과 생각이 똑같은 사람들의 의견만을 접하게 되는 거죠. 그렇게 다른 종류의 정보는 얻지 못하고, 오로지 내 생각을 강화하는 정보만 얻게 됩니다. 우리는 이런 식으로 자신만의 울림방에 갇히고 있습니다.

이는 사람들을 확증 편향에 빠지게 하고 극단화합니다. 특히 에코 체임버 안에서 반복되는 목소리 중 더욱 자극적이고, 강력하고, 극단적인 목소리들이 주목받게 되면서 이 에코 체임버에 갇힌 사람들은 일반적인 여론이나 실제 세계에서 점점 멀어집니다. 이런 현상은 정치에서 특히 두드러지고 있습니다. 전 세계 각국의 여론이 점점 양극화되어가는 추세가 에코 체임버와 소셜미디어 때문이라는 연구 자료는 셀 수 없이 많이 나와 있습니다.

최근 전 세계에 들끓는 음모론들. 플랫 어스를 비롯해서 안티백신운동, 코로나 음모론 등도 바로 이 에코 체임버에 의해 확산되고 있습니다. 아무리 황당한 이야기라도, 소셜미디어에서 몇 개의 게시물을 접하게 되고 여기에 설득되면, 결국 울림방 안에 빠져들게 되면서 음모론을 믿게 되는 겁니다.

그럼 다시 플랫 어스로 돌아가볼까요?

플랫 어서들은 수많은 소셜미디어 플랫폼을 활용해 적극적으로 자신들의 생각을 전파하고 있습니다. 호기심에 유튜브 동영상을 봤다가 진실에 눈을 뜨고 플랫 어서가 되었다는 사람이 많습니다. 그도 그럴 것이, 그들이 만드는 각종 영상과 게시글들에는 어마어마한 양의 그럴싸한 자료들이 포함되어 있습니다. 학술적이라는 인상마저 줄 정도입니다.

플랫 어서들이 단순히 사람들을 속이고, 자신들의 세를 불리기 위해 이런 일들을 하는 건 아닙니다. 이들 절대 다수는 진정으로 지구가 평평하다고 믿는 사람들이고, 진실을 추구하고 또 설파한다는 취지로 각종 실험을 하고, 자료를 만들고, 배포하고 있습니다.

이 사이트들은 전부 플랫 어서들이 직접 지구가 평평하다는 것을 증명하기 위해 과학적 실험을 하는 곳들입니다. 그 내용은 얼핏 황당하지만, 실제 실험 방식이나 내용은 놀라울 정도로 정교하고, 그 규모도 상당히 거대합니다. 베드포드 레벨 실험, 지구곡률실험 등 과학자들도 인정하는 학술적 방식을 택하고, 레이저나 로켓 등을 활용하는 등 기술적인 접근을 합니다.

물론 문제는, 이런 실험을 하면 대부분 지구가 둥글다는 결과가 나온다는 겁니다. 하지만 플랫 어서들은 무언가 실험에 오류가 있었다고 생각하고, 원하는 결과가 나올 때까지 반복 실험을 하곤 합니다. 그들이 과학적 방식으로 플랫 어스를 증명하려 하지만, 그 사고 방식은 과학적 이성이 아니라 신앙적 믿음에 뿌리를 두고 있기 때문에 생기는 문제입니다. 결과가 어떻든 이미 정답은 정해뒀다는 거죠.

플랫 어서들이 의견을 나누는 사이트 Flat Earth Society의 포럼란에는 총 2,500여 개 주제에 대해 4만5천여 개의 포스팅이 올라 있습니다. 이 홈페이지의 라이브러리 란에는 플랫 어스와 관련된 각종 서적, 뉴스레터, 논문들이 정리되어 있습니다. 플랫 어스 토론 사이트에는 8천여 개 주제에 대해 32만여 개의 포스팅이 올라 있습니다.

미국 아마존에는 지금 이 순간에도 약 6천여 권의 플랫 어스 관련 서적이 판매되고 있습니다. 학술 자료를 인용할 때 쓰이는 구글 학술 검색에서는 플랫 어스 관련 검색값이 229만여 개나 됩니다. 해외 저널을 제공하는 데이터베이스인 Science Direct에 있는 플랫 어스 관련 자료도 14만 개나 됩니다. 참고로 플랫 어서 에릭 더베이가 2015년 출간한 책 〈지구가 구형이 아닌 200개의 증거〉는 한국어로 번역되어 국내에 퍼지기도 했습니다.

이렇듯 플랫 어서들은 아주 열정적으로 평평한 지구에 대해 연구하고, 공부하고, 토론하고 있습니다. 무언가 악의를 가지고 사람들을 속이려 한다기보다는, 진심으로 플랫 어스를 믿고, 이를 증명해 세상에 진실을 전파하고 노력하고 있는 겁니다.

자신과 생각이 같은 사람들과 교류하고, 그렇게 편향된 정보만을 취사 선택해 접하게 되며, 플랫 어스라는 세계, 내지는 대안 현실 속에 갇힌 사람들. 잊지 마시길 바랍니다. 에코 체임버의 시대, 우리 모두 누구나 이런 상황에 처하게 될 수 있습니다.

잠재적 과학자들

평평한 지구. 대다수의 사람에게는 너무나 황당하고 어이없는 이야기. 아무리 많은 사람이 믿고 따른다 하더라도, 플랫 어스는 분명 비생산적인 음모론에 불과합니다. 그리고 이런 음모론은 우리 사회에 문제를 일으켜왔습니다. 잘못된 지식의 전파, 사회에 대한 불신이 초래하는 혼란, 선전 선동의 결과로 나오는 극단적 주장과 행동들. 음모론의 확산은 이에 설득되어 믿고 따르는 개개인들에게 피해를 주는 것은 물론, 정치적으로 악용되기도 하고, 나아가 사회 질서를 무너뜨리기도 합니다. 실제로 대한민국만 보더라도, 온라인을 중심으로 퍼진 각종 음모론과 이를 악용한 정치 세력에 의해 어마어마한 사회적 비용을 치러왔습니다.

플랫 어스 역시 이러한 실체적 위험에 해당합니다. 지구가 평평하다는 것을 증명하려다 사망한 마이크 휴즈를 비롯해, 보편적 과학적 사실을 거부함으로써 상식에서 벗어난 언행을 하는 모든 이가 피해자이자, 동시에 잠재적 가해자입니다.

지구가 평평하다고 믿기 위해서는, 현실의 수많은 반증을 애써 거부해야만 합니다. 전 세계 과학자들이 합심해서 사람들을 속이고 있고, 우주에서 찍은 지구의 사진과 동영상은 모두 조작된 것이며, 비행기나 선박의 항로도 전부 거짓이 되어야만 합니다. 대안 현실을 창조해 그 안에 빠져드는 겁니다.

이미 '정답'을 정해둔 사람들. 이들에게 지구가 둥글다는 것을 증명하는 수많은 자료와 증거는 아무 의미가 없습니다. 지구가 둥글지 않다는 것을 보여주는 가짜 정보만을 받아들이기 때문입니다. 다른 정보는 '조작된 것'이라 믿으니까요. 그렇게 그들은, 내 생각이 틀린 게 아니라 세계가 틀린 거라는 위험한 생각에 집착하게 됩니다. 현실에서 등을 돌리고 자기만의 세계에 갇히게 되는 것. 그게 바로 음모론의 가장 큰 위험입니다.

그렇다면 이 문제는 어떻게 해결되어야 할까.

과학자들은 플랫 어스 음모론 확산 문제에 대해 논의하며 한 가지 결론을 내렸습니다. 음모론자들을 향해 손가락질하기 전에, 우리 스스로가 먼저 반성해야 한다는 겁니다. 논의를 주도하는 과학자들은 사람들 사이에서 커지는 불신들, 특히 우리 사회의 대표자들, 엘리트들, 지식인들에 대한 불신이 바로 문제의 본질이라고 말합니다. "지구가 평평하다"라는 음모론의 뿌리는 결국 과학과 과학자들에 대한 불신입니다. 그렇다면 사회 구성원들과 소통하며 지식을 전파해야 할 의무가 있는 과학계가 실패했다는 뜻이기도 하다는 겁니다. (Paul M. Sutter / David Westmoreland & Connor McCormick / Asheley Landrum / Dr. Spiros Michalakis / Lamar Glover가 주장한 내용들)

플랫 어서에 대해 연구한 과학자들은 그들의 특징을 다음과 같이 분류했습니다. 첫째, 강한 믿음이 있지만 지식이 적고, 둘째, 강한 탐구욕과 호기심이 있지만 동시에 기존 체계에 대한 불신이 있다는 것입니다. 과학자들은 플랫 어서들의 특징이, 사실은 지식인이 되기 위한 아주 훌륭한 자질이라고 평가합니다. 비록 잘못된 믿음에 바탕을 두고 있지만, 각종 이론과 실험을 통해서 자신들이 옳음을 증명하려고 노력하는 그 열정은 우리 인류에게 큰 도움이 될 수 있는 자산이라고 말합니다. 그 천부적인 탐구심. 기존 질서를 거부하고 진실을 밝혀내고자 하는 태도, 이런 에너지는 체계적인 과학적 지식만 뒷받침되면 과학계에도 큰 도움이 될 수 있다는 겁니다. 플랫 어서들을 잠재적 과학자로 대우해줘야 한다고 소리 높이는 과학자들이 있을 정도입니다.

하지만 과학계를 비롯해 대다수의 사람은 이들을 그저 음모론자라며 무시하고 비웃어왔습니다. 지적인 열정과 욕구를 가지고 있는 특출난 사람들임에도 불구하고 색안경을 끼고 대해온 겁니다. 그렇게 우리 사회가 이들을 백안시하는 동안, 이들은 자신들의 지적 카리스마로 주변 사람들을 동화시켜 음모론에 끌어들였고, 지난 몇 년 사이 그 규모를 수십 배 이상 불려왔습니다.

플랫 어서들을 연구한 과학자들은 이렇게 말합니다. 결국 우리 지식인들이 실패한 거라고. 기존의 엘리트 중심 체계가 많은 사람에게 불신을 자아내게 했고 또 대중을 포용하지 못했다는 겁니다. 그 불신의 결과 사람들은 음모론을 추종하게 되는데, 그런 사람들에게 다가가지는 못할 망정 무시해온 게 가장 큰 실수라고 말합니다.

실제로 플랫 어서들과 공동 연구와 토론을 진행한 과학자들은, 그들을 그저 음모론자라고 비난하고 무시하는 것보다 포용적인 자세로 다가가 대화에 임했을 때 긍정적인 결과를 얻을 수 있었다고 증언합니다. 기존 과학 체계에 대한 그들의 불신을 없애고, 그들의 창의적 에너지를 얻어서 새로운 과학적 성취를 이룰 가능성이 있다는 겁니다.

그래서 우리 사회 구성원들과 지식인들이 '자신들의 세계'에서 나와 음모론의 세계에 빠져 있는 그들에게 다가가야 합니다. 플랫 어서들의 남다른 열정과 노력이 조금 더 바른 방향으로, 조금 더 효율적인 방향으로 쓰일 수 있도록 하기 위해서라도요. 그들의 에너지는 이 세상을 발전시키는 데 긍정적으로 쓰일 수 있기 때문입니다.

"사실 지구는 평평하다."

이런 이야기를 하는 사람들이 우스워 보일 수도 있습니다. 분명 플랫 어스 음모론 자체는 객관적으로 틀린 게 맞습니다. 하지만 자신이 생각하는 진실을 입증하기 위해 노력하는 음모론자 개개인들의 에너지는 감히 누구도 우습게 볼 수 없습니다.

직접 로켓을 만들고, 복잡한 실험을 하고, 집요하게 연구 자료와 이론을 만들고, 목숨을 걸고 도전에 나서는 플랫 어서들의 열정. 이는 그 누구도 가벼이 여길 수 없는 숭고한 겁니다. 그들의 에너지가 바른 방향으로 쓰일 때, 이는 우리 사회에 큰 자산이 될 수 있습니다. 그렇기 때문에 우리는, 그들이 울림방을 깨고 나와, 우리와 함께 나아갈 수 있게끔 손을 내밀어야 합니다. 음모론의 확산은 곧 공동체로서 우리 전체의 실패이기 때문입니다.

PART 09

시대 정신 -
우리는 어디로
가야 하는가?

할아버지와 할머니

여기, 할아버지와 할머니의 세대가 있습니다. 6·25전쟁 이후, 폐허밖에 없던 땅, 전 세계에서 가장 가난한 나라 중 하나였던 대한민국을 살아간 사람들입니다. 전 국민이 다음 끼니를 걱정하던 시절, 이들은 그 굶주림에서 벗어나고자 투쟁했습니다.

1960년대 박정희 정부의 주도 아래, 온 국민이 단결해 외화 벌이에 나섭니다. 수출 주도의 경제 개발 정책이 본격 추진되며 이른바 산업화의 시대가 열렸습니다. 국민 절반 이상이 농촌과 어촌에서 일하던 시절, 산업화의 주역들은 공장을 지었습니다. 그리고 대한민국 국민은 남녀를 불문하고 이 새로운 일터에 뛰어들었습니다. 고단한 삶을 전진시키기 위해, 빈곤과 투쟁하기 위해, 그렇게 더 나은 삶을 쟁취하기 위해, 새로운 도전을 두려워하지 않았던 대한민국의 위대한 개인들은 근면 성실함만이 곧 생존이라는 심지로 피나는 노력을 했습니다.

그렇게 산업이 발전합니다. 공장들이 늘어나고, 제철소가 지어지고, 수출산업단지가 들어서고, 도시와 도시를 잇는 고속도로들이 뚫렸습니다. 정부의 적극적인 경제 발전 정책, 그리고 각자의 삶들을 위해 노력한 국민들의 눈부신 활약을 바탕으로 대한민국의 산업은 농림수산업에서 경공업 중심으로, 나아가 중화학공업 중심으로 발전합니다.

자원이 부족한 나라에서 산업화를 성공적으로 이루기 위해서는 양질의 노동력이 필요했고, 정부는 공교육의 의무화와 더불어 체계적인 직업훈련제도를 시행했습니다. 국민들은 성공하겠다는 일념으로 공부하고 훈련했습니다. 모두가 생활 전선에서 싸우는 전사들이었습니다. 국내는 물론이고, 외국에까지 나가 광부로서, 간호사로서, 군인으로서 외화를 벌어왔습니다.

1962년부터 1982년까지 20년 간 연평균 국민총생산(GNP) 성장률 8.2%. 1950년대 전쟁 직후 국내총생산(GDP) 13억 달러에서, 1970년대 초 100억 달러대로, 그리고 1980년대 1,000억 달러대로, 전 세계가 깜짝 놀랄 정도로 초고도 성장을 했습니다. 서구 선진국들이 길게는 200~300년에 걸쳐 성취한 산업화의 업적을 불과 수십 년 만에 따라잡은 대한민국. 세계사에서도 유래를 찾아볼 수 없는 초압축 성장과 산업화의 신화. 세계인들은 이를 '한강의 기적'이라고 불렀습니다.

배를 곯던 집에서 태어나, 더 이상 끼니를 거르지 않게 된 세대. 내 집을 사고, 내 차를 끄는 걸 꿈꾸게 된 세대. 내 자식만큼은 고생시키지 않기 위해 빚을 내어 학비를 대던 세대. 그렇게 더 나은 삶을 향해 전진하고, 더 나은 삶을 꿈꿨던 할아버지 세대. 우리는 이들을 산업화 세대라 부릅니다.

아버지와 어머니

그리고 할아버지 할머니 세대의 자식들, 아버지와 어머니 세대가 등장합니다. 경제 성장의 황금기에 태어난 아들딸들. 산업화 세대인 그들의 부모는 가난과 투쟁해야 했던 자신들의 삶의 방식을 자식들에게 물려주고 싶지 않았습니다. 그 계층 상승의 욕구는 자녀교육을 위한 뒷바라지로 이어집니다. 산업화 세대의 자식들은 그렇게 한반도 사상 최초로 다수가 공부를 하고 대학에 가는 세대가 되었습니다.

배를 곯지 않고, 교육을 받게 되니 보이는 것들이 있었습니다. 권위주의적 정부에 의해 억압받고 있는 이른바 민주적 가치들이었습니다. 산업화의 주역들은 사회의 기득권이 되었고, 젊은이들은 자연스레 윗세대 기득권들의 가치와 철학에 대한 반감을 느낍니다. 굶지 않기 위해 바빴던 산업화 세대가 신경 쓰지 못했던 사회 저변의 이슈들. 인권 문제, 근로 환경 문제, 사회 정의 문제 같은 것들이 그 자식들에 의해 대두되기 시작합니다.

 정부와 기득권에 문제 의식을 가진 젊은이들은, 그들에 대한 반작용으로서 반대 급부에 있는 가치들을 조명합니다. 잘 먹고 잘 살게 해준 산업화 시대에 감사하는 부모들에 맞서, 노동자 처우와 같은 산업화의 문제와 한계들을 이야기합니다. 북한에 의해 막대한 피해를 입은 산업화 세대를 중심으로 퍼진 반공 의식에 맞서, 민족 해방 사상에 바탕을 둔 친북 반미 이데올로기가 대학가에 퍼져나갑니다.

 신세대는 그렇게 권위주의적 군사 정부, 나아가 산업화 세대의 가치와 철학에 투쟁합니다. 바야흐로 집회와 시위의 시대. 대학가에는 운동권 서클들이 등장했고, 공장에는 노조들이 결성되었습니다. 젊은이들은 민주주의를 외치며 거리로 쏟아져나왔습니다.

 1987년 6월 항쟁. 산업화 기득권으로부터 이어져 왔던 전두환 정부에 맞서 전국적인 반정부 시위가 일어났고 젊은이들은 승리를 쟁취합니다. 이 승리는 헌법 개정으로 이어졌고 마침내 민주화의 상징, 87체제가 시작됩니다.

우리는 이 아버지, 어머니의 세대를 민주화 세대라 부릅니다. 민주화 세대는 흔히 대한민국에서 가장 축복받은 세대라는 평을 받습니다. 경제 성장 시기에 태어나 배를 곯지 않았고, 그들이 사회로 진출하던 1980년대 말부터 1990년대 중반까지는 한국 최대의 호황기였습니다. 당시 실업률은 완전 고용 수준에 가까웠고, 사람들은 원하는 회사를 골라갈 수 있었습니다. 그렇게 일자리가 가장 풍요롭던 시절 사회에 진출해 빠른 속도로 늘어나는 임금의 혜택을 받았습니다. 월급으로 내 집 마련이 가능하던 시대였으며, 훗날 부동산 가격 상승의 수혜를 가장 크게 입은 세대가 되었습니다. 이후 외환 위기가 닥쳤고, 그 결과 윗세대가 사라진 직장에서 유리한 입지를 굳히기도 했습니다.

이 민주화 세대를 주도했던 이들은 20대에 운동권을 이끌었고, 이를 후광으로 30~40대에 정계에 진출했습니다. 87체제 이후 민주화라는 시대 정신이 정계의 도그마가 되었고, 이들은 정치권에서 어마어마한 힘을 발휘합니다.

민주화 세대는 그들이 평균 나이 마흔이 채 되지 않았던 제17대 총선부터 빠른 속도로 국회를 장악해나가기 시작했고, 2020년 기준, 대한민국 정치는 민주화 세대가 독점하고 있습니다. 국회의원, 정부 장차관급 인사, 청와대 수석, 거대 노조 지도부, 시민 사회 지도부, 문화 예술계 인사 등 대한민국 전 분야를 그들이 독식하고 있습니다.

우리의 시대 정신

그리고 민주화 세대의 자식들. 지금 우리가 사회에 진출했습니다. "우리 모두 잘 먹고 잘 살아보세"라고 외치며 가난과 투쟁했던 산업화 세대, 그리고 그런 산업화 세대의 기득권과 투쟁했던 민주화 세대, 민주화 세대의 승리로 87체제가 완성되었고, 그들이 이제 기득권이 되었습니다. 한때 민주주의, 인권, 정의 등을 외치며 도덕적 당위성으로 산업화 세대에 맞섰던 민주화 세대. 그런데 사회 주류가 되어 기득권을 잡은 민주화 세대는 정말 정의롭고 도덕적인가요?

인류 역사에서 반복되어왔듯, 견제받지 않는 권력은 부패하게 마련입니다. 민주화라는 도그마로 대한민국을 장악한 민주화 세력은 스스로를 절대 선의 위치에 놓고서 정치적 대립자들을 단죄했습니다. 그 과정에서 그들에 대한 정당한 비판은 적폐 세력의 농간으로, 음모로, 가짜 뉴스로 전락했고, 분노하는 국민들은 친일파, 일베충, 극우로 매도당하기 일쑤입니다.

더 이상 민주적 가치도, 정의도, 도덕도 표방하지 않는, 그저 권력 집단일 뿐인 민주화 세력. 그러나 그들은 여전히 본인들이 거악과 맞서 싸우는 사람들인 양, 위선과 독선으로 무장하고 있습니다. 대한민국 최고의 권력을 쥐고 휘두르면서, 견제 세력의 것이 되어야 마땅할 도덕과 정의라는 가치마저 독점하고 있는 겁니다.

하지만 더 큰 문제는, 바로 지금 우리 청년 세대에 있습니다.

산업화, 민주화, 그리고 다음이 나와야 하는데, 여기서 시대 정신이 끊겼습니다. 우리에게는 표방하는 가치와 철학이 없습니다. 그래서 투쟁하지 않습니다. 그 결과 정치적 신흥 세력으로 떠오르지 못했습니다.

산업화 세대는 가난과 투쟁했고, 민주화 세대는 그 산업화 세대와 투쟁해 기득권을 빼앗아왔습니다. 그런데 그 다음 세대인 우리 세대에서 투쟁이 끊긴 겁니다. 민주화 세력이 사회 주류로서 기득권을 잡았기에, 이들을 견제하고 이들의 적폐에 투쟁할 신흥 세력이 등장해야 하는데 이에 실패했습니다. 투쟁은커녕, 앞가림도 제대로 하지 못한 채 이용만 당하는 신세로 전락해버렸습니다.

지금 대한민국의 주류 세력은 기득권 유지를 위해 청년 세대를 착취하고 있습니다. 일자리 문제부터 부동산 정책에 이르기까지. 철저히 민주화 세대들에게 유리한 방식으로 국정이 운영되고 있습니다. 우리 세대의 빚을 전제로 하는 각종 퍼주기식 포퓰리즘으로 인기를 사들이고, 권력을 유지하고 있습니다. 심지어는 자유민주적 가치까지 짓밟으며 역사와 문화마저 자신들 입맛에 맞게 일원화하고 있고, 이와 다른 목소리를 내는 것을 불법화하겠다는 전체주의적 행보까지 보이고 있습니다.

이렇게 민주화 세력에 의해 아주 명백하게 미래 세대가 피해를 입고 있는데, 지금 우리 청년 세대는 이에 대한 공통된 문제 의식 없이 그저 좌우로 찢어져 싸울 뿐입니다. 무엇보다 유감스러운 것은, 지금 한국 정치의 좌우 대립, 여야의 대립이 그저 민주화 세대와 산업화 세대라는 구시대 권력들의 싸움에 지나지 않는다는 겁니다. 범좌파 진영은 민주화 세대를 중심으로 똘똘 뭉쳐 있고, 범우파 진영은 새로운 가치와 철학을 제시하기보다는 그저 산업화 세대의 유산을 이어받는 안일한 정치를 하고 있을 뿐입니다. 청년 세대의 정치적 리더들은 독자 노선보다는 그저 이 둘 사이에서 간판으로 이용당하고 있을 뿐입니다. 자신들의 이익을 위해 싸우지 않습니다.

지금 대한민국은 망해가고 있습니다. 민주화 이후 시대 정신을 잃은 채 국가가 나아갈 방향을 찾지 못하고 있습니다. 성장 동력을 잃어 그저 과거의 유산을 갉아먹고 있을 뿐이고, 경제성장률은 나날이 떨어지고 있습니다. 신규 실업자가 끊임없이 늘어나고, 삶의 활력을 잃고서 그저 나라에서 쥐어주는 돈으로 살겠다는 사람이 허다합니다. 출산율은 한 명 선 밑으로 떨어져 명실상부한 전 세계 꼴찌가 되었고, 집단 간 분열을 정치 동력으로 삼는 이들에 의해 사회갈등은 나날이 심각해져만 갑니다.

대한민국에게 활로를 열어주기 위해서라도, 지금 우리에게는 새로운 시대 정신이 절실합니다. 민주화 세대의 시대 정신은 낡아빠진 도그마가 되었고 적폐가 되었습니다. 하지만 그들은 기득권을 잃지 않기 위해 사회 전 분야에 자신들의 시대 정신을 세뇌하고 주입하고 있습니다. 마치 자신들이 절대 선이자 유일한 정답인 것처럼요.

우리 세대가 깨어나지 않으면, 더 이상 미래는 없습니다.

이제 우리 세대가 지향해야 할 새로운 가치와 철학은 무엇인가. 어떤 시대 정신을 만들어가야 하는가. 이 질문에 대한 답은 사람마다 다를 수밖에 없습니다. 개인적으로 저는, 산업화·민주화를 거쳐 이어져온 국가주의 나아가 집단주의의 그림자에서 벗어나는 것, 그렇게 자유주의와 개인주의라는 기존 대한민국에 존재하지 않았던 새로운 가치를 전파하는 게 정답이라고 생각합니다. 물론 이건 제 생각일 뿐이고, 정답은 우리 세대의 대화와 토론을 통해 찾아져야 하는 거겠죠.

하나 확실한 건, 지금이라도 우리는 이런 논의를 시작해야 한다는 겁니다. 우리는 여전히 산업화 세력과 민주화 세력, 두 구권력 사이에 끼어서 이용당하고 있을 뿐입니다. 이제라도 우리의 싸움을 시작해야 합니다. 다른 누구를 위해서가 아니라, 우리 스스로 우리의 미래를 쟁취하기 위해서 말입니다.

이런 이야기가 있다.

바다를 꿈꾸는 물고기가 있었다. 좁은 강은 물고기의 자유로운 영혼을 병들게 했다. 어느 날 그는 다짐했다. 바다로 나가 마음껏 헤엄치겠노라고.

그렇게 물고기는 무작정 바다를 향해 헤엄치기 시작했다. 그리고 온갖 고초를 만난다. 사나운 물길에 휩쓸렸다. 포식자를 만나기도 했다. 길을 잃어 제자리를 돌 때도 있었다. 그래도 물고기는 즐거웠다. 난생 처음 겪는 자유의 감각에 지느러미가 저절로 춤췄다.

하지만 바다는 너무나 멀었다. 고난은 끝이 없었다. 즐거움은 반복 속에 사라졌다. 물고기는 점점 지쳐갔다. 언제까지 헤엄칠 수 있을까. 물고기는 두려웠다. 목적지를 향한 여행이 끝없는 방황으로 바뀌는 것에 대한 두려움이었다.

묵묵히 한참을 더 헤엄쳤다. 즐겁지 않았다. 하지만 인내했다. 그러다 물고기는 생각했다. 헤엄치는 만큼 돌아갈 길도 멀어진다는 사실을. 물고기는 이미 강으로 돌아갈 생각을 하고 있었다. 이를 깨닫자 더 이상 전진할 수 없었다. 물고기는 좌절했다.

그때 다른 물고기가 지나갔다. 좌절하던 물고기가 물었다. 도대체 바다까지 얼마나 남은 거냐고. 그러자 다른 물고기가 되묻는다. 한참 헤엄쳐온 게 바다가 아니면 뭐라고 생각한 거냐고.